Claus David Grube
Das Zen der ersten Million

Claus David Grube

Das Zen der ersten Million

Econ

Besuchen Sie den Econ Verlag im Internet:
http://www.econ-verlag.de

Der Econ Verlag ist ein Unternehmen
der Econ Ullstein List Verlag GmbH & Co. KG

ISBN 3-430-13651-2

Gesetzt aus der Sabon
bei Fotosatz Völkl, Puchheim
Druck und Bindearbeiten: Clausen & Bosse, Leck

INHALTSVERZEICHNIS

EINLEITUNG
»Komm zurück als Millionär!«

Der Meister will dich sofort sprechen – Die Aufgabe des Meisters – Was ist Zen? – Zen-Grundsätze – Buddha gibt Mahakashyap die Blume – Übungen für den Leser – Zazen, die Sitz-Meditation

»Der Meister will dich sofort sprechen!«

Was der Meister wohl wollte? Seit zwei Jahren lebte ich in diesem Zen-Kloster. Gesprochen wurde selten. Das Leben bestand aus Meditation und den täglichen Arbeiten. In der letzten Zeit hatte ich einige Male ein kurzes Aufflackern dessen verspürt, was die Zen-Mönche das »Satori« nennen: das Versiegen der Gedankentätigkeit, das Erblicken des klaren Himmels hinter den Gedankenwolken.

Ebenso wie ein großes Glücksgefühl mit diesen Momenten verbunden war, wurde mir die große Verletzlichkeit bewusst. Sicherlich wollte der Meister mir Hinweise geben, wie ich auf dem Weg schnell und sicher voranschreiten könne, um die letztendliche Befreiung zu erfahren.

Diese hatte dieser Zen-Meister zweifellos erfahren: Er strahlte eine Ruhe und Liebe aus, die ich noch bei keinem Menschen gefunden hatte. Er war immer wahrhaftig und in seiner Unnachgiebigkeit doch auch weich wie das Wasser. Nachdem ich viele der so genannten Gurus und spirituellen Lehrer besucht hatte, war ich durch einen Zufall in diesem Kloster gelandet und hatte erkannt, dass dieser stille Mann der war, den ich suchte: einer, der den Weg zu Ende gegangen war und Hinweise geben konnte, wie der Weg auch für mich zu begehen sei. Der Weg des Zen ist nicht bequem, und ich hatte mit allem Eifer die Übungen befolgt. Was er jetzt wohl wollte?

Die Aufgabe des Meisters

»Setz dich, Doi!«, sagte der Meister zu mir, als ich dessen Raum betrat. Er zeigte auf ein einzelnes Sitzkissen vor ihm. »Doi« war der Name, den der Meister mir gegeben hatte, eine Kurzform des japanischen »Doitsu«, was »Deutscher« bedeutete. Ich war hier der einzige Deutsche und hatte gelernt, »Doi« als einen Ehrennamen anzunehmen.

»Du bist jetzt fast zwei Jahre hier und hast gut meditiert«, begann er. »Und ich denke, es ist die Zeit gekommen, dir eine neue Aufgabe zu geben, deren Bewältigung dich deinem Ziel, der Erleuchtung, sicher näher bringen wird.« Ich war gespannt. Sollte die Zeit des Reiskochens, denn das war meine Hauptarbeit in diesem Kloster, vorbei sein?

»Du verstehst sicherlich, dass in einem Kloster, einem sehr abgeschiedenen Platz, in Zen zu leben leichter ist als draußen in der lauten Welt. Zen ist jedoch der Weg des Buddha in der Welt. In Abgeschiedenheit zu leben ist für den Anfang und für das Ende gut, aber das wahre Zen beweist und schärft sich in der Welt draußen. Bodhidharma hatte sich nicht in ein Kloster zurückgezogen; er wanderte von Indien nach China. Die Samurais der japanischen Bürgerkriege waren Zen-Meister, die selbst, oder gerade, im Krieg eins mit dem Zen waren. Die Aufgabe, die ich für dich habe, ist die Aufgabe für einen Samurai, und ich denke, ihr Deutsche seid ganz besonders begabte Samurais. Bist du bereit, die Aufgabe, die ich für dich habe, zu hören?« Ich nickte eifrig.

»Gut, meine Aufgabe an dich ist folgende: Ich möchte, dass du diesen Platz verlässt und in den Westen, nach Europa oder Nordamerika, zurückkehrst. Die Aufgabe, die ich dir gebe, lautet: Werde ein Millionär, und zwar ein Dollar-Millionär. Wenn du eine Million Dollar besitzt und in der

Lage bist, jedes Jahr erneut eine Million zu verdienen, darfst du hierher zurückkehren!«

Das war wie ein Hieb mit dem Zen-Stock, und zwar ein besonders harter. Den geliebten Meister und das Kloster verlassen, jetzt als ich das Gefühl hatte, auf dem richtigen Weg zu sein? War das eine Strafe? Nein, Strafe gab es hier nicht. Ich wusste, dass Protest nichts nutzen würde. Ich würde nur etwas von meinem verblüfftem Gesicht verlieren. Ich nickte also stumm. Eine Million Dollar? Das Zen-Kloster verlassen? Noch nie hatte ich viel mehr als meinen Lebensunterhalt verdient. Ich hatte noch nicht einmal eine Berufsausbildung oder ein abgeschlossenes Studium. Die Aufgabe des Meisters klang für mich wie eine Verbannung ohne Rückkehr.

»Du wirst dich fragen, warum ich dir diese Aufgabe stelle. Vielleicht fragst du dich, ob der Meister Geld braucht und ob er es nicht selbst verdienen kann, und vielleicht ist es so. Ich denke, dass es Zeit ist, Zen in der gesamten Welt zu verbreiten und besonders in der Finanz- und Geschäftswelt. Japan ist das Land des Zen, und Japan ist heute eines der führenden Wirtschaftsländer in der Welt, aber die japanischen Geschäftsleute trinken lieber Sake, der Geist des Zen ist nur selten bei ihnen anzutreffen.

Im Westen jedoch ist die Geschäftswelt einen Schritt weiter. Die Manager suchen spirituelle Unterstützung, um innerlich gestärkt in die Kämpfe der Geldwelt zu ziehen. Der Geist der alten Zen-Meister ist der Geist, mit dem man in der Finanzwelt bestehen kann. Ich möchte, dass du das vorlebst, entwickelst und den Geist des Zen in der Welt verbreitest. Damit erfülle ich eine meiner Aufgaben. Es fällt mir nicht leicht, dich gehen zu lassen, aber ich weiß, dass du die Aufgabe erfüllen wirst. Mit dieser Aufgabe wirst du auch dein Ziel erreichen: die Buddhaschaft. Wenn du ein Buddha in der Geschäftswelt sein kannst, kannst du es überall sein. Ein Buddha, der nur im Kloster gelebt hat, läuft Gefahr, auf dem Marktplatz, dem Leben in der Welt, verwirrt zu werden. Nimm meinen Segen, und mache dich sofort auf den Weg!«

Das war die längste Rede an mich, die ich je von meinem

Meister gehört hatte. Ich packte meine wenigen Sachen zusammen, verabschiedete mich und trat die Reise in eine ungewisse Zukunft an. Ich wusste aber: Ein Zen-Meister stellte eine solche Aufgabe mit Bedacht und nur zum Besten des Schülers. Und ich wusste auch, dass diese Prüfungen für den Schüler meist nicht leicht zu verstehen waren. Die Aufgabe war gestellt, damit der Schüler aus dem unbewussten Realitätstunnel herauskatapultiert werden würde. Meine Gefühle schwankten zwischen Stolz, für eine besondere Aufgabe ausgewählt worden zu sein, sowie Wut und Trauer darüber, das Zen-Kloster verlassen zu müssen.

Was ist Zen?

Was hatte ich bei dem Zen-Meister gelernt? Was war Zen überhaupt? Ich hatte eine bestimmte Geisteshaltung oder besser: Seelenhaltung erlangt. Ich wusste, dass ich nicht mein »Kopf« war. Die Gedanken, Träume und Erinnerungen waren in meinen Bio-Computer einprogrammiert und hatten sich zum Teil verselbständigt. Das war aber nicht »ich«. Auch die erlernte Persönlichkeit, mein »Ego«, war nicht wirklich »ich«. Es war nur nicht einfach, diese abzulegen.

Wie aber gelangt man zu der eigenen Essenz, wenn immer die Gedanken im Weg sind? Ein großer Teil des Zen-Weges besteht darin, die ununterbrochene Gedankentätigkeit zur Ruhe zu führen. Beim Sitzen mit halb geschlossenen Augen vor der weißen Wand steigen Gedanken auf und ziehen vorüber. Die Aufgabe ist es, immer wieder zur Beobachtung des Atems zurückzukehren, die Gedanken zu beobachten, ohne ihnen Aufmerksamkeit zu schenken, und leer und still wie die weiße Wand zu werden. Zazen, dieses meditative Sitzen, ist die Hauptübung im Zen.

Was immer der Zen-Mensch macht, macht er so ausschließlich, wie es ihm möglich ist. Normalerweise fegen wir den Boden und denken dabei an tausend andere Dinge, sind abgelenkt oder träumen. Der Zen-Mensch sagt sich: »Dieses Fegen ist alles, was es gibt!« Und er verbietet sich alle Gedanken, die nichts mit der Handlung des Bodenfegens zu tun haben.

Der Verstand lebt von Vergleichen und Urteilen. Der Zen-Mensch sagt sich: »Dies ist das beste und das schlechteste zugleich, es gibt nichts anderes!« Jedes Ereignis wird als Gelegenheit verstanden, etwas über sich zu erfahren. Die leichteste Übung, nicht mit den Gedanken verbunden zu sein, ist die schwierigste, solange man die Verbindung mit dem Verstand nicht gelöst hat. Es geht nicht darum, »kopflos« oder blöde zu werden, sondern den Verstand zu benutzen und nicht von ihm benutzt zu werden.

Die Werkzeuge im Zen sind Aufmerksamkeit, Selbstbeobachtung und Totalität. Der Zen-Mensch glaubt nichts. Die Welt ist weder gut noch schlecht, sie ist Buddha in jeder Nuance.

So verabschiedete ich mich vom Zendo, dem Zen-Kloster und von den Freunden. Der Ausdruck »Kloster« war nicht ganz zutreffend, es gab hier Männer und Frauen sowie Liebe und Lebensfreude. Zendo ist der Begriff für einen Ort, an dem Suchende des Zen zusammenleben und meditieren. Der Meister hielt nichts von Unterdrückung und Enthaltsamkeit. Was immer du machst, mache es so vollständig wie du kannst, lautete die Maxime.

Das Zendo war auch ein sehr ästhetischer Platz. Die klare Architektur, die Gärten, die Integration der Natur beruhigte und regte gleichzeitig den Geist an. Die Natur wurde weitgehend so belassen, wie sie ist. Während in Deutschland Parks ordentlich und geordnet erscheinen, ist ein Zen-Park wild und doch harmonisch: eine knorrige Kiefer, ein bemooster Stein, das gefallene Laub.

Einige Grundregeln waren in dieser Zeit tief in mich eingedrungen. Bevor ich mich in die Welt begab, legte ich mir ein Tagebuch an, um täglich vor mir Rechenschaft abzulegen, ob ich meinen Zen-Weg in der Welt diszipliniert fortsetzte. Auf die erste Seite schrieb ich diese Zen-Grundsätze, um mich zu erinnern:

Zen-Grundsätze:

1. Gehe Schritt für Schritt!
2. Mache jeden Schritt vollständig!
3. Ist nicht dieser Schritt der einzige und letzte Schritt?!
4. Beobachte dich bei jedem Schritt!
5. Kein Schritt ist gut, kein Schritt ist schlecht!
6. Beobachte das Beobachten!
7. Kein Beobachten ist heilig, kein Beobachten ist unheilig.
8. Dieser Schritt, dieses Beobachten – das ist das Hier und Jetzt!
9. Einfach Schritt für Schritt gehen, innehalten, nächster Schritt!

Buddha gibt Mahakashyap die Blume

Zen ist eine Japanisierung des Sanskrit-Wortes Dhyana, welches Meditation bedeutet. Vor etwa tausend Jahren zogen erste japanische Suchende nach China und kamen mit einer mystischen Schule in Kontakt, die aus der Synthese von Buddhismus und dem chinesischen Taoismus entstanden war. Der chinesische Buddhismus stellte eine besondere Richtung dar, die im sechsten Jahrhundert von Bodhidharma begründet worden war. Bodhidharma, ursprünglich ein indischer Prinz, wie der Buddha Gautama selbst auch, wurde in den Buddhismus in einer Linie eingeweiht, die sich auf einen Schüler Buddhas namens Mahakashyap bezog. Die folgende im Buddhismus berühmte Geschichte verdeutlicht die spezielle Stellung des Mahakashyap:

Eines Tages, es war in den Grdhrakuta-Bergen, versammelte der Buddha seine fortgeschrittenen Schüler um sich. Er hielt eine Blume in der Hand, die er schweigend drehte. Die Schüler warteten auf seinen Vortrag. Nur Mahakashyap lächelte verstehend. Der Buddha gab Mahakashyap die Blume und sprach: »Alles, was gesagt werden kann, habe ich euch gegeben. Das Unsagbare gebe ich Mahakashyap.«

Die Meister des Zen verstehen sich als Nachfolger des Mahakashyap, dessen schweigendes Verstehen von Bodhidharma aus Indien nach China gebracht wurde. Auch über Bodhidharma gibt es viele berühmte Anekdoten. Er war ein sehr unberechenbarer Lehrer und wird als der erste Patriarch des Zen bezeichnet. In seiner Nachfolge gelangten viele Suchende zur Erleuchtung, mehr als in irgendeiner bekannten spirituellen Richtung.

Der Taoismus, der sich auf erleuchtete Lehrer wie Lao-Tse und Chuang-Tse beruft, ist eine chinesische Weisheitsschule, die sich gut mit dem Buddhismus des Bodhidharma verbinden lässt. Auch die Taoisten huldigen der Einfachheit und Stille.

Die japanischen Suchenden, die im 10. und 11. Jahrhundert in China Zen kennen lernten, stammten meist aus Kriegerfamilien. Sie liebten die unerbittliche Klarheit des Zen, die sie nach Japan mitbrachten. Zen entstand in China, und es gelangte in Japan zu höchster Blüte. Die gesamte japanische Kultur ist von Zen durchwoben. Meditative Übungen wie Ikebana, das Blumenstecken, oder das Anlegen von Steingärten sind Zen-Übungen. Wie auch der Taoismus und der Buddhismus versteht sich Zen nicht als weltabgewandte Versenkung, sondern als spiritueller Weg, der im Kontakt mit der Welt steht und sich dort bewährt. Die berühmten Samuraikrieger des japanischen Mittelalters waren Zen-Adepten, die ihre Meditation im Kampf auf Leben und Tod gegeneinander schärften.

Heutzutage finden viele Menschen in der gesamten Welt eine geistige Heimat im Zen. In vielen Städten Europas und Nordamerikas gibt es kleine Meditationszentren für Schüler des Zen.

Im weiteren Verlauf des Buches werden Sie erfahren, wie ich es lernte, ein Samurai in der Welt der Finanzen des zwanzigsten Jahrhunderts zu werden.

Was waren noch die Abschiedsworte meines Meisters gewesen? »Und, vergiss nicht, Doi, der Buddha ist in allem und jedem. Auf dem Weg wirst du Menschen treffen, die eine Information haben, die vom Buddha als deinem Wegweiser kommt, beachte also, was auch immer Menschen zu dir sagen. Und, es ist alles wie Reis kochen. Vergeude kein einziges Korn!«

Übungen für den Leser

Dieses Buch erzählt eine Geschichte, meine Geschichte. Und es enthält in jedem Kapitel Übungen für Sie, liebe Leser, mit denen Sie meinen Weg praktisch nachvollziehen können. Der Zen-Weg des Geldes ist für die, die noch kein Geld haben, ein guter Weg zu Geld zu kommen, und für die, die bereits ein Vermögen besitzen, ist es ein guter Weg, um es auf entspannte Weise zu erhalten und zu vermehren. Dies ist in meinen Augen sogar ein spiritueller Weg, mit Geld umzugehen, an dessen Ende der wahre Reichtum – innerlich und äußerlich – winkt.

Die Übungen sind einfach, wie alles im Zen. Nehmen Sie sich am Anfang fünf Minuten am Tag Zeit, um diese Übungen zu praktizieren und, sobald Sie Geschmack am Zen gefunden haben, können Sie den täglichen Zeitaufwand je nach Belieben steigern.

Ein Teil der Übungen sind dem NLP (Neurolinguistische Programmierung) entnommen. NLP ist für mich eine moderne Zen-Psychologie. Ohne zu werten und ohne »Weltanschauung« liefert es ein Modell, mit dem ich mich beobachten kann, um herauszufinden: »Wie und wer bin ich eigentlich?«, »Wie funktioniert mein Verstand?«

Eine kurze Darstellung des NLP finden Sie im Anhang dieses Buches. Hier also die erste Übung:

Zazen, die Sitz-Meditation

Die Grundübung des Zen ist die meditative Sitzposition. Setzen Sie sich einfach bequem hin. Es ist empfehlenswert so zu sitzen, dass der Rücken möglichst gerade ist. Der Zen-Mönch sitzt auf einem Kissen oder Hocker ohne den Rücken anzulehnen. Das können Sie genauso machen, für den Anfang ist es aber vollkommen ausreichend, auf einem Stuhl zu sitzen. Sie können diese Zen-Meditation auch im Stehen oder im Liegen machen. Im Liegen besteht nur die Gefahr des Einschlafens, im Stehen wird es schnell anstrengend. Wichtig ist, dass Ihr Körper während der Zeit der Meditation möglichst wenig Aufmerksamkeit verlangt.

Denn die Aufmerksamkeit mögen Sie nach innen und auf Ihren Atem richten. Im Zen sind die Augen halb geschlossen. Sie schauen auf eine weiße Wand oder in die Leere, ohne irgendetwas erkennen zu wollen. Ich ziehe das Meditieren mit halb geöffneten Augen dem Meditieren mit geschlossenen Augen vor, da ich dann nicht so leicht ins Träumen komme. Während Sie also so dasitzen, achten Sie einfach nur auf Ihren Atem, wie er in Sie hinein und wieder heraus strömt. Die Gedanken lassen Sie laufen, ohne irgendeinen festhalten zu wollen. Wenn Sie merken, dass Sie sich in einen Gedankengang verloren haben oder angefangen haben zu träumen, kehren Sie einfach zur Beobachtung des Atems zurück. Wenn Sie damit beginnen, jeden Tag für fünf Minuten diese Übung durchzuführen, können diese fünf Minuten die entscheidende Veränderung in Ihrem Leben sein, die Sie zum reichen Menschen innen wie außen macht. Sie werden nach einiger Zeit den Wunsch verspüren, die Zeiten des Sitzens auszudehnen, vorausgesetzt Sie haben die Selbstdisziplin aufgebracht und tatsächlich jeden Tag fünf Minuten in sich selbst investiert.

Übung 1:

Zazen, Sitzmeditation

1. Setzen Sie sich mit möglichst geradem Rücken bequem hin.
2. Halten Sie die Augen halb geschlossen, ohne den Blick auf etwas zu richten.
3. Beobachten Sie Ihre Atemzüge!

Sehen Sie sich die Grundsätze des Zen an, wie ich sie mir in mein Notizbuch geschrieben hatte, und nehmen Sie diese als Hinweise darauf, worin die besondere Einstellung und Geisteshaltung des Zen-Menschen besteht.

Wenn Sie heute einer Tätigkeit nachgehen, machen Sie diese doch einmal für eine einzige Minute mit dem Bewusstsein, als wäre diese Tätigkeit das Einzige auf der Welt, als wäre sie das, was Sie Ihr Leben lang herbeigewünscht haben. Machen Sie diese total und ohne zu urteilen. Und wenn Sie halbherzig sind und die Gedanken abschweifen, dann machen Sie auch das mit Totalität.

Sitzen Sie still, denken Sie an nichts, der Frühling kommt, das Gras wächst von selbst.

1. KAPITEL

Der Pfeil trifft, bevor der Schütze zielt!

Vor dem ersten Schritt – Das Hier und Jetzt – Der erste Brief meines Meisters: Hier und Jetzt und Ziele – Der Entschluss – Das Zen des Bogenschießens – Das Ziel – Sie sind ein Millionär, bevor Sie den ersten Cent einnehmen – Wo beginnt der Weg?

Vor dem ersten Schritt

Wie komme ich zur ersten Million? Wie erfülle ich die gestellte Aufgabe? Werde ich es jemals schaffen?

Diese Fragen kreisten in meinem Kopf, als ich in Europa ankam. Die Aufgabe schien mir unlösbar zu sein. Auf keinen Fall wollte ich meinen Meister enttäuschen, und mich selbst am allerwenigsten. Hatte ich nicht die Zen-Haltung erlernt, um in jeder Lage bestehen zu können?

Was wäre der erste Schritt? Arbeit finden? Geldgeber finden? Eine Idee haben? Die richtige Aktie kaufen? Einen Lottoschein ausfüllen? Einen Millionär oder eine Erbin heiraten? Sparen? Zur Bank gehen?

Nein, bevor ich den ersten Schritt mache, möchte ich erst einmal wissen, ob ich überhaupt gehen will. Und dann möchte ich wissen, auf welchem Weg ich gehen will. Und besonders möchte ich wissen, wohin ich gehen will.

Die folgenden drei Fragen stellen Sie sich bitte in diesem Kapitel, das die mentalen Schritte beschreibt, die unternommen werden müssen, bevor ein Finger krumm gemacht wird.

- Will ich einen Weg gehen?
- Wo will ich hin?
- Welchen Weg will ich nehmen?

Die meisten Menschen gehen irgendeinen Weg irgendwohin und erreichen dann irgendein Ziel, das sie nicht interessiert, so dass sie lieber die Abende vor dem Fernsehgerät verbringen und sich den Erfolg anderer Menschen, die wussten, wo sie hin wollten, anschauen.

Sie jedoch lesen dieses Buch, weil Sie ein Ziel haben und erreichen wollen: die erste Million! Der Weg dahin ist für jeden Menschen begehbar. Viele Menschen vor Ihnen haben ihn beschritten. Ich möchte Ihnen erzählen, wie ich die Million gemacht und dabei einen spirituellen Weg der Selbstfindung entdeckt habe, den Zen-Weg des Geldes.

Was könnte mir auch eine Menge Geld nutzen, wenn ich mich selbst dabei verlieren würde?

Wollen Sie wissen, wie Sie reich werden können und sich dabei selbst finden?

Oder wollen Sie wissen, wie Sie sich selbst finden können und dabei reich werden?

Will ich den Weg überhaupt gehen? Das ist die erste wichtige Frage. Eine Antwort zu finden ist nicht so einfach, wie es zuerst scheint. In vielen spirituellen Sichtweisen ist es so, dass der Suchende alle Ziele vermeidet, sich nicht rührt und auf der Stelle bleibt. Dann wird alles auf ihn zukommen oder auch nicht. Für diese Menschen scheint es so, dass das Formulieren und Entwickeln eines Zieles sie aus dem erwünschten Hier-und-Jetzt-Zustand bringen könnte. Mit Hilfe meines Meisters konnte ich erkennen, dass diese Einstellung auf einer begrenzten Sichtweise beruht. Der allererste Schritt auf dem Weg zur ersten Million ist also die Entscheidung: Ich möchte ein Ziel haben! Und erinnern Sie sich bitte an die Zen-Grundsätze:

- Gehe Schritt für Schritt! Mache jeden Schritt vollständig und ganz!
- Als wäre der Schritt das Einzige auf der Welt, was zu tun ist. Als wäre dieser dein letzter Schritt.

- Beobachte dich während des Gehens, frei von Urteilen oder Vergleichen!

Wie wäre dieser allererste Schritt, nämlich die Entscheidung, überhaupt einen Schritt zu erwägen, wenn Sie diesen gemäß den Zen-Grundsätzen durchführen? Würden Sie dann nicht einen sehr tiefen Entschluss fassen, einen Entschluss, der Ihr Leben grundlegend verändern könnte?

Ja, ich will ein Ziel haben! Ja, ich will einen Weg gehen! Vorausgesetzt, Sie fassen diesen Entschluss mit Ihrem ganzen (Bewusst-)Sein, dann wird sich mit diesem Entschluss Ihr Leben verändern, eine Richtung bekommen. Es ist nicht wichtig, was das Ziel ist. Wichtig ist der Entschluss. Als entschlossener Mensch werden Sie wie ein Samurai sein, der siegt. Auf dem Weg des entschlossenen Menschen geht mitunter eine Schlacht verloren, vielleicht verliert der Samurai sogar im Schwertduell das Leben, aber er hat das Wichtigste erreicht: Er war total entschlossen und damit über den Gegensatz von Leben und Tod hinausgewachsen.

So ist dieser erste Schritt, der Schritt des Entschlusses. Er ist ein Schritt ohne jede Bewegung, ein Schritt, bevor auch nur ein Muskel bewegt wird, wie auch die anderen Schritte in diesem Kapitel.

Es gab übrigens in Japan zur Zeit der Hochblüte des Zen nicht nur männliche Samurais. Die Frauen auf dem Weg des Zen nahmen vielleicht nicht das Schwert in die Hand. Sie erprobten ihr Zen auf verschiedene Weisen und manchmal genauso auf Leben und Tod. Es gab berühmte Attentäterinnen, Künstlerinnen und auch Zen-Meisterinnen. Wenn ich in diesem Buch von Zen-Menschen oder Samurais spreche, meine ich Frauen ebenso wie Männer.

Berühmt ist die Geschichte der Zen-Nonne Chiyono. Diese Geschichte ist unter dem Namen »Kein Wasser, kein Mond« bekannt. Chiyono war eine eifrige Suchende nach Erleuchtung. Eines Abends holte sie in einem Eimer Wasser vom Brunnen. Im Wasser des Eimers spiegelte sich der volle Mond. Wunderschön war er anzusehen. Chiyono war völlig versunken in das Spiegelbild des Mondes. Der Eimer war aus Holz, und plötzlich brach der Boden aus dem Eimer, das Wasser ergoss sich auf die Erde, und die Nonne Chiyono wurde abrupt aus ihrer Betrachtung gerissen. In diesem Moment öffnete sich für sie der Vorhang des Denkens, und sie erwachte zu ihrem wahren Sein. Mit dem Ausspruch »Kein Wasser, kein Mond!« beschrieb sie treffend ihre Erleuchtung, in der das Ego wie der Vollmond sich auflöst, sobald es nicht mehr reflektiert wird.

Viele Menschen sträuben sich, den ersten Schritt zu tun, sie wollen sich nicht entschließen. Sie möchten sich alles offen halten, sie scheuen die Mühen und die Gefahr. Doch erst, wenn sie den inneren Bogen spannen und einen Pfeil auf die Sehne legen, können die Visionen und Bestimmungen ihres Lebens wahr werden.

Das Hier und Jetzt

Es scheint ein Paradox zu sein: Das Ziel des Zen-Menschen ist es, im Hier und Jetzt zu sein. Sobald ich ein Ziel anstrebe, bin ich aber mit der Gegenwart uneins und habe spätestens damit das Bewusstsein vom Hier und Jetzt verlassen.

Könnte das Streben nach einem Ziel Sie aus dem Hier und Jetzt bringen oder verhindern, in das Hier und Jetzt zu gelangen? Was ist überhaupt damit gemeint: Hier und Jetzt?

Das Hier-und-Jetzt-Bewusstsein ist der Zustand, in dem sich unser Bewusstsein befindet, wenn wir voll und ganz mit unserer Aufmerksamkeit in der Gegenwart und an dem Ort sind, an dem wir uns gerade befinden. Wir denken dann nicht an die Vergangenheit oder an die Zukunft. Wir hängen nicht Träumen oder Erinnerungen nach und haben keine Hoffnungen oder Sorgen. Wir kennen diesen Zustand alle. Wir suchen diesen Zustand, verhindern und vermeiden ihn aber auch. Denken Sie an die Zukunft oder an die Vergangenheit, wenn Sie in der Achterbahn fahren oder Fallschirm springen? Nein, Sie sind dann ganz in der Gegenwart und an dem Ort präsent! Wenn Sie tanzen oder musizieren, sind Sie sicher auch im Hier und Jetzt. Künstler und Handwerker sind bei ihrer Tätigkeit meist im Hier und Jetzt, denn beim Träumen würden sie Fehler machen.

Und doch bemühen wir uns sehr, an die Vergangenheit oder an die Zukunft zu denken, um nicht diesen Moment und diesen Zeitpunkt zu erleben. Wir träumen und grübeln und sind mit unserem Bewusstsein ganz woanders. Unser Bio-Computer produziert fortwährend Gedanken und Bandschleifen, um nicht im gegenwärtigen Moment sein zu müssen. Diese Angewohnheit ist entstanden in Zeiten, in denen die Gegenwart mit Schmerz verbunden war, dem wir entfliehen wollten. Die Zeiten sind jetzt aber anders, und Sie können diese Angewohnheit wieder ablegen.

Der Zen-Mensch möchte immer im Hier und Jetzt sein, auch bei ganz alltäglichen Gelegenheiten. Beobachten Sie sich einmal beim Abwaschen des Geschirrs oder beim Einräumen der Geschirrspülmaschine. Wo sind Sie? Denken Sie an den Urlaub, an eine Begebenheit der vergangenen Woche, an das, was Sie gleich danach machen werden? Es ist nicht leicht, so zu tun, als ob es nur diese Teller und Tassen und diesen Abwasch gibt, und doch ist es so. Jeder Moment kann der letzte sein, und jeder letzte Moment, bewusst erlebt, wird tief und einzigartig.

Sobald Sie jede Handlung ganz bewusst durchführen, und zwar eine Handlung zur Zeit, wird jeder Moment zur Ewigkeit. Das ist mit sehr intensiven Gefühlen verbunden. Deshalb suchen wir Erlebnisse, in denen unser Kopf dieses Bewusstsein nicht mit Träumereien und Gedanken stört. Für den gestressten Europäer oder Nordamerikaner müssen das meist extreme oder außerordentliche Erfahrungen sein. Es ist jedoch mit wenig Übung möglich, in diesem Zustand tagtäglich und vollkommen entspannt zu sein. Die Frage ist nur, ob es dann auch möglich ist, finanziellen Erfolg zu haben. Sie werden bald erkennen, dass es gerade dann ganz besonders leicht möglich ist.

Können wir in diesem Hier-und-Jetzt-Zustand Ziele haben? Viele spirituelle Missverständnisse hängen mit dieser Frage zusammen. Ich schrieb damals meinem Meister einen Brief, denn ich fing schon beim Nachdenken über diesen allerersten Schritt an nicht weiterzuwissen. Er hatte mir angeboten, in schwierigen Fragen Antworten zu geben, und so nahm ich diese Gelegenheit gerne wahr. Er schrieb mir tatsächlich umgehend zurück:

DER ERSTE BRIEF MEINES MEISTERS:

HIER UND JETZT UND ZIELE

»Lieber Doi«, schrieb er.

»Das Problem, das du ansprichst, ist eines der Urprobleme der Meister aller Zeiten. Für einen Meister sind alle Menschen erleuchtet, nur die Menschen leben es nicht. Das, wonach wir suchen, ist in uns, und die Suche verhindert, dass wir innehalten und realisieren, dass wir das, was wir suchen, immer in uns hatten. Jeder Mensch ist also erleuchtet, und indem er die Erleuchtung anstrebt, verhindert er sie. Aber ohne Suche kommt der Schüler auch nicht zum Ziel, denn: Erst, wenn alle Anstrengungen gemacht und alle Wege gegangen sind, werden das Ego und der Verstand aufgegeben.

Es ist gut, dass du hier gelernt hast, im Hier und Jetzt zu sein.

Du kannst genauso im Hier und Jetzt sein, wenn du ein Ziel anstrebst.

Wir haben immer Ziele. Es ist auch ein Ziel, ziellos und ein Meditierender zu sein. Du hast Ziele, wenn du morgens aufwachst: Du willst die Blase entleeren und dir den Schlaf aus den Augen waschen, du hast das Ziel, etwas zum Frühstück zu essen. Und alle diese Ziele müssen dich nicht aus dem Hier und Jetzt bringen, Sie sind Teil deines Lebens hier und jetzt. Auch Ziele sind Zen.

Ich habe mich mit moderner Physik beschäftigt. Das ist ein sehr interessantes Gebiet. Die heutige Physik klingt wie Zen. Einstein hatte bewiesen, dass die Zeit nicht so ist, wie wir gelernt haben, sie wahrzunehmen, nämlich stetig, gleichmäßig, gerade.

Sie ist eine Dimension des Raumes, sie ist relativ zur Geschwindigkeit des Wahrnehmenden. Wir bewegen uns in einem Raum-Zeit-Kontinuum. Das nächste Jahr existiert bereits genau, wie der Urknall vor Millionen von Jahren in diesem Raum-Zeit-Kontinuum noch existiert. So wie in demselben Moment die Quelle und die Mündung des Flusses in den Ozean gleichzeitig existieren. Du erschaffst hier und jetzt die Zukunft. Sie ist ein Aspekt des Jetzt.

Ziele und Zukunft sind Teil des Hier und Jetzt! Derjenige, der das Erreichen von Zielen opfert, um in das Hier und Jetzt zu gelangen, verfällt einem großen Irrtum.

Doi, das Leben auf dem Marktplatz ist etwas anderes als das Leben in einem buddhistischen Kloster. Hier musst du nur das Ziel haben aufzustehen, zu meditieren und Reis zu kochen. Auf dem Marktplatz musst du sehr viel mehr Ziele in der Zukunftsform des Jetzt beachten. Du brauchst also mehr Wachsamkeit, was deine Ziele betrifft. Wachsamkeit und Achtsamkeit sind wesentliche Bestandteile des Zen-Buddhismus. Also ist das Leben auf dem Marktplatz doch eine hervorragende Herausforderung und Übung. Betrachte Handel und Geschäft als spirituelle Übung, die dir hilft aufzuwachen.

Du musst dein Ziel ganz genau kennen, desto eher erreichst du das Ziel: Du musst sehen, hören, fühlen, schmecken und riechen, wie es sein wird, das Ziel zu erreichen. Die Vorstellung ist mächtiger, als du denkst.

Die letzten zwei Jahre hast du Reis gekocht. Hat dich das Reiskochen aus dem Hier und Jetzt gebracht, oder hat es dir geholfen, im Hier und Jetzt zu sein?

So hast du gelernt, Ziele im Hier und Jetzt zu haben. Denn für das Kochen des Reises musstest du Ziele haben: Du musstest das Ziel haben, Wasser zu holen, es zum Kochen zu bringen. Du musstest das Ziel haben, den Reis aus der Speisekammer zu holen, ihn zu waschen und in das kochende Wasser zu geben. Ist es nicht so?

Es sind die vielen, kleinen und kurzfristigen Ziele. Warst du nicht auch zuständig für den Einkauf des Reises? Musstest du den Lieferanten nicht rechtzeitig Bescheid geben?

Und hat es dich aus dem Hier und Jetzt gebracht, zu planen,

dass auch in der nächsten Woche ausreichend Reis da sein würde? Nein, du hast mehr und mehr gelernt, während der Planung präsent und im Moment zu sein.

Wende nun diese Fähigkeit bei einem sehr großen Ziel an. Das Ziel ist schon hier und ist schon jetzt erreicht, wenn du nur den Schritt machst, der ansteht, und aufhörst, dir vor Sorgen in die Hose zu machen.

Bleibe wach!«

Gendai Roshi, Ushkawa Zendo, März 1994

Diese Hinweise meines Meisters machten mir klar, dass es keine von der Gegenwart getrennte Zukunft oder Vergangenheit gibt. Nach den wissenschaftlichen Erkenntnissen Einsteins sind sie Aspekte des ewigen Jetzt, des Raum-Zeit-Kontinuums, in dem wir uns bewegen. Wir können im Hier und Jetzt Ziele haben, wenn wir unsere Auffassung von Zeit und Raum gemäß den mittlerweile 100 Jahre alten wissenschaftlichen Erkenntnissen Albert Einsteins erweitern. Ich bin hier, und ich bin jetzt, und ich habe Ziele, zu denen ich auf dem Weg bin.

Viele spirituell suchende Menschen lehnen Erfolg und das Erreichen von Zielen vehement als »unspirituell« ab. Ein spiritueller Mensch muss für sie als Eremit in einer Höhle fern der Welt leben. Die Zen-Lehre hat eine ganz andere Auffassung: Mit Wachsamkeit in der Welt zu stehen ist die Meditation des Zen-Adepten. Daher ist Zen die für den modernen globalen Menschen der Geschäfts- und Finanzwelt die ideale spirituelle Disziplin. Zumal Zen eine Richtung des Buddhismus und damit eine »atheistische Religion« ist, frei von dem Glauben an einen Gott als Person.

Der Entschluss

Nachdem ich durch alle meine Zweifel und Unentschlossenheit gegangen war, konnte ich den ersten Schritt wagen und einen Entschluss fassen, und zwar nicht nur mit ganzem Herzen, sondern mit meinem ganzen Sein. Ich beschloss, den Weg zur ersten Million zu gehen.

Sicher sind Sie schon viel länger als ich bereit zu diesem Entschluss. Dennoch sollten Sie all den Zweifeln und all der Unentschlossenheit ihren Raum geben. Je tiefer Sie in das Nein gegangen sind, desto grundlegender ist dann das Ja zum Entschluss. Machen Sie also bitte folgende Übung:

Beginnen Sie mit dem Zazen, welches Sie in der Einleitung kennen gelernt haben. Sitzen Sie einfach, und beobachten Sie sich und Ihren Atem. Lassen Sie die Gedanken ruhiger werden und wie Wolken dahinziehen. Der Himmel wird nach wenigen Minuten klarer und freier, die Gedankenwolken werden weniger. Rufen Sie sich ins Bewusstein, dass Sie einen Entschluss treffen wollen. Der Entschluss kann bedeuten, dass Sie beschließen, Millionär zu werden. Und er kann auch etwas anderes beinhalten. Vielleicht sind Sie bereits Millionär, und Sie beschließen, Ihr Geld erfolgreich anzulegen. In späteren Kapiteln dieses Buches erfahren Sie auch einen Zen-Weg der guten Geldvermehrung.

Oder entschließen Sie sich für etwas ganz anderes. Wenn Sie beschließen, Ihre volle Gesundheit zu erhalten oder zu erlangen, ist dieser Entschluss der allererste Schritt zum Ziel. Wenn Sie beschließen, den Mann oder die Frau zu finden, den bzw. die Sie lieben und mit dem bzw. mit der Sie zusammenleben möchten, ist das der erste Schritt zur Liebe Ihres Lebens. Vielleicht wollen Sie auch etwas erschaffen: ein Buch schreiben, ein Haus bauen, etwas erfinden.

Ich hatte es an diesem Punkt einfach: Eine der bedeutendsten Autoritäten meines Lebens gab mir den Auftrag. Ich musste zwar noch beschließen, diesem Auftrag zu folgen, aber ich hatte schon ziemlich »Feuer unter dem Hintern«. Für Sie ist es vielleicht etwas schwerer, einen eindeutigen

Beschluss zu fassen. Haben Sie Zweifel? Dann geben Sie jetzt auch diesen ihren Raum.

Seien Sie sich in dieser kleine Meditation der Einwände, Zweifel, Neinstimmen oder Widerstände bewusst. Lassen Sie jedes Nein, welches Sie an einem vollen Entschluss hindern könnte, in Ihre innere Wahrnehmung einfließen. Wie sieht es aus, was sagt es, wie fühlt es sich an? Jedes dieser Neins hat eine Berechtigung. Die Absicht für dieses Nein kann etwas ganz anderes sein als das, wonach es zuerst aussah. Vielleicht will das Nein Sie schützen, vielleicht will es Ihnen Ihre Freunde bewahren. Indem Sie es übergehen oder ignorieren, laufen Sie Gefahr, einen wichtigen Teil Ihrer Seele zum Gegner zu machen.

Fragen Sie bei jedem Nein: »Was beabsichtigst du damit, nein zu sagen?« Dann können Sie überlegen, wie Sie diese positive Absicht auf andere Weise befriedigen können. Wie können Sie Ihr Ziel anstreben und dieses Nein dennoch zu der Erfüllung seiner Aufgabe kommen lassen? Dann nehmen Sie das Nein wahr als das, was es in Wirklichkeit ist: eine Energie. Diese Energie ist nicht getrennt von der Energie, die das Nein umgibt. Sie können alle Neins zu Energie werden lassen, die mit der Gesamtenergie verbunden sind, und so gewinnen Sie sehr viel Unterstützung für Ihren Entschluss.

Wenn Sie sagen: »Klar will ich auf den Weg zur ersten Million, nur weg von diesen Schulden und Sorgen!«, ist der Entschluss daran orientiert, dass Sie von etwas weg wollen. So sind Sie in Gefahr, an etwas Negativem verhaftet zu bleiben. Verabschieden Sie sich von Sorgen und Problemen. Der Entschluss bedeutet die Ausrichtung hin zu einem erfüllten Leben. Sie sind Millionär und ein Mensch, der Erleuchtung sucht, und jeder Schritt auf dem Weg ist eine Offenbarung in sich.

Was ist an dem Ausgangspunkt Ihrer Reise nicht in Ordnung? Ich möchte, dass Sie diesen Punkt als einen guten Startpunkt begreifen. Ist diese Situation nicht genau die, die Sie dazu gebracht hat, dieses Buch in die Hand zu nehmen? Vielleicht wird die Lektüre Ihr Leben verändern. Wenn Sie dann Millionär sind und das Leben führen, dass Sie sich immer gewünscht haben, werden Sie sagen: »Gut, dass ich damals diese Probleme hatte. Sie haben mich veranlasst, dieses Buch in die Hand zu nehmen. Dieses Buch brachte mich zu einem Entschluss.« Schließen Sie Frieden mit Ihrem Leben, wie es ist. Jeder Schritt auf dem Weg hat seine Bedeutung. Wir werden natürlich auch mit den Problemen, die aus Schulden stammen, umgehen und in einem späteren Kapitel den Zen-Weg der Befreiung von Schulden kennen lernen.

Übung 2:

Der Entschluss

1. Sitzen Sie in Zazen.
2. Beobachten Sie Zweifel und Widerstände gegen einen Entschluss.
3. Lassen Sie Zweifel und Widerstände so groß werden, dass sie sich auflösen.
4. Beschließen Sie: »Ich entschließe mich hiermit, den Weg zur ersten Million zu beschreiten!«

Das Zen des Bogenschießens

Es ist wie mit dem Zen des Bogenschießens, das Eugen Herrigel in seinem bekannten Buch beschreibt. Der Pfeil trifft in der gerichteten, klaren Geisteshaltung des Schützen.

Professor Herrigel war bereits ein sehr erfolgreicher Sportbogenschütze, als er mit dem japanischen Kyudo in Kontakt kam. Kyudo ist die Kunst des Bogenschießen als Zen-Meditations-Übung. Herrigel fuhr also zu dem bedeutendsten Kyudo-Meister in Japan, um diese Kunst von ihm zu lernen. Er konnte bei jedem Versuch das Schwarze der Scheibe treffen, und doch sagte der Meister immer wieder: »Eugen, du hast es nicht! Du musst eins mit dem Ziel sein, das kannst du nur, wenn du dein Ego loslässt. Du aber willst mit deinem Ego das Ziel treffen, du bist getrennt von dem Ziel.«

So viel Herrigel auch übte, er konnte es dem Meister nicht recht machen, so dass er enttäuscht beschloss, die Heimreise anzutreten. Am letzten Tag beobachtete er die Kyudo-Schüler bei ihrer Übung, als er plötzlich verstand: In den Zen-Übungen wird der Schüler oft über seine Grenzen hinaus geführt. Wenn er alles versucht hatte, es recht zu machen, aber nichts funktioniert hatte, gab der Verstand und die Willenskraft auf. Nun ist der Moment gekommen, an dem der Meister den Schüler auf eine höhere Stufe führen kann. An einer derartigen Grenze war Herrigel angelangt, und als sein Ego aufgab, das Kyudo zu beherrschen, brach seine Distanz von Pfeil und Bogen sowie vom Ziel auf der Scheibe und der Welt insgesamt zusammen. Erfreut sah der Meister, dass Herrigel verstanden hatte: Das Ziel war in ihm – er war nicht getrennt, es gab nichts zu erzielen.

So ist es auch mit Lebenszielen in der Welt des Geldes. Sobald Sie das Ziel als ein Teil Ihrer selbst erfahren, ist es erreicht, und der Weg dorthin verläuft wie der Flug des Pfeiles, der von einer Bogensehne abgeschossen wurde, die genau richtig gespannt war, weder zu straff noch zu lasch.

Gut, ich hatte mich also entschlossen, die erste Million zu machen. Der Entschluss richtete mich auf mein Ziel aus. Haben Sie sich auch entschlossen?

Das Ziel

Gewinner sind Menschen, die selbst gewählte Ziele erreichen.

Wie lautet das Ziel? Es ist wichtig, das Ziel zu kennen, und es ist wichtig, es optimal zu formulieren. Wissen Sie, was passiert, wenn Sie formulieren: »Ich will mehr Geld!« Sie bekommen einen Pfennig oder einen Cent mehr. Wissen

Sie, was passiert, wenn Sie sagen: »Im nächsten Monat will ich mehr Geld haben!« Das Ziel wird immer einen Monat in die Zukunft vorangeschoben. Das Ziel braucht exakte Zeit- und Größenangaben.

Die Zeit- und Größenangaben für das Ziel müssen gleichzeitig so groß sein, dass diese erreichbar sind, und so groß, dass sie auch attraktiv sind. Ein Ziel »Ich will morgen Millionär sein!« ist für jemand, der keinen Pfennig besitzt, nicht erreichbar, und diese Person schafft sich mit dieser Formulierung Frustration. Wer allerdings ausschließt, dass Wunder und unerwartetes Glück eintreten, begrenzt sich unnötig.

In welchem Zeitraum ist es möglich, Millionär zu werden? Wenn man spart, zum Beispiel in Form einer fondsgestützten Lebensversicherung, die durchschnittlich jährlich zehn Prozent Zinsen erwirtschaftet, und man 200 Mark im Monat einzahlt, braucht man 40 Jahre zur ersten Million. Der Zinseszinseffekt arbeitet hier sehr vorteilhaft für den Sparer. Wenn man eine gute Geschäftsidee hat, kann es sehr viel schneller gehen. Mit Zen-Bewusstsein und Willen ist es in fünf Jahren zu schaffen. Trotzdem kann es ja nicht schaden, frühzeitig mit der Anlage, zum Beispiel von 200 DM im Monat, zu beginnen. Es ist ja besser, Millionär in 40 Jahren zu sein als nie, oder nicht?

Schreiben Sie also jetzt Ihr Ziel mit einer Zeitangabe, die für Sie realistisch ist, nieder, und schreiben Sie es in der Gegenwartsform des Verbs, denn Sie erreichen das Ziel im Jetzt. Also: »Ich besitze am 1.1.2005 eine Million Euro!« Oder: »An meinem Geburtstag im Jahr 2006 erreiche ich mein Ziel, Dollar-Millionär zu sein!«

Das Ziel soll von Ihnen selbst aktiv erreicht werden. Lottogewinne und Geschenke können also nicht zu den auf dem Zen-Weg erreichten Zielen gehören. Wir brauchen sie auch gar nicht, denn wir schaffen es auch mit unseren eigenen Fähigkeiten. Es ist sehr wichtig, das Ziel als ein »Hin-zu-Ziel« zu verstehen, im Gegensatz zu »Weg-von-Zielen«. »Weg-von-Ziele«, wie »Ich will nicht mehr arm sein!« lassen uns an dem kleben, wovon wir weg wollen. Die Ursache dafür liegt in einer Eigenart unseres Unterbewusstseins, welches nur positive Bilder, Töne oder Gefühle kennt. Wenn wir zu uns sagen, dass wir etwas nicht wollen, erzeugen wir ein Bild, Töne oder Gefühle genau davon, so dass unser Unterbewusstsein immer dieses Szenario aufbaut. Wenn eine Mutter ihrem Kind sagt: »Fall nicht hin!« programmiert sie so das Unterbewusstsein des Kindes auf Hinfallen, was es dann ja auch meistens tut. »Achte auf deinen Weg!« wäre eine mögliche positive Formulierung der Mutter. Formulieren Sie also Ihre Ziele auf jeden Fall als »Hin-zu-Ziele«. Die innere Einstellung des »Hin-zu« wird auch proaktiv genannt. Samurais sind immer proaktiv und nicht reaktiv, sie greifen im rechten Moment an und schauen nicht zurück.

Nachfolgend also die Kriterien für eine optimale Ziel-Formulierung. Aber zuerst die Frage: Welche Ziele wollen Sie noch – außer dem Ziel, zu einem bestimmten Zeitpunkt Millionär zu sein – auf diese Weise optimal formulieren?

Übung 3:

Ziele formulieren

1. Schreiben Sie Ihr(e) Ziel(e) nieder.
2. Formulieren Sie gemäß diesen Kriterien:
   - Zeit-Kriterien: in der Gegenwartsform mit genauer Angabe der Zeit;
   - Ursache-Kriterien: aktiv selbst verursacht, positiv, »Hin-zu«;
   - Größe-Kriterien: messbare Größe, erreichbar und attraktiv.
3. Machen Sie sich sichtbare Merkzettel mit Ihrem Ziel!

Ist das Ziel, Millionär zu werden, erreichbar? Ist es attraktiv? Was macht man mit sehr großen Zielen wie diesem? Man erreicht sie Schritt für Schritt, Bissen für Bissen.

Jeden Schritt gehen wir vollständig, so wach und achtsam, wie wir können. Wir wollen keinen Schritt auslassen und jeden Bissen sorgfältig kauen. Bisher haben wir ganz bewusst einen Entschluss gefasst und diesen Entschluss in ein Ziel mit einer unterstützenden Formulierung weiterentwickelt. Wir verbinden auf diese Art die wertungsfreie Geisteshaltung des Zen mit modernen Techniken der mentalen Kybernetik wie dem NLP.

Mein Ziel ist es, meinen inneren und äußeren Reichtum mit Menschen teilen zu können, die auf dem gleichen Weg sind. Denn der Spaß wird nicht halbiert, wenn man ihn teilt, sondern verdoppelt.

Sie sind ein Millionär, bevor Sie den ersten Cent einnehmen

Der nächste Schritt: Stellen Sie sich vor, dass Sie das Ziel erreichen. Nehmen Sie die Körperhaltung eines Millionärs ein! Wie stehen Sie dann da? Welcher Gesichtsausdruck zeigt Ihren Mitmenschen: Ich habe es geschafft! Was sehen Sie, was hören sie, was fühlen Sie? Machen Sie die gesamte Repräsentation des Zieles so intensiv wie möglich, so dass Ihr Unterbewusstsein weiß, wie es in diesem Ziel ist. Sie haben die Million schon erreicht, die Umwelt muss sich Ihnen nur noch anpassen.

Übung 4:

Die Ziel-Haltung

1. Nehmen Sie die Körperhaltung eines Millionärs an!
2. Was sehen Sie, hören Sie, wie fühlen Sie sich als Millionär? Geruch? Geschmack?
3. Gehen Sie täglich für fünf Minuten oder länger in diese Haltung, oder verbleiben Sie einfach für immer darin!

Denn nichts ist so erfolgreich wie Erfolg. Sie sind ein Millionär, ein Erfolgsmensch und ein Samurai. Andere Millionäre werden gerne Geschäfte mit Ihnen machen, Sie fördern und Ihnen selbst Tipps geben. Die anderen Mitmenschen werden gerne von Ihnen kaufen, sich von Ihnen beraten lassen, für Sie arbeiten und so Ihren Reichtum mehren. Die Gangster werden auch aufmerksam? Als Samurai wissen Sie natürlich mit Räubern umzugehen.

Für viele Menschen sind tatsächlich die Neider das größte Hindernis, um sich auf den Weg zu begeben. Wer in Ihrer näheren Umgebung könnte etwas dagegen haben, dass Sie Erfolg haben? Sie sollten sich von diesen Menschen entfernen, eine mentale Schutzmauer aufbauen. Die meisten Menschen lieben diejenigen, denen es schlechter geht als Ihnen selbst, denn dann fühlen Sie sich im Vergleich ein wenig besser. Wenn Sie nun anfangen, besser und besser zu werden, weckt das Panik. Menschen werden versuchen, Ihnen Ihr Ziel auszureden. Denn, wenn Sie es erreichen, hieße es, sie selbst könnten es auch. Einige werden Ihnen tatsächlich auf dem Weg folgen, um Ihre Freunde bleiben zu können. Andere scheuen die Anstrengung, die Sie bereit sind einzusetzen, und werden Sie schlecht machen, wie der Fuchs, dem die zu hoch hängenden Trauben nicht schmecken.

Wenn Sie sich als Millionär verstehen, wird sich Ihr Kontostand angleichen. Es wird Ihnen bewusst, was in Ihrer Umwelt nicht in die Millionärswelt gehört. Das können Menschen sein, aber auch Ihre Kleidung, Ihre Ernährung, Ihre Lektüre.

Die japanische Architektur und Innenausstattung ist bei wohlhabenden Leuten sehr beliebt, denn sie verknüpft schlichte Eleganz mit hochwertigen Materialien. Das ist für mich die wahre Umgebung für Reichtum, die sicherlich dazu beigetragen hat, dass Japan heute eines der reichsten Länder der Erde ist.

Wo beginnt der Weg?

Sie haben also einen Entschluss gefasst. Sie haben Ihre Ziele formuliert. Sie wissen, wie es am Ziel sein wird. Sie sind bereit, den Weg zu gehen. Aber wo beginnt er? Wenn Sie zum Beispiel nach Frankfurt fahren wollen, suchen Sie die Ausfahrt, die nach Frankfurt führt und an einer anderen Stelle ist als die Ausfahrt nach Berlin oder Köln. Wo ist die Landkarte, auf der die Straße zur ersten Million eingezeichnet ist?

So einfach ist es nicht, und doch auch wiederum einfacher. Denn es gibt für jeden Menschen seine eigene Straße. Diese Straße entwickelt sich während des Gehens. Sobald Sie gehen, erscheint vor Ihren Füßen der Weg. Das geschieht, solange Sie mit vollem Herzen und voller Wachsamkeit wie ein Zen-Samurai auf dem Weg gehen. Sobald Sie an etwas anderes denken, sobald Sie sich ablenken oder zweifeln, verblasst der Weg. Also los!

Wenn die Straßenschilder sagen: »400 Kilometer bis Berlin«, ist das eventuell nicht der Weg nach Frankfurt. Wenn die Schilder sagen: »1.000 Euro im Monat«, ist das vielleicht nicht der Weg zur Million. Wie Sie erkennen, ob Sie auf dem richtigen Weg sind, erfahren Sie im nächsten Kapitel. Wichtig ist, dass Sie beschlossen haben ein Ziel zu verfolgen und sich dauernd daran erinnern, wie es im Ziel ist. Der Weg erscheint dann immer vor Ihren Füßen. Wenn es Signale gibt, die sagen, dass Sie auf dem falschen Weg sind, ist es ratsam, zuerst die eigene Einstellung achtsam zu überprüfen.

Ich war also in Deutschland, um Millionär zu werden, um zu meinem Meister zurückkehren zu können, um erleuchtet zu werden. Ich lernte, mich schnell von Leuten zu entfernen, die mich bei meiner Suche hinderten. Das waren für mich zumeist die Menschen, die das Zen als Weltflucht missbrauchen wollten. Frei von Startgeld oder Ausbildung hatte ich nichts als meine vom Zen geschärfte Einstellung, unterstützt von den sehr nützlichen mentalen Werkzeugen des NLP.

Wenn ich es zur ersten und zu weiteren Millionen geschafft habe, schaffen Sie es erst recht. Im nächsten Kapitel werden Sie feststellen, wie viel gute Vorbedingungen Sie mitbringen, um Millionär zu sein. Haben Sie sich entschlossen, kennen Sie Ihr Ziel? Mehr brauchen Sie nicht. Das Erreichen des Zieles ist vollkommen unabhängig von Geschlecht, Alter, Schulbildung oder sozialer Herkunft. Jeder Mensch mit wachem Geist und entschlossenem Willen kann in fünf oder weniger Jahren von null auf eine Million kommen.

Jeder Mensch mit wachem Geist und entschlossenem Willen kann in fünf oder weniger Jahren von null auf eine Million kommen!

Dollar oder Euro?

Ja, genau.

2. KAPITEL

Die große Reise beginnt mit einem Schritt

Ressourcen – Die Ressource lernen, mit der man Ressourcen erwirbt – Der erste Schritt: Lebensunterhalt – Ressourcen-Sammlung – Geld ist Zen ist Geld – Der zweite Brief meines Meisters: Geld und Zen sind eins – Die Relativität des Reichtums – Warum Millionär? – Die wichtigste Ressource: Achtsamkeit – Produkte, Kenntnisse, Fähigkeiten – Noch einmal: Achtsamkeit, die wichtigste Ressource – Joshu wäscht die Schale aus – Zazen im Taxi – Der Mondsteinhändler

Ressourcen

Ich war entschlossen, die Aufgabe meines Meisters zu erfüllen, und bereit, den ersten Schritt auf dem Weg zur Million aktiv zu tätigen. Ich wusste, wo ich hin wollte: »Am 1.1. des Jahres 1999 bin ich Dollar-Millionär!« Ich sah, hörte und fühlte mich als Millionär, auch wenn ich keinen Pfennig Geld in der Tasche hatte und bei Freunden untergekommen war.

Der erste aktive Schritt hatte zweifellos etwas mit dem Verdienen von Geld zu tun. Denn ich musste wie alle Millionäre für meine Grundbedürfnisse sorgen: die Miete bezahlen, etwas zu Essen kaufen, und neue Kleidung wurde benötigt. Ich konnte ja nicht mehr in japanischen Sandalen herumlaufen. Die Haare, die frisch auf meiner nach Zen-Art geschorenen Glatze wuchsen, wollten auch fachmännisch frisiert sein. Die Überlegung »Was kann ich, womit verdiene ich meinen Lebensunterhalt und mein Startgeld?« war also der nächste Schritt.

Ich erwog, Beratungen für Zen-Meditation anzubieten oder als Reiskoch zu arbeiten. Aber wie sollte ich an zu beratende Kunden herankommen, wenn ich kein Geld für Werbung hatte? Und auch Reisköche werden in Deutschland nicht gerade händeringend gesucht.

Ich hatte jedoch noch meinen Personenbeförderungsschein, auf Deutsch »Taxischein«, aus der Zeit meines abgebrochenen Studiums. Taxifahrer werden immer gebraucht und man verdient Geld bar auf die Hand. Ich fand tatsächlich schnell einen Unternehmer, der mir den Job gab, und ich begann die erste Mark zu verdienen.

Als Taxifahrer zu arbeiten fand ich schon immer recht »zen-gemäß«. Wie bei der Meditation macht man oft gar nichts, während man auf Fahrgäste wartet.

Auf welche Weise verdienen oder bekommen Sie das Geld, das sie benötigen, um Ihre Grundbedürfnisse zu erfüllen? Welche Ressourcen setzen Sie ein?

Das Hauptthema dieses Kapitels sind Ressourcen. Was ist mit Ressourcen gemeint? Die Ressourcen eines Landes sind Dinge, die den ökonomischen Erfolg ermöglichen: der Zustand der Infrastruktur, die Bodenschätze, die Fruchtbarkeit der agrarisch genutzten Böden, der Stand der Bildung und Ausbildung der Bevölkerung, die Flexibilität der politischen Führung und des Rechtssystems und deren Akzeptanz in der Bevölkerung.

Die Ressourcen einer einzelnen Person sind sowohl äußerer als auch innerer Art. Äußere Ressourcen sind zum Beispiel der Kontostand, die Wohnung, die Gesundheit. Innere Ressourcen sind Kenntnisse, Fähigkeiten oder Einstellungen, die einen Erfolg fördern.

Eine Ressource, die Sie zur Sicherung Ihres Lebensunterhaltes benötigen, könnte also Ihre berufliche Qualifikation sein, das, was Sie gelernt haben und wofür Sie die in Deutschland so notwendigen Bescheinigungen, Briefe, Zertifikate, Registrierungen haben. Ich war in dieser Hinsicht bis zu dem damaligen Zeitpunkt nicht über einen Personenbeförderungsschein hinausgekommen. Die inneren Ressourcen sollten sich auch als die wesentlicheren herausstellen.

Die Ressource lernen, mit der man Ressourcen erwirbt

»Millionär werden« wird in der Schule und Universität nicht gelehrt. Im Gegenteil: Das Wissen, das in diesen Institutionen vermittelt wird, hat mit dem wirklichen Leben oft wenig zu tun. »Millionär werden« lernt man eventuell von den Eltern oder Großeltern, wenn diese Geschäftsleute, Unternehmer oder Selbständige sind. Eine solche Kinderstube ist aber wohl die Ausnahme.

Wie also erarbeitet man sich die zum sozialen und pekuniären Aufstieg benötigten Ressourcen, wenn man, so wie ich, nicht in einer wohlhabenden Familie aufgewachsen ist? Am wichtigsten ist der Lernwille. Die dafür gefragten Ressourcen waren bei mir vorhanden: Interesse, Bereitschaft, die eigene Weltsicht zu ändern, Lernfähigkeit, Einsatzwille, Mut, Wachheit.

Das Grundmodell des Erfolgs ist einfach: Wir wollen von einem »gegenwärtigen Zustand« zu einem »erwünschten Zustand« gelangen und benötigen die dazu notwendigen Ressourcen. Wenn unsere eigenen Ressourcen nicht ausreichen, um zum erwünschten Zustand zu kommen, suchen wir welche, um unseren Mangel auszugleichen.

Oft haben wir aber die nötigen Ressourcen und bringen sie nicht in Verbindung mit unserem spezifischen Ziel. Eine Klientin von mir hatte sich zum Beispiel beigebracht, indonesisch zu kochen. Sie konnte diese Lernfähigkeit und Experimentierfreude aber zuerst nicht mit dem Ziel, wieder ins Berufsleben einzutreten, verbinden. Als sie es tat, war sie sogar in der Lage, das Erstellen und Programmieren von Websites im Internet zu erlernen und mit ihrer Kreativität in einer Agentur für Internetauftritte von Firmen gutes Geld zu verdienen.

Der erste Schritt: Lebensunterhalt

Meine erste Ressource bestand darin, dass ich durch die Arbeit als Taxifahrer meinen Lebensunterhalt bestreiten konnte. So erhielt ich erst einmal das Geld, das ich als Lebensgrundlage benötigte. Und: Von der Million zu träumen ist nur erlaubt, wenn die Füße auf dem Boden der Tatsachen stehen und für Wohnung, Essen und Kleidung gesorgt ist.

Nach einigen Wochen des Taxifahrens war ich jedoch keinen Schritt weitergekommen. Als Taxifahrer wird man mit einem Anteil am Umsatz bezahlt. Wer wie bei der Meditation gar nichts macht, verdient auch nichts. Von meinem Verdienst blieb nichts übrig.

Würde ich so am Ende des Jahres 1998 Dollar-Millionär sein und zu meinem Meister zurückkehren? Es sah nicht danach aus.

NLP geht davon aus, dass jeder alles hat, was gebraucht wird, um das Ziel zu erreichen. Die erforderlichen Fähigkeiten und das Wissen sind also da. Ich musste nur den Zugang zu meiner eigenen Kraft finden.

Welche Ressourcen konnte ich also anwenden, um meinem Ziel näher zu kommen? Ich erinnerte mich an meine Zen-Grundsätze:

- Gehe Schritt für Schritt!
- Mache jeden Schritt vollständig!
- Ist nicht dieser Schritt der einzige und letzte Schritt?!

Was wäre beim Taxifahren anders, wenn ich es wie das Kochen von Reis im Zen-Kloster machen würde, mit voller Aufmerksamkeit und Energie? Es wurde mir bewusst, dass ich es bisher nicht mit 100-prozentigem Einsatz, sondern eher widerwillig gemacht hatte. Ich mied viele Halteposten und Gegenden, weil die meisten Touren dort von Nachtclubs oder Kneipen kamen, und ich keine angetrunkenen Fahrgäste transportieren wollte. Daher verdiente ich weniger als möglich war. Sollte ich lieber einen anderen Job suchen? Nein, das Problem lag bei mir und nicht beim Taxifahren.

Die Betrunkenen wollten ja nur schnell in ihr warmes Bett. Ich wollte aufhören, zu denken, dass ich etwas Besseres als nur ein Taxifahrer war. Ich erkannte: »Wenn ich ein Taxifahrer ganz und gar bin, werde ich auf die nächste Stufe gelangen!«

Ich erinnerte mich also an meine Fähigkeit, eine Sache ganz und gar zu machen, egal welche Art von Arbeit ich zu verrichten hatte.

Wäre Ihre jetzige Tätigkeit anders und eventuell erfolgreicher, wenn Sie sie durchführen würden, als wäre sie das Einzige und Wunderbarste auf der Welt?

Von nun an akzeptierte ich jeden Fahrgast. Mein Umsatz steigerte sich erheblich. Ich fuhr Nachtschichten – die meisten Touren sind zu diesen Zeiten Touren mit Angetrunkenen – und ich lernte schnell, mit ihnen freundlich und bestimmt umzugehen. Ich wurde erfolgreicher, so dass ich beschließen konnte, mit dem Aufbau meines Startgeldes zu beginnen. Denn das sind die ersten praktischen Schritte auf dem Weg zur ersten Million:

1. Sorge für deinen Lebensunterhalt!
2. Erarbeite oder erspare einen Überschuss!
3. Sammle Startgeld!

Dieses Buch enthält also Schritt für Schritt Anleitungen für zwei Aspekte des Weges zur ersten Million: den mentalen und den praktisch-aktiven. Während die eben genannten Schritte die ersten drei praktisch-aktiven Schritte sind, fahren wir in der kommenden Übung mit den mentalen Schritten fort.

Ressourcen-Sammlung

Auch die Fähigkeit, Menschen um Unterstützung fragen zu können oder im Internet und in Bibliotheken nötige Informationen zu finden, ist eine Ressource. Freunde zu haben, die NLP-Trainer sind, war eine sehr wichtige Ressource für mich.

Übung 5:

Welche Ressourcen besitzen Sie?

1. Schreiben Sie bitte alles auf, was Sie können und worin Sie gut sind!
2. Vergrößern Sie diese Sammlung jeden Tag!
3. Denn Ihnen werden immer mehr Ressourcen einfallen, die Sie besitzen.
4. Legen Sie sich ein Notizbuch für Ihre Ressourcen-Sammlung an.
5. Füllen Sie es mit Sätzen, die beginnen mit:
»Ich bin gut in …«, »Ich weiß, wie man …«,
»Ich habe die Fähigkeit, …«, »Ich habe die positive Einstellung, dass …«, »Ich bin ein Mensch, der …«

Welche Ziele wollen Sie erreichen, nachdem Sie sich bewusst gemacht haben, was Sie alles schaffen können, sobald Sie jede Ihrer Ressourcen für jedes Ihrer Ziele in irgendeiner Weise einsetzen?

Ich bin davon überzeugt, dass Sie keine Zauberfee brauchen, die Ihnen drei Wünsche gewährt, denn Sie haben für alle denkbaren Ziele die nötigen Ressourcen. Die Feen und die Zauberer kommen zu denen, die ihre Ressourcen entwickeln und einsetzen.

Geld ist Zen ist Geld

Zen und Geld? Die Geisteshaltung des Zen scheint vordergründig nichts mit der Finanzwelt zu tun zu haben. Es gibt sogar viele Menschen auf der spirituellen Suche, die Entsagung für eine Tugend oder ein notwendiges Opfer auf dem Weg halten. Für diese Sucher kann die Selbsterkenntnis nur in einer Höhle oder in einem Kloster als Einsiedler gefunden werden.

Aber auch andere Ablehnungen des Geldes sind in uns, die sich in Sprichwörtern ausdrücken, wie: »Geld macht nicht glücklich!« oder: »Geld verdirbt den Charakter!«

Ich habe mich Ende der Sechzigerjahre wie viele junge Menschen in meinem Alter für Marxismus und Sozialismus begeistert. Eine Gesellschaft der Gleichen, Freien und Geschwisterlichen war unser Ideal. Das Kapital schien der Feind zu sein. Aber an den negativen Beispielen der nicht-kapitalistischen Staaten konnten wir sehen, dass das Ziel nicht sein kann, alle gleich arm zu machen. Reichtum motiviert, und Armut ist kein Merkmal des Höheren Bewusstseins. Nun sollte ich Geld sogar als spirituelle Aufgabe sehen – das fiel mir noch schwer.

Je lauter man sein Ziel herausposaunt und jedem erzählt, desto mehr zwingt man sich, es auch zu realisieren. Deshalb verkündete ich möglichst vielen Freunden und Bekannten, dass ich in spätestens fünf Jahren Millionär sein würde.

Die Ablehnung meines Projekts durch meine Freunde, besonders aus der »New-Age-Szene«, war allerdings groß. Sie waren der Meinung, dass Geld und Zen zwei sich ausschließende Welten wären.

Ich kam aus demselben Glaubensmuster und wurde immer unsicherer. Ich brauchte Gegenargumente, um mich gegen diese New-Age-Leute zu behaupten und um mich selbst überzeugen zu können.

Daher schrieb ich meinem Meister: »Geld und Zen scheinen zwei sich ausschließende Welten für mich zu sein. Wie sind Geld und Zen miteinander vereinbar?«

Bald kam seine Antwort zurück:

DER ZWEITE BRIEF MEINES MEISTERS:

GELD UND ZEN SIND EINS

»Lieber Doi«, schrieb er.

»Geld und Zen sind nicht miteinander vereinbar. Sie sind identisch!

Geld ist Zen, und Zen ist Geld.

Geld ist ein Symbol für die Welt, in der wir leben. Geld an sich ist weder gut noch schlecht, es ist einfach ein Mittel zum besseren Austausch von Waren.

So ist auch Zen weder gut noch schlecht. Geld ist Zen, weder gut noch schlecht.

Es geht auch nicht darum, reich oder arm zu sein. Es geht darum, die Distanz zur Realität, die wir mit unserem Kopf schaffen, aufzugeben, so dass die Trennung vom Leben, die wir fortwährend mit Urteilen, Vergleichen und Bewertungen erschaffen, überwunden wird.

Wer Geld verurteilt, schafft eine Trennung. Wenn wir diese Trennung überwinden wollen, dann auch die zum Geld und gerade zum Geld, denn Geld ist eine Komprimierung dieser Welt.

Derjenige, der Geld als Geld sieht, es begreift, ohne es zu beurteilen, ohne es zu begehren oder abzulehnen, macht einen Schritt zur Einheit mit sich und der Welt.

Du kannst diese Einheit herstellen, ob du nun viel oder wenig Geld hast, das ist davon unabhängig. Aber wenn du die Wahl hast, kannst du auch eine Million machen, es kommt nicht auf die Zahl an.

Ich für meinen Teil bin mit dem zufrieden, was ich zu meinem Lebensunterhalt brauche. Das ist nicht viel und leicht verdient. Dir indes habe ich die Aufgabe gegeben, ein Samurai der Finanzwelt zu werden. Die Aufgabe erscheint dir schwierig, weil sie viele deiner inneren Grenzen offenbar werden lässt. Sei dem Geld dankbar, dass es dir deine Begrenzungen zeigt, so dass du diese auflösen kannst. Wenn du an die Begrenzung glaubst, dass Geld unheilig ist, bist du eventuell einem Trick der Reichen und der Priester erlegen.

Der Buddha sollte nicht missinterpretiert werden. Er und seine Schüler wanderten in Indien umher, wo das ganze Jahr ein mildes Klima vorherrschte. Damals gab es noch keine Überbevölkerung, und die Nahrung war noch nicht so knapp wie heute. Der spirituelle Weg war hoch angesehen, die Dörfler und Städter waren begeistert, den Suchenden Essen zu spenden, denn sie dachten, dadurch ihr Karma zu verbessern.

Die Situation heute ist eine völlig andere. Wer die Notwendigkeiten des täglichen Lebens, die Kälte des meteorologischen und des zwischenmenschlichen Klimas missachtet, übersieht einige Grundgesetze des Lebens und hat so einen spirituellen Weg gefunden, um eine Trennung zwischen sich und der Welt zu schaffen. Das ist kein Zen. Das ist Dummheit.

Zen in der modernen Welt heißt, auch in der Lage zu sein, Geld zu verdienen. Es ist auch gutes Zen, Geld zu vermehren und die Gesetze des Geldes anzuwenden.

Es ist ein ganz besonderes Dharma, welches sich im Geld ausdrückt. Wie gewaltig war der Moment in der Geschichte der Menschheit, als zum ersten Mal ein Mensch einem anderen eine an sich unnütze Muschel gab und sagte: ›Ich gebe dir dieses Mal keine Kokosnuss für deinen Fisch, sondern diese Muschel. Ich werde den Nusssammlern sagen, dass sie dir für diese Muschel künftig Kokosnüsse geben, wenn du ihnen dafür genauso für jede Muschel einen Fisch gibst!‹

Der Händler, dem diese Idee kam, hatte sich so von der Mühe befreit, ständig ein großes Lager von Fisch und Kokosnüssen zu unterhalten bzw. sie in großen Karawanen mit sich herumzuführen. Die Menschen wurden unabhängig von saisonalen Einflüssen. Geld war ein Mittel gegen Hunger.

Und, Doi, mach es dir einfach. Ziele erreicht man nicht durch Anstrengung. Der Weg eines Meisters ist es, sich offen für Geschenke zu machen. Lauf der Million nicht hinterher. Fliehe auch nicht vor ihr. Gehe ihr freudig entgegen wie einer Geliebten, die nach einer Reise zurückkommt!

Bleibe wach!«

Gendai Roshi, Ushkawa Zendo, September 1994

So angespornt, wusste ich, dass mein Meister mich auf den richtigen Pfad gesetzt hatte. Ich war entschlossen, die Million zu machen.

Doch jede Reise beginnt mit dem ersten Schritt. Wer Millionär werden will, beginnt damit, für seinen Lebensunterhalt zu sorgen und Startkapital anzusammeln.

Und der erste Schritt ist auch der schwierigste, denn daran scheitern die meisten Menschen. Der größte Teil der Menschheit verdient nicht einmal den Lebensunterhalt und muss hungern. In einer modernen Gesellschaft (wie zum Beispiel der deutschen) verdient die größte Zahl der Menschen gerade den Lebensunterhalt. Wenn die Menschen etwas mehr verdienen, geben sie es für einen neuen Fernseher und ein neues Auto aus; Konsumartikel, die nicht zum Aufbau von Startkapital beitragen. Aber das ist der Sinn der Anfangsanstrengung: Startkapital aufbauen. Ohne Startkapital läuft nichts.

Wenn Sie es dann geschafft haben und von der obersten Stufe auf den Weg zurückblicken, den Sie zurückgelegt haben, werden Sie sich gerne an diese erste Zeit, in der Sie einen Grundstock erarbeitet und gelegt haben, als eine sehr intensive Phase des Aufstiegs zurückerinnern.

Ich wünsche Ihnen, dass Sie es leichter haben und beim ersten Schritt, für den eigenen Lebensunterhalt zu sorgen und Startkapital aufzubauen, Unterstützer haben. Vielleicht gehören Sie auch zu den stolzen Menschen, die alles allein mit eigener Kraft geschafft haben müssen, damit es richtig zählt.

Die Relativität des Reichtums

Ich erinnerte mich ständig daran, dass ich ja ein Millionär bin. Wenn man sich als Millionär definiert und verhält, kommt auch der entsprechende Kontostand. Allerdings: Fährt ein Millionär mit der U-Bahn? Trägt ein Millionär abgewetzte Jeans? Leben Millionäre in Wohngemeinschaften und haben nicht mehr als ein Zimmer mit 15 Quadratmetern?

Reichtum ist nicht von den Nullen hinter der Eins auf dem Bankkonto abhängig. Es gibt Menschen, die sehr reich sind und sich doch arm fühlen. Es sieht sogar so aus, dass es den meisten Reichen so geht. Das, was sie suchten, war nicht wirklich die Zahl auf dem Kontoauszug. Sie wissen nicht einmal mehr, was sie eigentlich suchten. Andererseits gibt es Menschen, die keinen Pfennig Geld besitzen und sich sehr reich fühlen. Sie haben Liebe, Freunde und ein Leben in einer schönen Umwelt.

Reichtum ist das Gefühl, wenn man materielle und immaterielle Ressourcen besitzt. Wenn ich mehr Geld einnehme, als ich ausgebe, bin ich finanziell reich. Reichtum ist also relativ. Reichtum ist nicht die Zahl auf dem Kontoauszug oder das Geld im Strumpf unter dem Kopfkissen. Es ist das subjektive Gefühl, wie viel mehr ich besitze, als ich brauche. Es gibt also zwei Möglichkeiten, sich reich zu fühlen. Sie können Ihren Besitz so vergrößern, dass Sie ihre Bedürfnisse weit befriedigen können. Oder Sie können Ihre Bedürfnisse Ihren Möglichkeiten anpassen.

Beim ersten Weg ist es bekanntermaßen so, dass die Bedürfnisse mit den Möglichkeiten wachsen. Leute verdienen eine Million und müssen immer mehr verdienen, denn als Millionär muss man einen Ferrari, eine Jacht, ein Anwesen im Süden haben und haben und haben und haben.

Wenn ich meine Bedürfnisse zu stark reduziere, verliere ich die Motivation, Reichtum anzuschaffen. Also ist auch hier der typische buddhistische Weg angesagt: der Weg der goldenen Mitte. Geben Sie weniger aus, als Sie einnehmen, und verdienen Sie mehr, als Sie brauchen. Kaufen Sie nur das Beste – es ist den höheren Preis meist wert –, und kaufen Sie davon nicht mehr, als Sie bezahlen können. Das Gefühl des Reichtums wird Ihr Unterbewusstsein anregen, für mehr Geld zu sorgen, so dass Sie sich reich fühlen können und das Wohlgefühl weiter anwachsen lassen können.

Das Gefühl des Reichtums ist abhängig von dem Verhältnis des Einkommens zu den Ausgaben. Das Verhältnis ist mehr oder weniger konstant. Der Millionär nimmt eine Million US-Dollar im Jahr ein und gibt 900.000 aus. Der Mensch, der auf dem Weg zur Million startet, nimmt im Jahr vielleicht nur 50.000 US-Dollar ein und gibt 45.000 aus. Das Verhältnis ist gleich, das Gefühl des Reichtums kann also auch gleich sein. Der Millionär hat mehr Stress, den Status und das Einkommen zu halten, der Anfänger auf dem Weg hat mehr Stress, neue Möglichkeiten zu finden. Der Aufwand ist gleich. Also kann ich mich auch mit 50.000 US-Dollar reich fühlen, denn dieses Reichtumsgefühl lockt Geld, Geldgeber, Kunden, Banken, Ideen und Ressourcen an.

Warum Millionär?

Warum dann überhaupt eine Million machen? Warum wollen Sie Millionär sein? Wir wollen ja nicht wie Dagobert Duck in einem Geldspeicher baden, oder?

In erster Linie wollte ich zu meinem Meister zurück. Es gab jedoch noch einige motivierende Gründe mehr, wie ich bald feststellte. Je mehr Geld vorhanden und verfügbar ist, desto größer sind die Möglichkeiten, die sich mir bieten. Von den Zinsen, die eine Million abwirft, könnte ich bequem leben und mich in Ruhe der Meditation widmen. Ich liebe die Erde und träumte davon, noch einige große Reisen zu unternehmen: Südsee, Ägypten, mit dem Wohnmobil durch alle Staaten der USA und Kanadas. Ich hatte auch den Plan, die spezielle Art des Zen meines Meisters in der Welt zu verbreiten und Meditationsplätze zu errichten. Je erreichbarer die Million für mich wurde, desto mehr Möglichkeiten, diese zu nutzen, eröffneten sich mir.

Was würden Sie mit einer Million machen?

Machen Sie sich auch bewusst, welche negativen oder »Weg-von«-Motivationen mit dem Erreichen der Million für Sie verbunden sind. Wollen Sie Millionär sein, um Beachtung zu bekommen, die Sie bisher vermissten? Wollen Sie Millionär sein, um sich Freunde kaufen zu können? Wollen Sie Millionär sein, um keine Minderwertigkeitsgefühle mehr haben zu müssen? Die negative Motivation führt einen immer dahin, wovon man weg will. Jeder von uns hat diese Gründe in sich. Es ist sehr wichtig, diese achtsam zu beobachten. In einem späteren Kapitel erfahren Sie, wie Sie diese negative Struktur in eine positive umwandeln.

Die wichtigste Ressource: Achtsamkeit

Die Zauberformel lautet: Achtsam beobachten. Die wichtigste Ressource auf dem Weg zur Erleuchtung wie auf dem Weg zur ersten Million ist: Achtsamkeit.

Was machen Sie gerade? Sie lesen ein Buch. Was nehmen Sie noch wahr? Beobachten Sie achtsam die Umgebung. Was hören Sie? Sind da Verkehrsgeräusche, oder hören Sie singende Vögel? Wie ist das Gefühl im Körper? Riechen Sie oder schmecken Sie etwas?

Wer sind Sie?

Wo ist der Weg?

Wo also befinden Sie sich gerade auf Ihrem Weg zur ersten Million?

Sie haben die Schritte des vorangegangenen Kapitel durchgeführt:

Sie haben einen Entschluss gefasst.

Sie haben ein Ziel formuliert.

Sie wissen, wie es sein wird, das Ziel zu erreichen, und haben die Haltung und die innere Repräsentation verinnerlicht.

In diesem Kapitel haben Sie bisher Ressourcen gesammelt, die Sie brauchen, um von Ihrem jetzigen Standort zum Ziel zu kommen.

Eine wichtige Entscheidung steht an: Wollen Sie das intensivieren, was Sie bereits machen, oder wollen Sie mit einem neuen Projekt Millionär werden?

Produkte, Kenntnisse, Fähigkeiten

Es gibt drei Arten von konkreten Ressourcen, mit denen man zu Geld kommen kann:

- Produkte
- Kenntnisse
- Fähigkeiten

Produkte haben dabei das größte Potenzial. Produkte sind Dinge wie Steine, Schokoriegel oder Computerprogramme: sinnlich erfahrbare Dinge, für die es eine Nachfrage gibt. Es kann etwas zu essen sein, es können Spielgeräte sein, es kann auch ein Kursus sein. Es geht darum, eine Nachfrage zu bedienen. Manchmal entsteht die Nachfrage mit dem Produkt. Gibt es ein Produkt, das Sie herstellen oder vertreiben können?

Kenntnisse: Es gibt für die meisten Menschen etwas, worüber sie besser Bescheid wissen, ein Thema, für das sie sich begeistern. Das kann eine Musikgruppe sein oder Karl-May-Bücher oder Nagellack. Die Kenntnisse können auch wissenschaftlicher oder metaphysischer Art sein. Wie kann man mit Kenntnissen viel Geld verdienen? Das ist ein wenig schwieriger als mit Produkten und doch ebenso machbar. Der Verkäufer verkauft Kenntnisse genauso wie der Vermögensberater, der Unternehmensberater oder der Buchautor. Kenntnisse kann man zu einem Produkt machen.

Fähigkeiten: Wie kann man mit besonderen Fähigkeiten

Millionär werden? Zum Beispiel, wenn man ein guter Feuerwehrmann ist und Brände auf Erdölquellen löschen kann wie Red Adair. Wenn man magische Fähigkeiten hat wie David Copperfield, kann man sich die Million erzaubern. Auch das Aussehen Claudia Schiffers kann man als Fähigkeit sehen, die ihr den Besitz vieler Millionen ermöglicht hat.

Ein Produkt bietet das größte Potenzial, sofern es in seiner Herstellung mengenmäßig variabel ist und sowohl in kleinen als auch großen Stückzahlen Gewinn bringt. Eine Kenntnis kann nur insofern sehr viel Geld bringen, als ich sie in ein Produkt einbringe oder sehr viele andere Menschen mit der Weitergabe der Kenntnis ausstatte und alle diese Menschen an mich weiterhin Gebühren oder Prozente bezahlen. Die Menschen, die mit einer besonderen Fähigkeit viel Geld verdienen, und wir sprechen hier ja von Millionen, sind eher selten, und es müssen sehr viele Faktoren und eine gehörige Portion Glück hinzukommen.

Der Bereich, in dem Produkte und Kenntnisse in dieser Zeit am ehesten schnell viel Geld einbringen, sind die Kapitalmärkte, über die ich in den folgenden Kapiteln mehr mitteilen möchte.

Also: Mit welchen Ressourcen, mit welchen Produkten, Kenntnissen oder Fähigkeiten könnten Sie Millionär werden? Benutzen Sie diese Ressourcen bereits, oder wollen Sie ein neues Projekt beginnen?

Die Entscheidung wird leicht fallen, sobald Sie das, was Sie bereits machen, so vollständig wie möglich machen. Der nächste Schritt wird dann an Sie herangetragen oder für Sie offensichtlich. Und: Hören Sie nie auf zu lernen! Jeder Tag ist ein Tag, an dem Sie neue Ressourcen aufnehmen können. Jede Zeitungslektüre gibt mir neue Ideen, neue Inspiration. Wir leben in der an Ressourcen reichsten Zeit der Menschheitsgeschichte. Durch den immens verstärkten Austausch der Informationen verdoppelt sich das Wissen der Menschheit in immer kürzeren Zeiträumen. Alle Ressourcen aller Menschen stehen allen Menschen potenziell zur Verfügung. Unterstützt durch das Internet steht die Menschheit vor einem gewaltigen Sprung. Theoretisch ist es leicht möglich, jedem Menschen die Befriedigung der Bedürfnisse zu ermöglichen. Jeder Mensch kann der Zugang zu allen Informationen gewährt werden, so dass jeder Mensch seine Intelligenz und sein Wissen voll entfalten kann.

Die wichtigsten Ressourcen sind für mich die Ressourcen eines Menschen, der im Zen lebt: Achtsamkeit und vollständiger Einsatz.

Noch einmal: Achtsamkeit, die wichtigste Ressource

Was ist Achtsamkeit?

Achtsamkeit ist die nicht wertende, nicht urteilende Beobachtung Ihrer selbst sowie der Welt um Sie herum, die ja ein Teil von Ihnen ist.

Also: Was machen Sie gerade? Sie lesen ein Buch. Was nehmen Sie noch wahr? Beobachten Sie achtsam Ihre Umgebung. Was hören Sie? Sind da Verkehrsgeräusche, oder hören Sie singende Vögel? Wie ist das Gefühl im Körper? Riechen Sie etwas? Schmecken Sie? Werden Sie sich Ihres Atems bewusst.

Wer sind Sie?

Sind Sie auf dem Weg?

Wie verändert sich die Welt, wenn Sie sich der Million nähern, und wie ist sie anders, wenn Sie sich von ihr wegbewegen? Die Veränderung ist eventuell nur eine feine Nuance. Vielleicht wird es in Ihrer subjektiven Wahrnehmung heller, vielleicht hören sich die Stimmen klarer an, oder Ihre eigene, mit der Sie zu sich selbst sprechen, wird freundlicher, vielleicht ist es ein bestimmtes Gefühl in Ihrem Körper, das Ihnen sagt: Du bist auf dem Weg zur Million!

Nehmen Sie achtsam die Veränderung wahr, denn diese sagt Ihnen wie ein Hinweisschild auf der Autobahn: »fünf Jahre zur ersten Million« oder »ewiges Abstrampeln für das Nötigste«, und Sie wissen, dass Sie auf dem richtigen Weg sind oder Ihre Richtung revidieren müssen.

Joshu wäscht die Schale aus

Zu dem berühmten Zenmeister Joshu kam ein Mann, der von ihm Unterweisung im Zen-Buddhismus wünschte.

Seine Frage war: »Wie erlange ich die Erleuchtung?«

»Hast du deinen Reis gegessen?«, antwortete Joshu.

»Ja, das habe ich«, antwortete der Suchende.

»Dann wasche die Schale aus!«

Die Wahrheit ist in der einfachsten Tätigkeit, wie dem Essen von Reis, genauso enthalten wie in der höchsten Meditation. Wenn man alles vollständig macht und seine Schale rein hält, verbleiben keine Gedankenreste, so dass der innere Himmel klar wird. Mach, was immer du machst, vollständig und total. Leere deinen Verstand von alten Körnern, so dass du der Welt direkt begegnen kannst, frei von Vorurteilen, Bewertungen und Vergleichen.

Zazen im Taxi

Der nächste Schritt bietet sich von selbst an, ohne dass man dafür besondere Anstrengungen unternehmen muss, wenn man den gegenwärtigen Schritt vollständig macht, wenn man also seine Schale ausgewaschen hat. Ich begann beim Taxifahren kleine Pausen zu machen, in denen ich mich an den Straßenrand stellte, um mir Zeit dafür zu nehmen, Zazen im Taxi zu machen. Ich beobachtete meinen Atem und meine dahinziehenden Gedanken, bis sich das alte, mir wohl vertraute Gefühl der Meditation einstellte. Es ist für mich ein Gefühl der Entspannung und des Vertrauens in die Welt, und jeder Mensch hat seine eigene Wahrnehmung, die ihm oder ihr sagt: »Jetzt bin ich da!«

So konnte ich das Taxifahren mehr und mehr wie eine Meditation durchführen.

Am schwierigsten war, die innere Ruhe einzuhalten, wenn Fahrgäste ein kommunikatives Bedürfnis hatten, und das ist nicht selten. Nahezu alle Menschen in unserer hektischen Welt können Schweigen schwer ertragen. Deshalb plappern sie lieber irgendetwas, um die innere Anspannung ein wenig zu lockern. Nach einiger Zeit konnte ich bei allen Gelegenheiten und allen Arten von Fahrgästen in meiner Mitte bleiben. Ich sollte bald erkennen, wie lehrreich diese Übung hier im Taxi für mich war. Ich war bereit für den nächsten Schritt auf dem Weg zur ersten Million.

Noch einmal: Der nächste Schritt erscheint vor Ihnen, wenn Sie den gegenwärtigen bewusst und uneingeschränkt machen.

Es war mir in meinem Taxi nicht klar, wie ich zu einer Arbeit mit größerem Einkommen gelangen könnte. Die vier- oder fünftausend DM, die ich gespart hatte, schienen nicht ganz ausreichend zu sein, um ein eigenes Unternehmen zu starten. Ich war dennoch zuversichtlich. Und tatsächlich begann eines Abends ein gut gekleideter Mann, den ich als Gast in meinem Taxi in einen der besseren Vororte fuhr, ein Gespräch mit mir. »Sie sehen nicht wie ein Taxifahrer aus«, sagte er. Ich erklärte ihm, dass dieser Job der erste Schritt auf meinem Weg zum Millionär sein würde. »Vielleicht bin ich der nächste Schritt«, sagte er und gab mir seine Visitenkarte. »Melden Sie sich doch in den nächsten Tagen bei mir, ich habe eine Börsenfirma und kann Leute brauchen, die Millionär werden wollen und bereit sind, dafür Einsatz zu zeigen.«

Hier ging der Weg weiter! Dieser Mann hatte eine Anlageberatungsfirma. Das klang nach Geld. Ich stellte mich tatsächlich bei ihm vor und bekam einen Job auf Provisionsbasis. Den ersten Monat konnte ich mit dem ersparten Geld überbrücken. Wie meine Karriere dort weiterging, erfahren Sie im nächsten Kapitel.

Der Mondsteinhändler

Eine der wichtigsten Ressourcen ist die Fähigkeit, von anderen Menschen zu lernen. Ich bin in ein Zen-Kloster gegangen, um einen Meister zu finden, von dem ich lernen konnte. Auf dem Weg zur Million habe ich fortwährend gelernt. Wer nicht mehr lernt, wird alt.

NLP ist eine Stufe weitergegangen: Modellieren. Nicht nur lernen von einer erfolgreichen Person, sondern diese Person so exakt und tief beobachten, dass man ihre Genialität reproduzieren kann. Wie genau machten es diese Leute, Millionär zu werden, fragte ich mich also, sobald mir einer über den Weg lief. Und ich fragte nicht nur mich, sondern auch diese Menschen:

»Wie haben Sie Ihre erste Million gemacht?«

Der erste, den ich fragen konnte, war ein ceylonesischer Mineralienhändler, den ich im Flugzeug kennen lernte. Er sagte:

»Eigentlich war es sehr einfach. Ich komme ja von Ceylon oder Sri Lanka, wie es jetzt heißt. Auf Sri Lanka werden sehr viele Edelsteine und Halbedelsteine gefunden. Es gibt einen Halbedelstein, den es nahezu nur bei uns gibt: den Mondstein. Hier schauen Sie!« Der Mann zog einen milchigweißen glatten Stein hervor.

»Das ist ein Mondstein, ein nicht sehr wertvoller Halbedelstein. Die Kinder verkaufen den Touristen diese Steine am Strand: »Moony Stone! Moony Stone!«, rufen sie. Ein derartiger Stein wie dieser hier kostet bei uns eine Rupie, und zwar eine ceylonesische Rupie. Als ich zum ersten Mal in Indien war, stellte ich fest, dass derselbe Stein auch dort eine Rupie kostete. Aber es war eine indische Rupie, und der

Wechselkurs zwischen der ceylonesischen und der indischen Rupie betrug 1:4. Ich konnte also mit einem Mondstein das Vierfache an Gewinn machen. Ich fand aber bald heraus, dass der Händler, der mir meine Mondsteine abkaufte, diese nach Europa weiterverkaufte. In London kostete der Mondstein auch nur eine Münze der dort geltenden Währung, ein Pound. Aber das Pfund hatte damals einen Wert von 10 indischen Rupien. Ich konnte also mit jedem Mondstein, den ich in Sri Lanka für eine Rupie kaufte, in London den 40-fachen Gewinn machen. Es war sehr, sehr einfach, Millionär zu werden, ich musste nur wach und intelligent sein!«

Der Ceylonese beschrieb mir also den Weg des Händlers. Händler waren wohl die Erfinder des Geldes. Schon in frühen Zeiten zogen sie umher und brachten in weit entlegenen Gegenden begehrte Güter wie Speerspitzen oder Schmuck. Aus diesen Gegenden nahmen sie dann zum Beispiel Pelze oder Felle mit, die sie an den Handelszentren gut verkauften.

Die Magie des Geldes war eine Erfindung der mutigen Leute, die in frühen Zeiten der Menschheit umherzogen, um Handel zu treiben. Sie waren immer in Gefahr, überfallen, beraubt oder enteignet zu werden. Auf ihren Reisen lauerten wilde Tiere und Naturgewalten. Wer jedoch einmal realisiert hatte, welch Reichtum zu erzielen war und welche Vergnügen dieser Reichtum eröffnen konnte, konnte nicht mehr vom Handel lassen.

Die Basis des Handelns ist der unterschiedliche Preis von Waren in unterschiedlichen Regionen der Erde. Dieses Preisgefälle wird im Zuge der Globalisierung geringer werden. Dennoch ist es gegenwärtig vielleicht so groß wie nie zuvor. Das Preisgefälle ist besonders krass bei der Ware Arbeitskraft. In den unterentwickelten Ländern der so genannten Dritten Welt, in Afrika, Lateinamerika und Asien, verdienen Menschen im Jahr den Stundenlohn eines Menschen in den hoch industrialisierten Ländern. Wer als Händler reich werden will, lässt seine Ware in Indien, Bolivien oder Ghana produzieren, um sie in Europa oder Nordamerika für ein Vielfaches zu verkaufen. Es bedarf allerdings der Warenkenntnis. Denn nicht jeder milchig-weiße Stein an den Stränden von Sri Lanka ist ein Mondstein. Und die Aufkäufer in London oder Amsterdam wissen sehr wohl eine Glasscherbe von einem Halbedelstein zu unterscheiden.

Jeder Mensch mit wachem Bewusstsein und entschlossenem Willen hat die Ressourcen, wie dieser Händler in wenigen Jahren zu einer Million zu kommen.

Dollar oder Euro?

Ja, genau.

3. KAPITEL

Das Tao des Handelns

Wenn das Höhere Bewusstsein blockiert – Das Leben ist eine Bewusstseinsschule – Bei den Anlageberatern – Ein Gespräch mit dem Höheren Bewusstsein – Die Lebensaufgabe – Die Lebensaufgabe erfahren – Der dritte Brief meines Meisters: Geld ist ein Meister – Geld ist wie eine schöne Frau – Die Repräsentation der Million – Die Ökologie – Handeln, ohne zu handeln – Die Samurais des Verkaufs

Wenn das Höhere Bewusstsein blockiert

Warum bin ich hier? Warum lebe ich?

Mein Zen-Meister antwortete auf derartige Fragen: »Sei erst einmal, lebe erst einmal! Dann schauen wir, ob dich die Frage noch interessiert!«

Der Mensch, der intensiv lebt, fragt sich selten: »Warum lebe ich?« Er oder sie lebt einfach.

Was hindert uns denn am vollen Leben? Woher kommt die zunehmende Ermüdung?

Ich wollte Erfolg haben und Millionär werden – irgendetwas in mir sagte nein. Dann sagte ich nein zu dem Teil in mir, der nein sagte, und bald ging meine Lebensenergie für diesen inneren Zwist drauf, der wie ein kalter Krieg in mir tobte. Bisweilen wird der kalte Krieg in einem Menschen heiß und führt zu Krankheiten und Tod. Also besann ich mich auf das erste Nein und fragte den Teil in mir, der es ausgesprochen hatte: »Warum lehnst du mein Vorhaben ab und willst es verhindern?« Zu meiner Überraschung kam sofort eine Antwort in mein Bewusstsein. Die Antwort selbst war nicht so überraschend: Dieser Teil war der Ansicht, dass es nicht meine Lebensaufgabe sei, dem äußeren und finanziellen Erfolg nachzujagen.

»Was meinst du denn, was meine Lebensaufgabe ist?«, fragte ich es.

»Deine Lebensaufgabe ist es, einen spirituellen Weg zu gehen und die Befreiung von Begierden und Leiden zu erlangen!«

»Aber genau deshalb strebe ich doch die Million an!«, rief ich ihm zu.

»Ich befürchte, dass du dabei auf einen Irrweg gelangst und deinen wahren Weg vergisst und dem oberflächlichen Tand verfällst.«

Das Leben ist eine Bewusstseinsschule

Dieser Teil in mir achtete also darauf, dass ich meine Lebensaufgabe, meine Mission hier auf der Erde, erfüllte. Er wachte über mich. Er wollte mir ersparen, unnötig Leben wiederholen zu müssen.

Das Leben hier auf der Erde verstehe ich als eine Schule. Schritt für Schritt bestehen wir Prüfungen und entwickeln unser Bewusstsein. Es ist eine Bewusstseinsschule. Wenn wir eine Prüfung nicht bestehen oder vermeiden, müssen wir sie wiederholen. Einige Menschen leben hundert Leben, um immer wieder an der gleichen Aufgabe zu scheitern.

Die Aufgabe kann zum Beispiel »Vergeben« heißen. Jemand schädigt uns, und wir sinnen auf Rache. Der Schritt zu einem Höheren Bewusstsein wäre, diesen Menschen in seiner Begrenzung zu verstehen und ihm oder ihr zu vergeben. Das ist für viele Seelen indes nicht so einfach, und sie bekommen diese Aufgabe Leben für Leben neu. Immer wieder stellt sich eine Seele die Aufgabe: Ich will vergeben und verzeihen können. Und sie kann dann doch nicht anders, als wieder Rache üben. Und eines Tages gelingt es: Der Mensch verzeiht und kann im nächsten Leben eine neue Aufgabe bewältigen.

Zum Glück ist in uns ein Höheres Bewusstsein, welches darauf achtet, dass wir den Prüfungen nicht ausweichen und auf dem Weg bleiben. Dieses Bewusstsein ist wie ein innerer Führer oder Schutzengel. Es erspart einem viel Mühe und Erdenleben, mit diesem Höheren Bewusstsein mitunter Kontakt aufzunehmen. Es zu ignorieren oder gar zu bekämpfen schafft Leiden. Dieser innere Meister ist aus Mitgefühl ebenso unerbittlich wie mein Zen-Meister. In meinem Fall war mein innerer Meister in diesem Moment also der Meinung, meinen äußeren Zen-Meister überstimmen zu müssen.

Mein Höheres Bewusstsein wollte mich davor behüten, auf dem Weg zur Million in den Dschungel der Begierden zu geraten. Wie es nur darauf kam?

Bei den Anlageberatern

Nun, ich hatte bei der Anlageberatungsfirma angefangen zu arbeiten. Die Firma bestand aus etwa 25 Verkäufern, welche vermögenden Menschen telefonisch Anlagen in Optionen anboten. Optionen sind eine Art Wettscheine auf den Preis von Waren, die an Rohstoffbörsen gehandelt werden. Eine Put-Option erbrachte Geld, sobald der Markt unter einen bestimmten Preis fiel. Eine Call-Option brachte Geld, sobald der Markt über ein bestimmtes Niveau stieg.

Leider waren die Leitung dieser Firma und natürlich auch die Verkäufer nur am eigenen Gewinn interessiert. Die Optionen waren mit sehr hohen Aufschlägen und Kosten versehen, so dass die Anleger nur selten in den Genuss kamen, mit ihrer Wette Geld zu verdienen. Da das investierte Geld aber meist Schwarzgeld war, gab es nur selten Klagen oder Gerichtsverfahren. Die Chefs und Verkäufer der Firma ließen es sich mit den verdienten Aufschlägen und Kommissionen gut gehen. Sie fuhren dicke Autos, trugen beste Anzüge und verbrachten die Feierabende in teuren Restaurants und Etablissements.

Allerdings kostete es auch immer wieder Überwindung, wildfremde Menschen anzurufen, um ihnen etwas zu verkaufen. Jeder potenzielle Anleger hatte in der Presse über die Verkaufstricks der Optionsverkäufer gelesen und war vorgewarnt. Die Verkäufer brauchten etwas, um ihre inneren Hemmungen zu überwinden, die von der häufigen Ablehnung verursacht waren: Sie tranken viel, schnupften Kokain und waren ein recht raues Völkchen.

Von hundert Angerufenen waren vielleicht zehn bereit, zuzuhören und sich Informationsmaterial zusenden zu lassen. Von hundert, die dieses Material erhalten hatten, waren wiederum zwei bereit, ein Geschäft zu wagen. Es brauchte also meist wenigstens 500 Anrufe, um überhaupt eine Mark zu verdienen. Ich bekam eine Liste von potenziellen Kunden. Meine erste Liste bestand aus Zahnärzten im Sauerland. »Ruf sie durch, biete ihnen eine Broschüre an, und dann verkaufst du ihnen Silber-Optionen!«, sagte mir der Chef. Ich konnte nicht glauben, dass das funktionieren sollte, ich wusste noch nicht einmal genau, was Silber-Optionen sein sollten. Und doch war es ja das, wo das Zen mich hingestellt hatte, also los.

Nach drei Wochen hatte ich ungefähr hundert Broschüren verschickt und rief die potenziellen Anleger erneut an. Schon am dritten Tag eröffnete der erste Kunde bei mir ein Konto. So schnell hatte ich noch nie 2.000 DM verdient! Wow, was für ein Glück ich hatte! Der Chef beglückwünschte mich und sagte: »Jetzt lassen wir mal gleich den Loader ran!« Der Loader war ein Mann, der von den Kunden große Summen holen und der stundenlang ins Telefon gurren, brüllen und säuseln konnte. In besonderem Maße konnte er sehr »großkotzig« auftreten, etwa: »Sie haben sicher meine Kolumne im Wallstreet Journal gelesen, Herr Dr. XY, also machen Sie jetzt die Million frei!« Er sprach meinen Kunden tatsächlich gleich auf eine Million an und gab sich schließlich gern mit 100.000 DM zufrieden. Auf Grund von insgesamt drei Telefonanrufen schickte mein Zahnarzt aus dem Sauerland 120.000 DM. Ich konnte es nicht glauben! Ich verdiente besser als erwartet und kleidete mich erst einmal dem modischen Diktat der Kollegen entsprechend ein, was meinem

Höheren Bewusstsein missfiel. Die Folge des Missfallens war, dass ich eine starke innere Blockade verspürte, den Telefonhörer in die Hand zu nehmen, um wildfremde Menschen anzurufen. Daher verdiente ich auch nicht weiter.

Ein Gespräch mit dem Höheren Bewusstsein

Ich redete mit dem blockierenden Teil meiner Persönlichkeit: »Du weißt doch, dass ich auf dem Weg zur ersten Million bin, weil mein Meister mir diese Aufgabe gegeben hat?«

»Ja, das weiß ich«, antwortete mein innerer Persönlichkeitsführer.

»Und du willst doch auch, dass ich die Aufgabe erfülle?«

»Ich weiß noch nicht«, sagte er, »nur wenn du dabei meditativ und achtsam bleibst. Ich befürchte aber, dass du dem Tand verfällst.«

»Und deshalb blockierst du mich?«

»Ja!«

»Können wir uns darauf einigen, dass du mich Geld verdienen lässt und mich blockierst, wenn ich den Begierden verfalle?«

»Wie meinst du das?«

»Du lässt mich hier telefonieren und blockierst mich, wenn ich das Geld für Unnützes verschleudere, so dass die Million schnell zusammen ist und wir wieder in das Zendo fahren!«

»Okay!«

Die Lebensaufgabe

Die eigene Lebensaufgabe zu kennen ist eine wichtige Sache. In unserer Gesellschaft ist das Erinnern daran weitgehend verloren gegangen. Bei den Indianern zum Beispiel wird der

Jugendliche durch Übungen und Prüfungen dazu gebracht, sich an seine Bestimmung zu erinnern. Ähnlich gehen die Völker des Ostens vor.

Die Initiationsriten für Jugendliche, wie Kommunion oder Konfirmation, hatten sicher einmal den gleichen Zweck. Einige Kirchen oder Philosophien des Westens würden sogar leugnen, dass es so etwas wie eine individuelle Lebensaufgabe gibt. Ein Mensch, der seine Lebensaufgabe nicht kennt, fühlt sich verloren in dieser Welt und ist froh, wenn es eine Kirche oder politische Richtung gibt, die dem Leben einen vermeintlichen Sinn gibt.

Die Lebensaufgabe ist jedoch ganz subjektiv, denn die Stufen der seelischen Entwicklung sind bei jedem unterschiedlich. Während der eine Mensch es lernen will, eine Familie zu gründen und zu ernähren, will der andere es lernen, allein sein zu können. Wie findet man seine Lebensaufgabe? Es gibt eine Seite in Ihnen, die sie kennt.

Bevor wir mit dieser Seite in Kontakt treten, machen Sie bitte folgende kleine Meditation: Erinnern Sie sich an Zeiten oder Momente in Ihrem Leben, in denen Sie voll motiviert waren, in denen alles stimmte. Wählen Sie eine solche Situation aus.

Was war in dieser Situation vorhanden, das sonst nicht da ist bzw. was fehlte, was sonst vorhanden ist? Untersuchen Sie dementsprechend mehrere derartige Ereignisse. Die Mission eines Lebens kann individuell und vollkommen unterschiedlich sein. Während ich voll motiviert auf der Suche nach einem spirituellen Meister war, geht jemand anderes darin auf, eine Firma zu gründen und aufzubauen. Ein anderer wiederum sucht die Gefahr, um Mut und Vertrauen zu erlernen. Genauso kann es eine Lebensaufgabe sein, eine Führungspositionen einzunehmen. Die meisten Menschen haben Aufgaben des Herzens zu bewältigen: Vergeben lernen, Bereuen, Großzügigkeit, Loslassen, Dankbarkeit. Aber auch den Tod kennen zu lernen kann eine Aufgabe sein.

Wobei also sind Sie voll und ganz dabei? Das kann ein Hinweis darauf sein, dass in diesen Momenten Ihr Höheres Bewusstsein sagte: »Ja, jetzt hat er/sie es! Das unterstütze ich!«

Wir wollen aber noch genauer wissen, was Ihre Aufgabe sein könnte.

Die Lebensaufgabe erfahren

Setzen Sie sich in Zazen, und beobachten Sie Ihren Atem, lassen Sie die Atemzüge und die Gedanken ruhig werden. Wenn Sie die Erfahrung machen, dass die folgende Übung für Sie einfacher ist, wenn Ihnen jemand die Anweisung vorliest, lassen Sie sich den Text von jemand vorlesen, während Sie die Meditation zum Auffinden Ihrer Lebensaufgabe in Ihrer Innenwelt durchführen.

Übung 6:

Die Lebensaufgabe

1. Setzen Sie sich in Zazen.
2. Gehen Sie Ihr Leben Schritt für Schritt zurück.
3. Gehen Sie zu dem Punkt, an dem Sie die Lebensaufgabe für dieses Leben beschlossen haben.
4. Rufen Sie sich diese Situation wieder ins Gedächtnis, und kehren Sie zur Gegenwart zurück.

Im Detail:

- Was war letztes Jahr?
- Und was davor?
- Wie war es, als Sie begannen berufstätig zu sein?
- Wie war es in der Schule? Erinnern Sie sich an den ersten Schultag!
- Wissen Sie noch, wie es war – als Kind?

- Und einige Erinnerungen sind verblasst und nur Assoziationen. Lassen Sie das Verblasste der Kindheit wahrnehmbar werden, und gehen Sie weiter zurück in Ihrer Erinnerung.
- Wie war es wohl, als Sie geboren wurden?
- Und wie war es wohl davor, im Mutterleib?

Sie werden überrascht sein, dass in Ihnen sogar an diese weit zurückliegende Zeit eine Erinnerung vorhanden ist.

- Stellen Sie sich bitte jetzt vor, dass Sie sich daran erinnern können, wie es war, kurz bevor Sie in diesen Körper, in dem Sie jetzt leben, eingetreten sind. Zu diesem Zeitpunkt haben Sie nämlich beschlossen, welche Aufgaben Sie sich stellen und welche Prüfungen Sie in dem bevorstehenden Leben bestehen wollen.

Ihre Eltern haben Sie genau so ausgewählt, dass Sie diesen Prüfungen schon früh begegnen würden. Schwierigkeiten in der Kindheit sind meist eine Erinnerung an die Prüfung des Lebens.

Stellen Sie es sich vor, wie ich es getan habe: In der Zwischenwelt, in der wir uns zwischen den Leben aufhalten, gibt es eine Art Buchungsbüro, in dem verschiedene Leben angeboten werden. Es werden natürlich nur die Grundkonfigurationen und die Themen angeboten – mit Inhalten füllen können wir es selbst. Wir schauen in den Katalog und sagen zu uns: »Jahr 2000 und drumherum scheint eine aufregende Zeit zu sein, in der man große Bewusstseinssprünge machen kann. Ah, hier sind Eltern angeboten, die eher streng sind, so dass man Disziplin lernen kann und durch den Widerstand auch die Befreiung von überholten Regeln. Mal sehen, vielleicht nehme ich das.«

- Was für ein Leben haben Sie gebucht?

Ich denke, dass alle Leiden und Schwierigkeiten Teil des Programms sind, das Sie gebucht haben. Wenn wir mit diesem hadern und sie vermeiden, vergeuden wir die Chance, für die wir viel gezahlt haben. Die Jahre eines Lebens stellen große Investitionen dar, und die erlittenen Schmerzen waren nicht umsonst, wenn sie dazu führen, die Lektion zu lernen.

Sollten wir aber den bequemen Weg wählen und die Prüfungen ignorieren oder vermeiden, wird sich unser Höheres Bewusstsein melden. Wenn die Anstrengung fruchtlos erscheint, wird es im Endeffekt das Leben verkürzen. Erinnern Sie sich also an den Plan, mit dem Sie dieses Leben begonnen haben.

Hier in diesem Moment, bevor Sie in diesen Körper geschwebt sind: Was war Ihr Vorhaben? Was ist Ihre Lebensaufgabe?

Vielleicht ist es nur eine Ahnung. Doch diese ist wichtig: Bringen Sie die Erinnerung an Ihre Lebensaufgabe mit zur Gegenwart. Seien Sie sehr aufmerksam für das, was Ihre Innenwelt Ihnen mitteilt. Vielleicht zeigt Sie Ihnen ein Bild, lässt Sie eine Melodie hören oder es ist ein Gefühl, eine Intuition. Wenn Sie ein Symbol wahrnehmen, bringen Sie die Erinnerung an dieses Symbol mit, so dass Sie dieses Symbol als Erinnerung an Ihre Mission hier auf der Erde in Ihr alltägliches Leben bringen können.

- Sie gehen also wieder Schritt für Schritt voran: Mutterleib, Geburt, Kindheit, Schulzeit, Berufsausbildung, Stationen Ihres Lebens und bringen dabei die Erinnerung in das Jetzt.
- Und Sie behalten die Erinnerung an Ihre Lebensaufgabe in sich. Vielleicht schreiben Sie diese nieder.

Es gibt kaum ein wichtigeres Wissen als das, warum man hier ist und bereit ist, so viel auf sich zu nehmen. Für den Buddhisten ist das Leben auf der Erde unausweichlich mit Schmerz und Leid verbunden. Wer diesen Schmerz annimmt und nicht betäubt, bekommt die Chance, die Zeit hier dafür zu nutzen, einen Schritt in Richtung Befreiung zu unternehmen.

Und vielleicht gehören Sie zu den Menschen, die jetzt sagen: »Leiden? Schmerzen? Wovon redet der Mann? Ich habe so viel Freude, Genuss, Spaß, der spinnt doch!« Warten Sie ab. Manchmal ist die Prüfung die, dass einem besonders viel genommen wird. Wer sich eng an etwas Irdisches bindet, seien es Besitztümer, geliebte Menschen oder die eigenen Kreationen, wird sie loslassen müssen. Im Sinn des seelischen Wachstums ist das auch gut so.

Für den einen lautet die Bestimmung, laut aufzutreten, prominent zu sein und viele Menschen zu beeinflussen. Für den anderen heißt es, leise und bescheiden zu sein.

Es gibt keine generellen Regeln. Jeder muss den eigenen Weg finden und gehen.

Was bedeutet das Wissen um Ihre Lebensaufgabe für Ihre erste Million?

Welche Vereinbarungen mit sich selbst wollen Sie treffen?

Wie können Sie das Erfüllen Ihrer Lebensaufgabe mit dem Erreichen Ihrer weltlichen Ziele vereinbaren?

Wie könnten Sie die erste und die nächste Million beim Erfüllen Ihrer Lebensaufgabe unterstützen? Ich brauchte Rat und schrieb an meinen Meister:

»Ich vermisse dich, Meister. Ich bin hier unter den falschen Menschen, Räubern und Dieben. Ich verdiene zwar Geld, habe aber Angst, dass meine Seele Schaden nimmt.«

DER DRITTE BRIEF MEINES MEISTERS

GELD IST EIN MEISTER

»Lieber Doi«, schrieb er.

»Du musst mich nicht vermissen. Es gibt einen größeren Meister als mich, und der ist jederzeit für jeden Menschen erfahrbar. Dieser Meister ist das Leben selbst. Wenn dir das Leben zu groß und zu schwer fassbar ist, nimm einen seiner Untermeister, nimm Geld. Denn Geld ist auch ein sehr guter Meister.

Geld ist wie ein Zen-Meister, kompromisslos und klar. Wenn du den Gesetzen des Lebens folgst und mit ihnen im Einklang bist, wird der Meister des Geldes dir wohlgesonnen sein. Wenn du jedoch dein Ego durchsetzen willst und dich gegen die zu lernenden Lektionen sträubst, wirst du dich ohne Geld wiederfinden oder mit dem Geld, dass du hast, unglücklich sein.

Die Menschen, die Geld haben, sind Menschen, die im Einklang mit ihrer Bestimmung leben. Diese Bestimmung kann auch sein, ein guter Betrüger zu sein. Gerade dafür braucht es Achtsamkeit und Erfindungsgeist. Diebe, Betrüger und Räuber sind dem Dharma meist näher als Menschen, die aus Bequemlichkeit rechtschaffen sind. Denn der Ehrliche kann leicht einschlafen und die Achtsamkeit vergessen. Ein Dieb, der jederzeit entlarvt und bestraft werden kann, wird sehr wachsam sein.

Nimm also Geld als Meister. Er ist demjenigen wohlgesonnen, der in Harmonie mit seiner Bestimmung handelt. Suche diese Menschen, denen das Geld zufliegt. Beobachte Sie genau. Was machen Sie anders als andere?

Schau dir auch die an, denen das Geld zu entgleiten scheint oder denen es sich versagt. Wie machen Sie es? Wie sind sie dem Tao des Geldes fremd?

Es ist nicht leicht, sich zu kennen, um mit dem eigenen Tao im Einklang zu sein. Andere zu imitieren nutzt nichts. Der Mensch, der mit einem Versandhandel reich wird, hat eine andere Bestimmung als du. Du musst den Platz finden, an dem das Geld und die Erleuchtung dir zufließen.

Es wird jenen Moment geben, wo du einen Klaps auf der Schulter spürst. Das ist der Meister Geld, der dir sagt: ›Jetzt hast du es, mache hier weiter, und ich werde dich nicht verlassen!‹

Sei froh, dass ich dich an den Meister ›Geld‹ abgegeben habe. Die Meister ›Liebe‹ oder ›Kunst‹ oder ›Macht‹ sind viel schwerer zufrieden zu stellen und entziehen ihre Gunst gerne in dem Augenblick, in dem man verstanden zu haben glaubte.

Wenn ich dich recht verstehe, hat dich der Meister Geld an einen Platz geführt, wo Geld verdient wird. Du hast aber Urteile über diesen Ort. Beobachte diese Urteile. Sie trennen dich von der Geldquelle. Sie trennen dich vom Meister. Urteile trennen dich vom Leben. Dabei ist es gleich, ob Urteile positiv oder negativ sind. Wer sagt: ›Hier ist das toll!‹, ist genauso in seinem Kopf gelandet statt bei der direkten Erfahrung wie der, der sagt: ›Ich will nicht hier sein, hier ist es blöd!‹

Genau das ist es, was jedem Meister passiert. Es existiert eine Trennung, und der Meister arbeitet daran, diese Trennung zu überwinden. Der Schüler arbeitet meist genauso intensiv daran, die Trennungsmauer in der Zeit wieder aufzubauen, während der Meister sie durchlöchert. Die Mauer besteht sowohl aus Ablehnungen als auch aus ›Anhimmelungen‹, Vergötterungen und Lobpreisungen. Vor Letzteren will der Meister besonders gefeit sein. In alten Tagen gab es für die Schüler, die den Meister überhöhten, einen besonders saftigen Hieb mit dem Zen-Stock.

Der Verstand, der Kopf und das Ego fühlen sich bedroht. Urteilen ist ihre Aufgabe. Sie sind ein Überlebensprogramm, das Situationen auf ihre Gefährlichkeit beurteilen können muss. Das ist auch gut so. Aber wenn die Wächter und inneren Polizisten die Macht haben, geschieht dasselbe wie in einer Diktatur, nämlich nichts, Friedhofsruhe. Sage ihnen: ›Danke, dass ihr mich warnt und ich denke, ich kann dieses Risiko eingehen, wenn ihr weiter achtsam bleibt.‹

Wo immer du bist, sei, wo du bist. Was immer du machst, mache es vollständig. In dem Moment, wo du bei den Dieben und Räubern ein Zen-Gauner bist, kommt der nächste Schritt.

Du bist am Anfang des Weges. Du kannst von den Menschen, die dir begegnen, viel lernen: Diese können wertvolle Vorbilder sein, und sie können genauso abschreckende Warnungen sein.

Ich denke, dass du auf dem richtigen Weg bist. Mache jeden Schritt vollständig und achtsam. Vertraue.

Lass Geld dein Meister sein. Wenn du wach bist und das Zen des Geldes beachtest und verstehst, wird dein Kontostand wachsen. Wenn dein Konto stagniert oder kleiner wird, weißt du, dass du das Zen des Geldes nicht hast und dich weiter anstrengen musst, um aufzuwachen.«

Gendai Roshi, Ushkawa Zendo, Januar 1995

Kurz: Dieser Ort, dieser Zeitpunkt und diese Menschen waren so gut wie jeder andere beliebige Ort, wie jeder andere Zeitpunkt und wie jede andere Menschen, um im Zen zu sein.

Geld ist wie eine schöne Frau

Im zweiten Kapitel fragte ich Sie: Was wollen Sie mit einer Million machen? Was ist Ihre Motivation?

Ich selbst wollte wieder zu meinem Meister zurück, Meditationszentren errichten, von den Zinsen entspannt leben können und Reisen unternehmen. Sie haben sicher Ihre eigenen Wünsche mit der Million verbunden.

Was wird in Ihrem Leben anders sein, sobald Sie Millionär sind?

Die meisten Wünsche, die wir mit dem Zustand »Millionär sein« verbinden, sind indes mit sehr viel weniger oder überhaupt ohne Geld zu erreichen. Für ein Meditationszentrum brauchte ich wohl nur 50.000 DM, und die Zinsen von 200.000 DM würden für meine Bedürfnisse auch schon reichen. Aber eine Million motiviert doch sehr viel mehr. Eigentlich ist es nur das Wort »Millionär«, das motiviert, weil es in dem kollektiven Unterbewusstsein unserer Gesellschaft für etwas Besonderes gehalten wird.

Wenn Sie den Weg verstanden haben, führt er Sie genauso zu einer Million wie zu 10.000 DM. Wenn Sie auf der Autobahn gut von Frankfurt nach Kassel gekommen sind, können Sie dann auf demselben Weg auch bis Flensburg fahren. Vielleicht wollen Sie aber nur nach Göttingen. Vielleicht ist ein Ziel von 100.000 DM für Sie realistischer. Kein Problem. Formulieren Sie Ihr Ziel einfach dementsprechend. Und dann trägt Sie der Schwung weiter. Das Zen der ersten 100.000 und das Zen der ersten Million sind nicht so unterschiedlich.

- Warum nun aber eine Million?
- Welche Ziele verbinden Sie mit einer Million?
- Was möchten Sie sich mit diesem Ziel geben und zeigen?
- Wie könnten Sie diese hinter dem Ziel stehende Motivation ohne Million erreichen?

Denn: Geld ist wie eine schöne Frau: Sie will nicht umworben und geheiratet werden, damit man sich in eine gute Familie einheiratet oder damit man vor den Freunden angeben kann, sondern um ihrer selbst willen.

Mit dem Geld ist es genauso. Wenn man nach finanzieller Freiheit strebt, um andere Ziele damit zu erreichen, versagt es sich. Geld will um seiner selbst willen umworben werden.

Und ist nicht jede Frau schön? Wenn man die auf Moden und Konventionen beruhenden Beurteilungen löscht und ohne Voreingenommenheit schaut, ist jeder Mensch schön. Ebenso ist jede Münze, jede Banknote, jede Kreditkarte, jede Zahl auf einem Kontoauszug für sich schön.

Werden Sie Millionär um der Million wegen. Erreichen Sie dieses Ziel einfach um des Spaßes wegen!

Sir Edmund Hillary ist nicht auf den Everest gestiegen, weil er damit in alle Nachrichtensendungen kommen würde, sondern weil der Berg einfach da war. Höchstleistungen werden um ihrer selbst willen erbracht. Schwimm-Olympiasieger lieben das Schwimmen so sehr, dass sie besser sind als andere. Michael Jordan liebte Basketball so sehr, dass er, obwohl er damit 40 Millionen Dollar im Jahr verdiente, motiviert war, weiterhin der beste Spieler aller Zeiten zu sein.

Es geht nicht um Ruhm, sondern um den Spaß an der Sache selbst. Machen Sie »Geld vermehren« zu Ihrem spirituellen Weg. Mit voller Wachheit – wie bei einer Meditation – nehmen Sie Chancen wahr, sehen Sie, was nach Geld riecht, und meiden Sie die Geldstaubsauger, die überall aufgestellt zu sein scheinen. Es geht nicht um Gier oder Begierde, es geht um den Sport. Denn überall ist Geld, es liegt auf der Straße, die Leute werfen es Ihnen hinterher. Und überall sind andere, die schneller und wacher sein wollen, mit denen Sie sich messen können. Es gibt drei Möglichkeiten:

- Sie ersinnen Strategien, mit denen Sie Geld von Reichen bekommen können, da brauchen Sie eventuell nur einen oder zwei Millionäre.
- Oder Sie wollen Geld von den nicht so reichen Menschen, da brauchen Sie mehrere von den nicht so reichen Menschen.
- Oder wollen Sie eine Mark von einer Million ärmerer Menschen? Auch das ist möglich.

Also: Wollen Sie Geld von den Millionären oder vom Mittelfeld oder von den Armen?

Warum nicht von allen? Der Mensch, der auf dem Zen-Weg zum Millionär ist, nimmt es dankend und gern von allen. Überall strahlt ihn der Buddha des Geldes an und sagt: »Hier bin ich, nimm mich mit, ich will zu dir!«

Vielleicht ist es für Sie kein Buddha, sondern eine schöne Frau oder ein aufregender Mann, als die/der sich Ihnen das Geld zeigt. Laden Sie das Geld ein, verabreden Sie sich zu vielen Rendezvous.

Und seien Sie freundlich zum Geld, geben Sie ihm einen schönen Platz bei Ihnen, dann bringt es Freunde mit. Geld ist nur etwas wert, wenn es bewegt wird. Geld im Strumpf und auf einem Sparbuch ist tot. Geld will aber leben, will umherziehen. Investieren Sie jeden Pfennig, so dass er das Hundertfache zurückbringen kann.

Also: Alle Ziele, die Sie mit dem Ziel »eine Million« verbinden, sind Extra-Ziele. Trennen Sie das Ziel »eine Million« von allen Anhängseln. Die machen es nur schwerer. Eine Sache zur Zeit, das ist Zen-Art. Eine Sache heißt: eine Million um der Million willen, einfach so.

Die Repräsentation der Million

Dennoch benötigen wir eine Repräsentation für die Million. Wir können nicht etwas erreichen wollen, für das wir keine Repräsentation haben. Repräsentation heißt: eine innere sinnlich erfahrbare Darstellung der Sache, an die wir denken. Die fünf oder sechs Sinne hören, sehen, fühlen, riechen, schmecken also innerlich etwas, so dass Sie wissen: »Ah, jetzt denke ich an das und das!«

Wie sähe also die innere Repräsentation der Million aus? Das habe ich für mich ja bereits dargestellt: Die Million ist eine sehr schöne, elegante Frau, die vor allem angenehm duftet und schmeckt und deren Stimme zu mir sagt: »Doi, du hast es geschafft, du hast mich erobert, du Millionär!«

Und Sie, verehrte Leserinnen, werden Sie einen eleganten Herrn wahrnehmen, der Sie zu Ihrer Million beglückwünscht?

Es gibt natürlich auch andere Möglichkeiten, die Million zu repräsentieren. Nehmen Sie eine Metapher oder ein Symbol. Vermeiden Sie Dinge, die mit dem Geld zu erwerben sind. Wenn Sie nicht einen Gott oder eine Göttin bemühen wollen: Wie wäre es mit der Sonne, mit einem Löwen, einem Boot auf dem Meer oder Ihrem inneren ureigenen Symbol für Ihre erste Million?

Die Ökologie

An welcher Stelle des Weges befand ich mich? Wo sind Sie auf ihrem Weg? Es ist gut, wieder einmal innezuhalten, um zu überprüfen, ob man noch auf dem Weg zu dem angestrebten Ziel ist. Und es ist auch gut, innezuhalten, um Atem zu schöpfen und die Sehenswürdigkeiten der Gegend, durch die der Weg führt, zu bestaunen.

Die Schritte bisher waren:

- Ich fasste einen Entschluss.
- Ich formulierte ein Ziel.
- Ich wusste, wie es sein würde, das Ziel erreicht zu haben.
- Ich kannte meine Ressourcen.
- Ich hatte für meinen Lebensunterhalt gesorgt.
- Ich hatte Startgeld angespart.
- Ich hatte das Startgeld benutzt, um mit meiner Arbeit mehr als den Lebensunterhalt zu verdienen.
- Ich war mir über meine Lebensaufgabe im Klaren und hatte mein Ziel mit dieser in Übereinstimmung gebracht.

Sie haben ein Ziel. Sie haben das Ziel so formuliert, dass es im Präsens mit einer genauen Zeitangabe versehen ist. Es ist in einer erreichbaren und auch attraktiven Größe. Es wird von Ihnen selbst aktiv verursacht, und Sie bewegen sich auf etwas hin, zum Ziel hin.

Sie wissen auch, wie es sein wird, wenn Sie das Ziel erreichen. Sie nehmen wahr, was Sie sehen, was Sie hören, was Sie fühlen. Welche Körperhaltung haben Sie in dem Moment, an dem Sie das Ziel erreichen? Welchen Gesichtsausdruck? Wie atmen Sie dann? Bleiben Sie einfach in dieser Haltung. Bleiben Sie einfach von nun an in dieser Haltung.

Sie kennen auch Ihre Ressourcen, die Fähigkeiten, Kenntnisse, Eigenschaften, Stärken, die Sie einsetzen, um das Ziel zu erreichen. Bevor Sie weitergehen auf Ihrem Weg zum Ziel, wollen wir noch zwei Dinge überprüfen: die Auswirkungen auf Ihr Leben und die Ökologie.

Wenn Sie das Ziel erreichen, hat das Auswirkungen auf Ihr Leben. Sind die von Ihnen so erwünscht? Ist es eventuell besser, das Ziel so zu verändern, dass alle Auswirkungen in Ihrem Sinne sind?

Ausgelöst durch die Ökologiebewegung war Ökologie in den vergangenen Jahren zeitweise ein Modewort. Ökologen fragen sich, ob eine geplante Veränderung auch gut ist für das Gesamtsystem der Erde. Wir müssen am Anfang unserer Überprüfung gar nicht so weit schauen. Die erste Frage wäre:

Ist das Erreichen dieses Zieles gut für Sie? Welche Auswirkungen hat es auf Ihr gesamtes Leben? Wenn Sie Millionär sind, ist Ihr Leben eventuell anders als heute. Sind diese Veränderungen gut für Sie? Oder gibt es auch Veränderungen, die unangenehm sind?

Warum geben die meisten Lottogewinner das gewonnene Geld meist innerhalb eines Jahres aus? Sie möchten in ihrer gewohnten Umgebung bleiben können, mit alten Freunden weiter ein Bier trinken. Sie wollen, dass die alten Freunde das in ihnen sehen, was sie immer gewesen sind: eben sie selbst.

Es könnte sein, dass Sie Ihren Freundeskreis verändern, wenn Sie Millionär werden wollen. Der Eindruck, den andere von uns haben, macht es uns schwer, uns zu verändern. Sobald wir erste, für das bisherige Alltagsleben untypische Schritte machen, werden wir gehänselt, aufgezogen, geneckt oder gemobbt. Denn die anderen wollen, dass alles so bleibt, wie es ist. Wenn Sie Ihr Ziel anstreben, hat das also Auswirkungen auf Ihr Leben, die bedacht sein wollen.

Übung 7:

Die Überprüfung der Ökologie

- Ist das Erreichen des Zieles gut für Sie?
- Ist das Erreichen des Zieles gut für Ihre Familie und Angehörigen?
- Ist das Erreichen des Zieles gut für die Menschen in Ihrer Umgebung?
- Ist das Erreichen des Zieles gut für die Erde?

Wenn Sie sich in einem Punkt nicht ganz sicher sind, können Sie überlegen, wie Sie das Ziel erweitern oder verändern möchten. Wie könnte die Formulierung präzisiert oder erweitert werden, dass das Ziel vollkommen ökologisch für alle ist?

Der Weg, auf dem das Ziel angestrebt wird, ist manchmal nicht der ökologischste. Ich wollte Millionär als Anlageberater werden, und es sah so aus, als könnten dadurch Menschen geschädigt werden. Also musste ich meinen Weg revidieren. Es gab keinen Grund, warum mein Ziel, Millionär zu werden, nicht gut für alle sein sollte. Es ist genug Geld vorhanden, denn wir schreiben die bisher reichste Zeit in der Menschheitsgeschichte.

Die Million ist schon da. Sie ist noch im Besitz anderer. Wir werden es ihnen klar machen müssen, dass sie uns die Million geben. Wenn wir ökologisch handeln wollen, wollen wir, dass sie es uns geben, weil sie von uns etwas bekommen, was den Austausch wert macht. So entsteht eine so genannte »Win-win-Situation«. Beim »Win-win« gewinnen beide Seiten in der Transaktion. Was können Sie geben, das für andere einen Gewinn darstellt, so dass diese gerne bereit sind, Ihnen etwas Geld zu geben, das sich zu einer Million summiert (Sie haben dann quasi den Gegenwert von einer Million gegeben)?

Menschen wollen durch Zinsen reich werden; was haben diese Menschen hergegeben? Sie haben dem Staat oder anderen Kreditnehmern Geld geliehen. Sie sind ein Risiko eingegangen, das mit Zinsen belohnt wird. Auf diese Weise dauert es eben 40 Jahre, bis Sie bei 10 Prozent Zinsen und 200 DM Einzahlung im Monat Millionär sind.

Wenn Sie viel geben, wenn Sie all Ihre Liebe, Aufmerksamkeit, Kreativität geben, kommt das finanzielle Äquivalent viel schneller. Denn es gibt viele Menschen, die gerne bereit sind, von ihrem Geld zu lassen, wenn sie dafür das bekommen, was sie eigentlich suchen: Freude, Glück, Aufregung, Freundschaft, einen kompetenten Berater, ein gutes Produkt, eine wichtige Information.

Handeln, ohne zu handeln

Wie das Tao-Teh-Ching sagt: Das Tao, über das man sprechen kann, ist nicht das wahre Tao.

Worte sind immer eine Eingrenzung, Einengung, Konzeptualisierung des Ganzen.

Das sechste Jahrhundert vor der Zeitenwende war eine große Zeit in der Menschheitsgeschichte. In Griechenland lebten die großen Philosophen wie Sokrates und Plato, in Indien wanderten die Erleuchteten wie der Gautama Buddha und Mahavir, der Begründer des Jainismus, umher, und in China lebte Lao-Tse, der bedeutende Weise des Taoismus. Das von Lao-Tse überlieferte Tao-Teh-Ching ist für mich das Buch, das der Wahrheit, die nicht gesprochen werden kann, am nächsten kommt. Es ist wie ein Gedicht über das Unsagbare.

Zen ist eine Verbindung des Buddhismus mit dem Taoismus. Schon im zweiten Spruch des Tao-Teh-Ching spricht Lao-Tse über das Handeln:

»Die Entstehung der Gegensätze.
Wenn die Schönheit als schön erkannt wird,
entsteht Hässlichkeit.
Wenn das Gute als gut erkannt wird,
entsteht das Böse.
Sein und Nichtsein hängen im Werden voneinander ab;
Schwierig und Leicht hängen in der Durchführung voneinander ab;
Lang und Kurz hängen im Gegensatz voneinander ab;
Hoch und Niedrig hängen in der Lage voneinander ab;
Töne und Stimmen hängen im Zusammenklang voneinander ab;
Vorne und Hinten hängen im Zusammensein voneinander ab.

Darum: Der Weise
führt die Geschäfte ohne Tun;
predigt die Lehre ohne Worte;
alle Dinge steigen auf, aber er wendet sich von ihnen nicht ab;

er gibt ihnen Leben, ergreift aber nicht Besitz von ihnen;
er handelt, eignet sich aber nichts an;
vollbringt, beansprucht aber keine Anerkennung;
und weil er keinen Anspruch auf Anerkennung erhebt,
kann die Anerkennung ihm nicht genommen werden.«

Was heißt das für mich auf dem Weg zur ersten Million? Tun, ohne zu tun? Handeln, ohne zu handeln?

Als Erstes ist es wichtig, das Leben als einen Fluss zu begreifen, der sich fortwährend wandelt. Festhalten geht nicht. Wer starr ist, ertrinkt. Kanalisieren nimmt dem Fluss die Schönheit.

Die Million ist kein Zustand, sondern ein fortschreitender Vorgang – wie ein Fluss. Wenn Sie sich im Fluss des Lebens befinden, der auch einen Fluss des Geldes beinhaltet, kommen Sie zur Million, so wie man auf einen Fluss mit einem Floß irgendwann eine große Stadt erreicht. Große Städte befinden sich manchmal dort, wo ein großer Nebenfluss in den Strom mündet, zum Beispiel liegt Duisburg dort, wo die Ruhr in den Rhein mündet. Große Städte befinden sich an Stellen, wo man den Fluss überqueren könnte, wie im Falle von Frankfurt. Viele große Städte befinden sich nahe der Mündung eines Flusses, wie Hamburg oder Bremen. So kommt man auf dem Fluss irgendwann an eine große Stadt. Wenn man auf dem Fluss zu stark rudert, um zur Million zu kommen, ist man zu schlaff, um die Freuden der Stadt zu genießen. Es reicht mitzuschwimmen, sein Kanu mit der Strömung treiben zu lassen. Wer allerdings noch nicht in den Fluss gesprungen ist und sich das Fließen vom Ufer aus betrachtet, kann die Stadt nicht erreichen. Vielleicht kann er aber die Wiesen und Wälder an der Stelle genießen, wo er sich gerade befindet.

Die Million ist eine Lebenseinstellung, nämlich die Einstellung, das Leben, die Energie und die Intensität zu suchen. Millionär kann man nur werden, wenn man das Erreichte gleich wieder investiert, damit es mehr werden kann. Wer jeden Monat einen Hundertmarkschein in den Sparstrumpf steckt, braucht mehr als ein Leben, um Millionär zu werden. Wer jedoch sein Geld so investiert, dass es mehr Geld werden kann, dass der Bach zu einem Fluss und einem Strom werden kann, landet über kurz oder lang an einer sprudelnden Quelle.

Das Tao des Handelns sagt also: nichts bewerten oder beurteilen, weder positiv noch negativ. Weiterhin: nichts festhalten wollen, alles im Fluss belassen.

Die Samurais des Verkaufs

Die beste Idee, das beste Produkt oder das beste Wissen nutzen einem gar nichts, wenn man dieses oder sich selbst nicht verkaufen kann. Verkaufen können ist eines der wichtigsten Fähigkeiten in der heutigen Geschäftswelt.

Die erfahrenen Kollegen der Anlageberatungsfirma waren Genies im Verkaufen. Sie konnten alles verkaufen. Einige waren vorher »Drücker«, waren von Tür zu Tür gegangen, hatten »Türklinken geputzt« und Zeitungsabonnements oder Parfümproben verkauft. Sie konnten alles an den Mann bringen. Wenn es etwas in dieser Firma für mich zu lernen gab, dann, wie man professionell verkauft. Hier gab es einige Verkaufsmodelle, die ich nirgends besser lernen konnte. Es gab Verkäufer, die mehr als eine Million DM an Kundengeldern im Monat akquirierten. Diese Verkäufer setzten über das Telefon Finanzanlagen an betuchte Menschen ab. Die potenziellen Käufer waren also meist gebildete, erfolgreiche, selbstbewusste Menschen. Nur auf Grund eines Hochglanzprospektes und einiger weniger Telefonate schickten sie große Summen an diese Firma.

Was ist das Geheimnis des Verkaufs?

Der Verkäufer ist vollkommen davon überzeugt, dass er sein

Produkt verkaufen will und dass der Käufer es kauft. Jedes Nein ist eine Herausforderung des Kunden: »Bitte rede weiter mit mir! Bitte überzeuge mich!« Denn sonst hätte er das Gespräch schon beendet, den Hörer schon aufgelegt. Die Verkäufer in dieser Firma legten niemals den Hörer auf. Nur wenn der Angerufene auflegte, war das Gespräch beendet. Oder wenn er eine Bestätigung zusagte, mit der er ein Konto eröffnete oder eine Zuzahlung versprach.

Dabei war es wichtig, in der Sprache des Kunden zu reden, ja sogar in seinem Tonfall. Zu einem Süddeutschen »Grüß Gott!« zur Begrüßung zu sagen, konnte ebenso innere Türen öffnen wie ein Gespräch über das Auto oder den Sportclub. Zu einem Norddeutschen »Grüß Gott!« zu sagen, hätte den gegenteiligen Effekt.

Die Berater handelten das Geld ihrer Kunden an den Börsen. Meist ging es verloren. Ich hatte keine Ahnung. Ich beschäftigte mich jeden Tag intensiv mit dieser interessanten Welt der Börsen, aber ich war noch weit davon entfernt, professionell handeln zu können. Ich ahnte nicht, dass genau darauf die Besitzer der Firma spekulierten. Denn sie profitierten von den Verlusten der Kunden. Deshalb kam der Chef zu mir und sagte: »Handle mal mit Heizöl-Terminkontrakten für deinen Kunden. Da ist gerade was los!« Heizöl? Na gut. Heizöl war in einer Phase heftiger Bewegung. Ich schaute die Charts an. Terminmärkte waren noch spekulativer als Optionen. Ihre kräftigen Tagesbewegungen erlaubten es jeden Tag, durch Ein- und Aussteigen Kommissionen zu verdienen.

Ich setzte mich vor das Kursanzeigegerät. Die Heizöl-Futures wurden an der NYMEX-Börse in New York gehandelt. Ich entwickelte ein Gefühl für den Markt. Ich wollte meinen Zahnarzt aus dem Sauerland glücklich machen. Tatsächlich konnte ich mich auf den Markt konzentrieren und ein Gefühl für diesen entwickeln. Ich investierte profitabel und erzielte 50 Prozent Gewinne im ersten Monat. Immer öfter schaute mir der Chef der Firma über die Schultern. Irgendetwas schien ihm nicht zu behagen. Schließlich sagte er zu mir: »Grube, du telefonierst ja gar nicht mehr, du verkaufst nicht mehr. Halte dich nicht an diesem einen Kunden fest!« Ich verdiente mit diesem einen Kunden gerade 500 Dollar am Tag!

»Ich werde den Kunden jetzt selbst handeln, und du verkaufst mal wieder!«, eröffnete mir schließlich der Firmenboss.

Ich fügte mich. Schade, das Handeln hatte mir mehr Spaß gemacht als das Verkaufen.

Nach einem weiteren Monat hatte der Chef bzw. sein Trader das Geld des Zahnarztes verloren. Bald lernte ich, dass alle Kundengelder hier über kurz oder lang verloren wurden. Die Firma war nicht an Gewinnen der Kunden interessiert, und ich hatte keine Lust mehr, weiter für diese Firma zu arbeiten. Ich suchte nach einem Ausweg.

4. KAPITEL

Die Kunst des Verlierens

Verlierer!? – Das nächste Gespräch mit meinem Höheren Bewusstsein – Der vierte Brief meines Meisters: Der Verlierer gewinnt – Verluste sind Gewinne – Gewinne-Reframe – Lorenzini-Zen – Das Zen des Roulette – Das Paroli-Prinzip

Verlierer!?

Warum waren die Chefs dieser Anlageberatungsfirma so daran interessiert, dass die Anleger finanzielle Verluste erlitten?

Es gab zwei Gründe: Zum einen neigten bei der Spekulation verlierende Anleger dazu, mehr und mehr Geld zu senden, um Verluste auszugleichen. Weil sie sich Verluste nicht eingestehen wollten, konnten sie nicht einfach ihr Konto schließen, sondern mussten mehr und mehr Positionen eröffnen. Sie wurden quasi spielsüchtig.

Der andere Grund war, dass erfahrungsgemäß die kleinen Anleger an den hoch riskanten Options- und Terminbörsen zu den Verlierern gehörten. Daher leiteten die Chefs dieser Firmen die von den Kunden eingezahlten Gelder gar nicht erst an die Broker, sondern behielten es gleich ein. Sie konnten aber den Börsenverlauf nicht beeinflussen, und manchmal drohte ein Kundenkonto doch ins Plus zu laufen. Wie in meinem Fall übernahmen sie dann etwas massiver die Kontrolle über die Transaktionen auf dem Konto.

Nachdem mir klar wurde, dass die Besitzer der Anlageberatungsfirma an etwaigen Gewinnen der Kunden nicht interessiert waren, verlor ich endgültig die Motivation. Ich konnte keinen mehr am Telefon überzeugen, einen Kontoeröffnungsvertrag für eine Option oder einen Terminkontrakt abzuschließen. Da mein Verdienst aus Provisionen bestand, verdiente ich nichts. Der Chef hatte mir aber großzügig Vorschuss gewährt. Zu spät merkte ich in meinem Übermut, dass der Vorschuss eine Falle war.

Die Vorschüsse führten dazu, dass ich nicht einfach aufhören konnte. Nur wenn ich alle Vorschüsse abbezahlt hatte, konnte ich den Job hinschmeißen. So wurden die Leute bei der Stange gehalten. Denn wer nicht zurückzahlte, machte Bekanntschaft mit einem eher sehr unangenehmen Menschen, der für den Chef und seine Hintermänner Gelder eintrieb. Das wollte ich mir doch ersparen und hoffte, dass meine Verkäufe wieder anziehen würden. Aber die Seite in mir, die darauf achtete, dass ich auf meinem Weg blieb, war dagegen, und ich fühlte mich blockierter denn je.

Das nächste Gespräch mit meinem Höheren Bewusstsein

»He, Höheres Bewusstsein, hörst du? Wenn wir hier aufhören wollen, müssen wir noch etwas verdienen, um den Vorschuss zurückzuzahlen. Kannst du mich hier bitte noch ein wenig Erfolg haben lassen, dann suchen wir etwas anderes!?«

Mein Höheres Bewusstsein maulte und sagte: »Ich will weg hier!«

Ich musste mir etwas überlegen, wie ich woanders das Geld herbekommen würde.

»He, Grube, kommst du mit zum Roulette?«, fragte mich an einem Abend einer der Kollegen.

»Ich habe kein Geld zu verlieren«, sagte ich ihm.

»Wieso verlieren?«, fragte er. »Du bist doch ein Gewinner. Du wirst beim Roulette gewinnen. Die Chancen sind doch gleich. Rot oder Schwarz.«

Ich konnte es mir ja mal anschauen. Tatsächlich faszinierte mich die Atmosphäre im Kasino sofort. Der Umgangston und die Ausstattung waren auf Reichtum ausgerichtet. Die Spielbank war eine Art Tempel des Geldes.

Mein Höheres Bewusstsein, das ja auch ein inneres Kind ist, war anfänglich auch am Spielen interessiert, so dass es tatsächlich Gewinne zuließ.

Die spielenden Menschen sprachen oft in einer Art Insider-Sprache mit den Croupiers: »Kleine Serie, 19 vier vier, Orphelins, Finale zero.« Ich wollte diese Sprache verstehen können. Ich hatte 100 DM in Jetons gewechselt und setzte 10 DM auf Rot.

Das Spiel faszinierte mich. Die nächsten Wochen verbrachte ich die Abende im Kasino. Ich suchte wohl eine Abkürzung auf dem Weg zur ersten Million. Und ich durfte wieder einmal lernen, dass auch ich den Weg besser Schritt für Schritt und vollständig zu gehen hatte.

Mein Höheres Bewusstsein verlor auch hier das Interesse, und ich verlor Geld, das ich noch gar nicht hatte.

Die Chefs der Anlageberatungsfirma macht mir Druck: »Los telefoniere, sonst kommst du nie von dem Vorschuss runter!«

Ich machte jetzt nur noch die mühsamen Erstkontakte. Die von mir so akquirierten potenziellen Kunden wurden von erfolgreicheren Verkäufern angerufen. Es sah nicht gut aus.

Ich hatte nur mit Verlierern zu tun. Die Anleger verloren Geld, die Spielbank war voll von Leuten, die ihr Geld verloren hatten, die Chefs und Kundenberater in der Anlageberatungsfirma verloren ihr Geld wieder durch ein exzessives Leben, der Staat, der die Gewinne der Spielbank bekam, hatte auch keine an Profit orientierte Bilanz.

Die Angst vor dem Verlieren beherrschte meine Welt und die der meisten Menschen, mit denen ich zu tun hatte. Genau diese Angst erzeugte wiederum Verluste, wie eine »sich selbst erfüllende Prophezeiung«. Denn wer sich an Verlusten orientiert, kann nur diese erzeugen. Angst ist eine Energie, die mit großer Macht eine Realität erzeugt, in der die Angst als gerechtfertigt erscheint.

Ich wollte mein Ziel erreichen, ich wollte kein Verlierer sein. Ob mein Meister mir wohl helfen könnte? Ich schrieb mal wieder einen Brief. »Meister, ich bin ein Verlierer. Statt mich der Million zu nähern, entferne ich mich von ihr. Mein Konto läuft ins Minus. Ich schäme mich, dass ich mich als für die Aufgabe unwert erweise!«

Mit Bangen erwartete ich des Meisters Antwort. Würde er mir die Aufgabe erlassen? Würde er mir sagen, dass ich verschwinden solle, da ich nicht gut genug für das Zen wäre?

DER VIERTE BRIEF MEINES MEISTERS:

DER VERLIERER GEWINNT

»Lieber Doi!«, schrieb er.

»Ich habe erwartet, dass es so kommen würde – es ist gut so.

Erst wer verloren hat und aufgeben will, wird verstehen, dass er den Weg nicht mit seinem Ego gehen kann. Erst wenn du aufgegeben und verloren hast, wirst du die größere Kraft durch dich hindurchfließen lassen können.

Dann wirst du den Kopf neigen und zulassen, dass dir die gewaltige Unterstützung des Universums zukommt.

Du willst schlauer sein. Wenn du ganz geschlagen bist, wirst du Bescheidenheit und Demut lernen. Mit diesen Fähigkeiten wirst du auf Menschen zugehen können und sie um Hilfe bitten. Diese sind sie gerne bereit zu geben, wenn du fragt, wenn du ehrlich mit ihnen bist. Erst wenn du sagst: ›Ich bin ein Verlierer, lehre mich!‹, wird der Meister dich lehren können.

Der Schüler denkt immer, dass er es besser weiß. Er sagt sich: ›Wenn dieser Meister nicht bald besser wird, gehe ich zu einem anderen oder finde es am besten selbst heraus!‹

So gehen Menschen Leben für Leben von Meister zu Meister und denken, dass sie schlauer sind und alles unter Kontrolle haben. Nur wer die Kontrolle aufgibt, wer sich geschlagen gibt, wer sein Ego loslässt, da es offensichtlich nicht fähig ist, den Erfolg herbeizuführen, wird in der Lage sein, den größten Erfolg zu erzielen, der möglich ist: die Befreiung.

Wir haben viele Ideen darüber gesammelt, wer oder was wir

sind. Wir haben uns mit vielen Etiketten beklebt. Bei dem einen heißt die Aufschrift: ›Japaner‹, bei dem anderen ›Deutscher‹. Einigen Menschen ist das Etikett ›Mann‹ oder ›Frau‹ wichtig. Andere haben eine Neon-Aufschrift: ›Sozialist‹ oder ›Konservativer‹. Dies alles verdeckt die wahre Essenz dessen, was du wirklich bist. Alle diese Etiketten müssen vergessen werden. Es gibt Menschen, die führen Kriege wegen dieser Aufschriften, in die sie sich gehüllt haben. Dabei ist es völlig gleichgültig, ob ein Mensch Muslim oder Christ ist, denn sie beten genau denselben Gott an. Oder sie kämpfen um ein Stück Land, das ohne Bewohner ist, wie die Inder und Pakistani im Hochgebirge Kaschmirs.

Menschen, die vergessen haben, wer sie sind, sind gefährlich. Sie haben keine Orientierung, sind innerlich sehr verzweifelt und laufen hinter jedem her, der ihnen Halt und einfache Wahrheiten verspricht.

Was das Geld machen angeht: Wenn du fähig wärest, jeden Monat dein Konto aufzubauen, wärest du vielleicht in der Lage gewesen, nach und nach etwas anzusparen. Damit wärest du aber nicht zu einer Million gekommen. Vielleicht zu hunderttausend, aber eine Million braucht eine ganz andere Einstellung. Verliere alles und lass alles los. Das bringt dich dazu, wirklich zuzulassen, dass eine größere Kraft dich trägt.

Ein Verlierer jedoch hat es leichter als ein Gewinner, sich seiner Konditionierung bewusst zu werden, denn diese schafft die Probleme. Erst sucht der Verlierer die Gründe für das Versagen außerhalb seiner selbst, bei den Umständen, bei anderen Menschen, der Gesellschaftsform usw. Irgendwann begreift er, dass er sich selbst ändern muss, um nicht mehr Verlierer zu sein. Er lernt die Fähigkeit, sich zu erkennen und zu verändern. Damit ist er den Gewinnern weit überlegen.

Ein Verlierer, der zum einen damit zufrieden ist, Verlierer zu sein, und zum anderen gelernt hat, seine Ressourcen so einzusetzen, dass er dennoch die gesteckten Ziele erreicht, weiß um seine Stärken und Schwächen. Er ist unschlagbar. Die meisten Menschen, die zu Reichtum kommen, sind in armen Verhältnissen aufgewachsen. Die Kinder, die es einfach haben, sehen vielleicht aus wie Gewinner, aber sie haben nicht die Kraft entwickelt, die ein Kind bekommen hat, dass immer wieder Hindernisse bewältigen musste.

Sei ein Verlierer mit Bewusstsein, dann bist du der großen Masse der unbewussten Verlierer und den ebenso unbewussten Gewinnern weit voraus. Dann ist es auch nicht wichtig, wer den höchsten Kontostand oder das größte Auto hat. Sich selbst zu kennen ist unglaublich viel wertvoller als materieller Besitz.

Um dein Ziel zu erreichen, wirst du das Verlieren lernen müssen. Du wirst dein Ego verlieren. Und einige lieb gewordene Gewohnheiten wirst du nur ungern verlieren wollen. Hab Mut und Vertrauen. Lass das Alte hinter dir. Lass dich jeden Tag neu und frisch erleben.

Und wir erleiden Niederlagen. Wenn du eine Niederlage erleidest, ziehe deine Lehren daraus. Dazu war die Niederlage da. Es ist nicht du, der die Niederlage oder den Verlust erleidet, es war dein Ego und wie du konditioniert und programmiert bist. Aber du bist nicht dein Ego, nicht deine Konditionierungen, nicht die Programme. Jede Niederlage gibt dir Gelegenheit, dich auf deinen Kern und deine Achtsamkeit zu besinnen und etwas über Bord zu werfen, das nicht funktioniert hat.

Werde stark im Verlieren!«

Gendai Roshi, Ushkawa Zendo, März 1995

Verluste sind Gewinne

Es ist wichtig, verlieren zu können, nicht nur beim »Mensch-ärgere-dich-nicht-Spiel«.

Es gibt drei Arten von Verlusten:
- Finanzieller Verlust
- Verlust von Ego und behindernden Programmierungen
- Verlust von Gewinnen und Zweitgewinnen

Da ist zum einen der finanzielle Verlust bei Geschäften, bei Börsenspekulationen, beim Roulette. Hierbei ist es wichtig, den Verlust anzunehmen und von seinem eigenen Selbstwertwertgefühl zu trennen. Wer sich wegen eines finanziellen Verlustes unwert fühlt und dieses naturgemäß verdrängen und kompensieren will, kann nicht die Lehre, die in dem Verlust enthalten war, annehmen und sich selbst optimieren.

Zum Zweiten gibt es auf unserem Weg Dinge, die wir verlieren, wenn wir bereit sind, sie zu verlieren. Das sind »Ego-Programme«, von denen mein Meister in seinem Brief sprach.

Drittens besteht die Gefahr, bisherige Gewinne und Nebengewinne zu verlieren, sobald wir unser Leben entscheidend verändern.

Mit dem jetzigen Zustand, den wir verändern wollen, verbinden wir ja eventuell Gewinne, auf die wir nur ungern verzichten möchten. Sonst würden wir uns jederzeit einfach so verändern können.

Sie sind sicher auch bereit, Ihren Weg zur ersten Million zu beschreiten. Vielleicht gibt es Befürchtungen, dass Sie etwas verlieren könnten, sobald Sie sich auf den Weg zur ersten Million machen. Was könnten Sie verlieren? Es gibt Verluste, denn sonst wären Sie schon längst da angekommen, wo Sie hin wollen, oder nicht?

Übung 8:

Verlust-Check

1. Welche positiven Nebeneffekte hatte das Nichtmillionärsein?
2. Welche negativen Nebeneffekte sind durch das Nichtmillionärsein ausgeblieben?
3. Welche negativen Nebeneffekte könnten eintreten, wenn Sie Millionär sind?
4. Welche positiven Nebeneffekte könnten eventuell ausbleiben, wenn Sie Millionär sind?

Lesen Sie diese Fragen aufmerksam durch. Sie sind etwas ungewöhnlich formuliert. Sie helfen Ihnen, einige der Dinge festzustellen, die Sie bisher vom Millionärsleben abgehalten haben. Könnte es Probleme mit Ihrem sozialen Umfeld geben, wenn Sie Millionär werden?

Müssten Sie dann etwas für Ihre Sicherheit tun?

Wären Sie in Versuchung, nur noch dem Lustprinzip zu frönen und Ihre Weiterentwicklung einzustellen?

Wären Sie als Millionär ein eingebildetes, arrogantes ...?

Andersherum gefragt: Was waren die Gewinne, die Ihnen Ihr jetziger Zustand gegeben hat und die Sie verlieren könnten, sobald Sie Ihr Ziel erreichen?

Gewinne könnten sein: Ruhe, Frieden, Freunde, soziales Bewusstsein.

Es ist Ihnen wohl klar, dass Millionäre eher besser für Ruhe, Frieden oder Freunde sorgen können, denn mehr Geld bedeutet auch mehr Flexibilität, oder?

Gewinne-Reframe

Reframe ist eine der Vorgehensweisen im NLP. Es bedeutet: einer Sache einen neuen Rahmen geben, etwas in einem neuen Licht betrachten.

Welchen Gewinn haben Sie also in der gegenwärtigen Situation bisher erreicht, den Sie verlieren könnten, wenn Sie Ihr Ziel erreichen? (Wenn es keinen solcher Gewinne gibt, gehen Sie einfach weiter zum nächsten Abschnitt. Vorher vergewissern Sie sich bitte noch einmal ganz genau, denn wenn es keine Vorteile hat, noch nicht Millionär zu sein, warum sind Sie dann noch nicht am Ziel? Und wenn Sie es schon sind: Warum sind Sie immer noch nicht zufrieden?)

Was könnten also die Gewinne sein?

Bisher haben Sie sich diesen Gewinn erfüllt, indem Sie sich einen bestimmten sozialen und finanziellen Level erhalten haben.

Es ist Ihnen indes sicher bewusst, dass dieser Gewinn nicht unbedingt etwas mit sozialem oder finanziellem Level zu tun hat.

Übung 9:

Reframe der Gewinne

1. Welche Gewinne gab Ihnen der gegenwärtige Zustand?
2. Finden Sie mindestens drei Wege, diese Gewinne als Millionär zu erhalten!
3. Benutzen Sie diese Wege von nun an!

Zum Beispiel könnte es sein, dass in Ihrem jetzigen Leben Ihre Freunde absolut ehrlich zu Ihnen sind und sich dieses ändern könnte, wenn die Möglichkeit bestehen würde, Sie um Geld anzupumpen. Denn wenn es ums Geld geht, hört Freundschaft und Ehrlichkeit manchmal auf. Der Gewinn ist also: Ehrlichkeit in sozialen Beziehungen. Nun stellen Sie sich vor, dass Sie Geld hätten und die Freunde Sie tatsächlich anpumpen könnten. Welche drei Wege könnten Sie sich vorstellen, Ehrlichkeit in Ihren Freundschaften zu haben, wenn Sie Millionär sind?

Und können Sie diese drei neuen Wege oder Verhaltensweisen schon jetzt anwenden?

Wer kein Risiko eingeht, kann auch nicht gewinnen. Wer nicht bereit ist zu verlieren, kann niemals Sieger sein. Verluste sind die beste Gelegenheit, die eigene Strategie zu optimieren. Nur Verlierer können letztendlich die großen Gewinner sein.

Lorenzini-Zen

Ich habe gelernt, dass es wichtig ist, sich den eigenen Reichtum fühlbar zu machen. Ich stellte zum Beispiel fest, dass die teuersten Oberhemden ihren Preis wert sind. Vor nunmehr zehn Jahren habe ich mir drei Oberhemden gekauft. Das eine war sehr preiswert. Es sah »okay« aus und kostete damals in einem Hamburger Kaufhaus nur etwa 35 DM. »Reicht doch«, dachte ich. Eine Woche später kaufte ich in einer Einkaufspassage ein weiteres Oberhemd, das etwa 120 DM kostete. Das Hemd sah etwas besser aus als das erste. Als ich mir dann noch in einer der edelsten Herrenausstatter-Boutiquen am Jungfernstieg einen Anzug kaufte, meinte die Verkäuferin, dass ich zu diesem Anzug auch noch ein Oberhemd und eine passende Krawatte bräuchte. Wo ich schon mal beim Geld ausgeben war! Sie legte mir mehrere Hemden vor. Eines gefiel mir besonders. Es war eine Produktion des berühmtesten Hemdenschneiders der Welt, der Familie Lorenzini. Es sah so gut aus, der Stoff fühlte sich so sanft an. Ich musste es haben. Es kostete 390 DM. Es war wohl eines der teuersten Oberhemden, das in Hamburg zu der Zeit getragen wurde und bestätigte mir meinen Wert und mein Reichtumsbewusstsein fortwährend. Das 30-DM-Hemd war nach einem Jahr unansehnlich, es kratzte sowieso. Das 120-DM-Hemd hat etwa drei Jahre gehalten, dann war der Kragen durchgescheuert und die Farben verwaschen. Das Lorenzini-Hemd habe ich immer noch, und es sieht aus wie damals. Es bestätigt mir immer noch, dass ich es mir wert bin. Mehrmals habe ich von Kennern gehört: »Was für ein schönes Hemd! Ah, ein Lorenzini-Hemd!« Ich kaufe nur noch Hemden in der Lorenzini-Klasse. Sie sind ihr Geld vielfach Wert. Auch bei allen anderen Dingen der Kleidung und der Pflege gilt dasselbe: Das Teuerste ist meistens auch das qualitativ Beste. Die Menschen, die im Reichtum leben, haben übrigens ein Auge für diese Sachen. Es erhöht das Ansehen bei den anderen Millionären erheblich, Markenartikel zu tragen und zu benutzen. Aber es kann natürlich auch zur Karikatur werden, wenn das Verhalten und die Körpersprache nicht entsprechend erstklassig sind.

Die Frage ist: Wie bestätige ich mir mein Reichtumsbewusstsein, wie setze ich die ersten DM, Euro oder Dollar, die über den Lebensunterhalt hinausgehen, ein?

Sparen Sie also lieber eine Woche länger, bevor Sie ein neues Oberhemd oder eine Bluse kaufen. Die 200 DM, die ein Spitzenartikel mehr kostet, sind gut investiert.

Gleiches zieht Gleiches an. Das Geld geht zu Geld. Lassen Sie den inneren Reichtum nach außen kommen, so dass das Geld sich von Ihnen wie magisch angezogen fühlt.

Das Zen des Roulette

Roulette ist ein sehr faires Glücksspiel, und es geht manchmal um sehr viel Geld.

Für die Spieler geht es eher um sehr viel Jetons, die aus Kunststoff hergestellt wurden und Geld repräsentieren. Da die Jetons ein Symbol für ein Symbol, nämlich Geld, sind, kommt es oft dazu, dass das, was das Geld symbolisiert, in Vergessenheit gerät, nämlich die Anstrengung, die unternommen wurde, zum Geld und damit zu den Jetons zu kommen. Kurz: Die meisten Menschen verlieren beim Roulette den Bezug zu dem, was sie dort einsetzen, und verlieren damit auch das Spiel. Was der Staat ja auch will, denn Roulette ist eine elegante Form, Steuereinnahmen zu erzielen.

Die Chancen sind jedoch ausgeglichen, so dass es Möglichkeiten geben muss, beim Roulette erfolgreich zu sein, was, seitdem es das Roulette gibt, unzählige Menschen zur Erfindung von Spielsystemen motiviert hat. Die größte Zahl der Besucher einer Spielbank wollen Geld verlieren, bewusst oder unbewusst. Die einen sind reich und wollen mit Geld um sich werfen, wie früher die Reichen es unter die Armen warfen. Heute gibt es nicht mehr so viele Arme auf der Straße, also werfen sie es lieber auf den Roulette-Tisch.

Andere wollen unterbewusst verlieren, weil sie sich ihren eigenen Unwert bestätigen wollen. Diese traurigen Gestalten bilden den Stamm in den Spielbanken. Sie sind meist spielsüchtig und schaffen den Ausstieg erst, wenn sie den Offenbarungseid geleistet haben.

Wenn man sich in den Spielbanken umschaut, sieht man allerdings auch eine dritte Gattung: die Roulette-Samurais. Sie sind meist nur kurz in der Spielbank, gewinnen ein wenig und gehen wieder. Diese sind interessant. So einer wollte ich sein. Wäre es nicht fantastisch? Ich könnte die Million in den Kasinos der Welt erspielen und zu meinem Meister als Roulette-Meister zurückkehren?

Roulette ist eine hervorragende Übungsgelegenheit. Wer beim Roulette überlebt mit all den aufgestellten Fallstricken, der wird bei größeren Spielen, wie denen an der Weltbörse, auch gute Chancen haben. Wir haben beim Roulette folgende Vorteile gegenüber der Bank:

- Wir können bestimmen, wann wir anfangen und aufhören zu spielen.
- Die Bank sorgt dafür, dass alle Zahlen gleichmäßig fallen.
- Croupiers werfen die Roulettekugeln (unterbewusst) dahin, wo das Geld ist, denn sie verdienen an den Gewinnen der Spieler.

Wenn ich also einen Spielansatz habe, bei dem meine Ergebnisse wie in einer Sinuskurve um null herum von minus fünf bis plus fünf schwanken, kann ich entscheiden, ob ich am Tiefpunkt oder Hochpunkt mein Spiel jeweils abbreche. Und wähle natürlich den Hochpunkt. Dabei weiß ich, dass dieser höchste Punkt meiner Sinuskurve zum Beispiel fünf Jetons beträgt. Denn die meisten Roulettespieler gewinnen ein wenig, werden dann gierig und verlieren wieder alles und mehr. Wenn man weiß, wie viel man mit dem eigenen Ansatz gewinnen kann, weiß man auch, wann das Ziel erreicht ist und kann als Gewinner gehen.

Das hört sich leichter an, als es ist, denn letztendlich ist unsere innere magische Kraft stärker als das beste Spielsystem. So macht das Roulette mir eines ganz klar: Verlierer verlieren, Gewinner gewinnen.

Man kann es schon erkennen, sobald ein Mensch das Kasino betritt. Der eine sieht aus wie ein Verlierer: seine Haltung, seine Kleidung, sein Ausdruck. Vielleicht kompensiert er den inneren Verlierer und setzt eine trotzige, kämpferische Miene auf. Der hat es noch schwerer und wird eine noch bittere Niederlage erleiden als der, der den Kopf schon vorher hängen lässt.

Der Sieger, der Gewinner-Typ, ist auch gleich zu erkennen. Meistens kommt er in Begleitung. Er packt mal eben einige Tausender irgendwo auf das Tableau, und meistens kommen seine Zahlen. Wenn Sie nicht fallen, lacht der Gewinner, denn es ist ja ein Spiel und er war in die Spielbank gekommen, um zu spielen, um mit seinem Geld zu prahlen, um es unter die Leute zu bringen. Er wird auch Geld beim Roulette verlieren und dennoch glücklich sein.

Dann gibt es Verlierer, die sich bewusst sind, dass sie Verlierer sind. Diese sind am besten. Sie sind wach und beobachten sich und die sich ihnen bietenden Chancen. Sie wissen, dass sie sich nicht auf sich verlassen können, sondern beiseite treten müssen. Sie sehen ihre Chance, wenn sich eine bietet. Sie nutzen eines der soliden Systeme und beobachten das Spielgeschehen genau.

Ein Beispiel für eine erfolgreiche Strategie, die allerdings nur einmal funktionierte, war folgende: Zwei Personen verabredeten sich: Der eine würde nach einigen Spielen an einem Tisch einen Tobsuchts- und Verrücktheitsanfall simulieren und auf den Tisch springen und alle Jetons der Croupiers, besonders die mit den großen Zahlen, in die Luft werfen und im Saal verteilen. Während sich die Masse der anderen Spieler um die Jetons reißen würden, und die Croupiers und Saalchefs versuchen würden ihn zu beruhigen, hätte sein Kumpel schon darauf geachtet, dass er die Zehntausender-Chips fangen und verschwinden lassen würde. Später wurden große Jetons nur noch unter einer Schutzhaube verwahrt.

Eine andere Regel lautet: Suche dir einen Verlierer, und

mache das Gegenteil. Das ist in der Spielbank einfach, Verlierer gibt es genug. Wichtig ist, zu lernen, wie man Verlierer erkennt, um dann in den Spiegel zu schauen und sich zu fragen: Bin ich wie die? Wie werde ich diesen Verlierer in mir los, bzw. wie kann ich ihn benutzen? Sollte ich das Gegenteil von mir selbst machen?

Das Paroli-Prinzip

Manchmal passiert es, dass man einem Menschen in der Spielbank begegnet, der intuitiv weiß, welche Zahlen fallen. Meistens ist das leider erst, wenn alles verloren ist.

Dieser Mensch sagte also zu mir, irgendeinen Gesprächspartner suchend: »Hier kommt jetzt die 25!« Ich setzte auf die 25 und ihre Nachbarn. Und 25 kam. Der Mensch sagte: »Sie kommt noch einmal!« Ich setzte wieder auf 25 und ihre Nachbarn und gewann ebenso. Der Mensch sagte: »Es kommt 25.« Nun setzte mein Ego ein. Wieso sollte dieser Mensch das wissen? Außerdem, wann passiert es schon einmal, dass eine Zahl dreimal kommt? Ich wollte schlauer sein, und setzte auf die gegenüberliegenden Zahlen. 25 kam. »Siehst du!«, sagte dieser Mensch. »Ich weiß nicht warum, aber ich wusste es. Ich habe keinen Pfennig Geld mehr, und jetzt weiß ich das! Es kommt übrigens noch einmal ein Nachbar von 25!« Ich schaute ihn ungläubig an. Ich setzte nicht mehr. Ich wollte nicht glauben und konnte auch nicht mehr dagegenhalten. Es kam tatsächlich noch einmal ein Nachbar der 25. Ich musste gehen.

Warum nur konnte ich nicht einfach naiv und unschuldig sein und das tun, was man mir anbot? Es könnte so einfach sein. Aber wir wollen schlauer sein. Erst viel später auf der Wall Street lernte ich die Lektion und nahm die Geschenke an.

Hätte ich einmal 10 DM auf 25 gesetzt und den Gewinn dann nicht abgezogen, sondern als Neueinsatz stehen lassen und das nur zweimal wiederholt, wäre mein Gewinn zehnmal 36 gleich 360 mal 36 gleich 12.960 mal 36 gleich 466.065 DM gewesen. Das vierte Mal hätte ich ja nicht setzen können, da das Limit überschritten gewesen wäre. Hätte ich einfach nur bemerkt, dass dieser Mensch in diesem Moment wusste, welche Zahl kommt, weil er mit einer höheren Macht in Verbindung stand, weil er auf Grund seines Totalverlustes sein Ego aufgegeben hatte, wäre ich mit über 400.000 DM nach Hause gegangen. Derartige Chancen bieten sich natürlich eher selten, und wenn man sie ausschlägt, sagt das Schicksal: »Dann eben nicht! Wer nicht will, hat schon gehabt!«

Wenn man den Gewinn nicht abziehen will, sondern als neuen Einsatz stehen lassen möchte, sagt man im Kasino zu den Croupiers: »Paroli!« Wie man das Paroli-Prinzip nutzen kann, um auf einem anderen, sicheren Weg zur Million zu kommen, lesen Sie im folgenden Kapitel.

5. KAPITEL

Der Weg der Verdopplung

Das geometrische Universum – 1.000 Euro verdoppeln und verdoppeln und … – Schritt für Schritt verdoppeln – Mentale Unterstützung – Die Erweiterung des Geldhorizonts – Wie finde ich den Weg? – Einladung zur Geldvermehrung – Welche Möglichkeiten bietet der Kapitalmarkt für Sie? – Handel mit DAX-Futures – Die »Zielbahnung« auf der Zeitlinie

Das geometrische Universum

Das Paroli-Prinzip, welches ich beim Roulette-Spiel kennen lernte, führt uns in die Welt der geometrischen Reihe. Mit dem Paroli-Prinzip lernen Sie einen strategischen Weg zur ersten Million kennen, der in Verbindung mit der wachen Bewusstheit des Zen und der konsequenten Optimierung der unterbewussten Programmierung mittels NLP einen schnellen und zielgerichteten Weg zum Erfolg bietet.

Ein gravierender Unterschied in den mathematischen Wundern dieser Welt besteht in dem Unterschied zwischen arithmetischer und geometrischer Reihe. Während die arithmetische Reihe stetig ansteigt, zum Beispiel immer um die Einheit 2: 1, 3, 5, 7, 9 usw., ist die geometrische oder logarithmische Reihe dadurch definiert, dass ihre Einheiten um einen Faktor vergrößert werden, zum Beispiel den Faktor 2: 1, 2, 4, 8, 16 usw. Beide Reihen sehen in ihrer grafischen Darstellung sehr unterschiedlich aus: Während die arithmetische Kurve eine stetig ansteigende Gerade ist, ist die geometrische Kurve stetig ansteigend, um plötzlich sehr, sehr stark in die Höhe zu gehen.

So ist die elfte Stelle der arithmetischen Reihe, die mit 1 begann und sich jeweils um den Wert 2 erhöht, die 21, während an der gleichen Stelle einer geometrischen Reihe, die mit 1 begann und sich jeweils um den Faktor 2 erhöht, 1.024 steht.

Sie erinnern sich vielleicht an die Geschichte mit dem Reiskorn auf dem Schachbrett. Der Sultan gewährte dem weisen Erfinder des Schachspiels den Wunsch, Feld für Feld die Zahl der Reiskörner zu verdoppeln, um die Summe der Reiskörner als Belohnung für seine Erfindung zu erhalten. Am Anfang sieht das nämlich sehr bescheiden, fast wie eine arithmetische Reihe aus: 1, 2, 4, 8. Die Gesamtsumme bei 2 hoch 64 ist aber eine gigantische Zahl.

Geometrische Kurven sind in der realen Welt sehr wohl bekannt und meist auf fatale Weise. Die Bevölkerungsexplosion ist ein Beispiel. Die Chinesen haben es anscheinend geschafft, von der geometrischen zur arithmetischen Reihe der Bevölkerungsentwicklung zurückzukehren mit der »Eine-Ehe-ein-Kind-Politik«. Den Indern gelingt das nicht, daher haben wir seit dem Jahr 2000 erstmals mehr Inder als Chinesen. Ein anderes negatives Beispiel für geometrische Reihen ist die durch den Zinseszinseffekt ausgelöste galoppierende Staatsverschuldung.

Auf dem Weg zum Reichtum sind Ihnen vielleicht auch schon die geometrischen Reihen in Form von Kettenbriefen, Strukturvertrieben, Multi-Level-Marketing oder anderen Pyramiden begegnet, die das schnelle Geld auf einfache Weise versprechen und nie halten können. Reich werden bei diesen meist nur die Initiatoren, und eines ist sicher: Die Letzten beißen die Hunde, und diese sind im geometrischen Universum sehr, sehr flink. Um es kurz zu machen: Bei allen auf dem Prinzip der Verdopplung beruhenden expansiven Systemen (das ist immer, wenn Sie mehr als einen weiteren Teilnehmer für irgendetwas finden müssen, der neues Geld anbringt) kommt der Zeitpunkt, an dem die begrenzte Zahl der potenziellen Teilnehmer durch den rasanten Anstieg der tatsächlichen Teilnehmerzahlen ausgeschöpft ist, immer zu schnell. Oder Sie belasten Ihr Gewissen damit, einen anderen Menschen in etwas hineinzuziehen, wo er Geld oder Zeit verliert.

Das Prinzip der Verdopplung lässt sich jedoch auch umgekehrt zum eigenen Vorteil nutzen. Und das ohne einen Kettenbrief initiieren zu müssen oder einen Strukturvertrieb.

1.000 Euro verdoppeln und verdoppeln und …

Wenn ich also jeden Monat eine bestimmte Summe spare, wäre ich im Universum der arithmetischen Reihe, und mein Geld würde langsam, aber stetig ansteigen, und ich würde kaum jemals Millionär werden.

Wenn ich hingegen das Prinzip der Verdopplung begreifen würde und mein Geld in einem bestimmten Zeitraum jeweils verdoppeln könnte, wäre ich im geometrischen Universum und würde nach einer gewissen Zahl von Verdopplung zu der Million gelangen. Also: Wie mache ich aus 1.000 in einer kurzen Zeit 2.000 Euro? Wie kann ich verdoppeln?

Wie verdopple ich jede beliebige Summe in einem Monat? Wie viele Monate würde ich bis zu einer Million brauchen?

Im ersten Monat hätte ich auf 2.000 verdoppelt, im zweiten auf 4.000, im dritten auf 8.000, im vierten auf 16.000, im fünften auf 32.000, im sechsten auf 64.000, im siebten auf 128.000, im achten auf 256.000, im neunten auf 512.000, und im zehnten wären wir schon bei über einer Million Euro.

Wenn ich jeden Monat mein Geld verdoppeln würde, angefangen mit 1.000 Euro, bräuchte ich nur zehn Monate zur Million!

Ich muss »nur« verdoppeln können.

Ein Monat für die Verdopplung ist natürlich sehr knapp berechnet und nur in hoch riskanten Geschäften möglich. Wählen Sie einen Zeitraum, in dem die jeweilige Verdopplung entspannt zu erreichen ist.

Wenn Sie ein Jahr für die Verdopplung bräuchten, sind es immerhin nur zehn Jahre bis zur Million. Das ist doch auch noch ein überschaubarer Zeitraum. Ich wette, dass Sie in wesentlich kürzerer Zeit verdoppeln können.

Also noch einmal: Wie verdopple ich 1.000 Euro?

Sehr einfach: Ich kaufe etwas für 1.000 Euro und verkaufe es für 2.000 Euro.

Was könnte das sein? Am einfachsten wären Drogen – da spielte mein Höheres Bewusstsein und meine Ethik aber nicht mit. Wer zu schnell reich werden will, handelt mit Verbotenem. Die Prohibition in den USA am Anfang des zwanzigsten Jahrhunderts hat ungewollt mehr Millionäre erschaffen als irgendein anderes Business. Für den Stress, mit Verfolgungsorganen und schießwütigen Konkurrenten umgehen zu müssen, war ich jedoch zum Glück zu vorsichtig.

Preisunterschiede, die man Gewinn bringend einsetzen kann, setzen zumeist voraus, dass man etwas in größeren Mengen gekauft oder einen Weg unternommen hat, den der Einzelabnehmer scheut. Bei 1.000 Euro lohnt das meist nicht, denn die Fahrtkosten und Investitionen lägen wohl höher.

Ich könnte 1.000 Euro beim Roulette auf »Rot« setzen und hoffen, dass »Rot« kommt. Ich will aber hundertprozentig sicher verdoppeln und mein Risiko minimal halten.

Ich könnte für 1.000 Euro Anzeigen für Beratungsdienste aufgeben und darauf warten, dass mir 20 Leute 100 Euro für eine Beratung bezahlen.

Bevor wir noch tiefer in Ihren konkreten Weg des Verdoppelns einsteigen, möchte ich das Prinzip noch etwas ausführlicher darstellen.

Schritt für Schritt verdoppeln

Beim kontinuierlichen Verdoppeln folgen wir dem Prinzip, dass wir die erzielten Gewinne sofort reinvestieren und dadurch dynamisch sehr schnell unseren Einsatz erhöhen.

Damit gehen wir natürlich fortwährend das Risiko ein, alles Gewonnene zu verlieren. Oft scheitert der reine Verdopplungsansatz auch an der einfachen Tatsache, dass Geld zum Leben oder für andere Verpflichtungen benötigt wird.

Daher habe ich die Paroli-Strategie dahingehend abgewandelt, dass vor jeder Verdopplung des Einsatzes erst dieselbe Gewinnsumme aus dem Pott genommen wird. Das heißt: Bevor wir von 1.000 Euro auf 2.000 Euro erhöhen, nehmen wir das erste Mal den Gewinn von 1.000 Euro heraus, so dass wir nie mehr das Risiko des Totalverlustes haben. Unser Einsatz ist auf jeden Fall gesichert. Das heißt also, dass wir jeden Gewinn zweimal machen, so dass sich auch unsere Zeit bis zur Million verdoppelt. Dafür schlafen wir dann etwas ruhiger. Ob ich aus 1.000 Euro eine Million in 20 Monaten oder 40 Monaten mache, ist dann ja auch gleich, oder?

Hier ist der exakte Plan, Schritt für Schritt, von 1.000 Euro zu einer Million. Sie müssen immer wissen, bei welchem Schritt Sie sind! Sie müssen sich für jeden Schritt das Ziel setzen, den nächsten Schritt zu erreichen.

Und: Bevor Sie losgehen, lesen Sie lieber erst dieses Buch zu Ende und kehren Sie dann hierher zurück! Denn es wird innere Hindernisse bei Ihnen geben, die geklärt sein wollen, bevor Sie Ihr Ziel erreichen können. Anhand der Tabelle auf der nächsten Seite können Sie ablesen, wo Sie jeweils stehen.

Also noch einmal im Detail, Schritt für Schritt:

Schritt 1: Sie investieren 1.000 Euro, machen 1.000 Euro Gewinn und stecken 1.000 Euro ein, so dass Sie künftig nur noch den Gewinn riskieren müssen.

Schritt 2: Sie investieren wiederum 1.000 Euro, machen wiederum 1.000 Gewinn und verdoppeln nun in Schritt 3 Ihre Investition. Bei diesem Schritt beginnen Sie, in das geometrische Universum einzusteigen.

Den in Schritt 3 erzielten Gewinn von 2.000 Euro schütten Sie sich aus, so dass Sie sich belohnen können, und

Einsatz	Gewinn	Aus-schüt-tung	Konto-stand	Gesamt-ausschüt-tung	Gesamt-gewinn	Schritt Nr.
1.000	1.000	1.000	1.000	1.000	1.000	1
1.000	1.000	0	2.000	1.000	2.000	2
2.000	2.000	2.000	2.000	3.000	4.000	3
2.000	2.000	0	4.000	3.000	6.000	4
4.000	4.000	4.000	4.000	7.000	10.000	5
4.000	4.000	0	8.000	7.000	14.000	6
8.000	8.000	8.000	8.000	15.000	22.000	7
8.000	8.000	0	16.000	15.000	30.000	8
16.000	16.000	16.000	16.000	31.000	46.000	9
16.000	16.000	0	32.000	31.000	62.000	10
32.000	32.000	32.000	32.000	63.000	94.000	11
32.000	32.000	0	64.000	63.000	126.000	12
64.000	64.000	64.000	64.000	127.000	190.000	13
64.000	64.000	0	128.000	127.000	254.000	14
128.000	128.000	128.000	128.000	255.000	372.000	15
128.000	128.000	0	256.000	255.000	510.000	16
256.000	256.000	256.000	256.000	511.000	766.000	17
256.000	256.000	0	512.000	511.000	1.023.000	18
512.000	512.000	512.000	512.000	1.023.000	1.535.000	19
512.000	512.000	0	1.024.000	1.023.000	2.047.000	20

in Schritt 4 investieren Sie wiederum 2.000 Euro. Mit dem aus diesen erzielten Gewinn erhöhen Sie

in Schritt 5 den Einsatz auf 4.000 Euro. Den Profit schütten Sie wiederum aus, so dass Sie sich jetzt insgesamt 7.000 Euro ausgeschüttet haben und mit 4.000 Euro nun in

Schritt 6 das Geld für die nächste Verdopplung erwirtschaften.

Diese Vorgehensweise halten Sie durch bis Schritt 20, in dem Sie aus 1.000 Euro eine Million gemacht haben!

Der Zeitabstand der einzelnen Schritte ist natürlich nicht unbedingt konstant. Bei der Herstellung und dem Kauf von Produkten kann es Zeiten geben, an denen Sie Ihre Produktionsstätten oder Vertriebsstrukturen erweitern müssen, was Zeit braucht.

Bei der Verdopplung an den Kapitalmärkten allerdings stünde einer zeitlichen Konstanz in den Schritten grundsätzlich nichts im Wege.

Eine Verdopplung ist natürlich ein nicht unerheblicher Schritt. Es kann sein, dass Sie das jeweilige Ziel leichter in kleineren Zwischenschritten erreichen. Setzen Sie sich das Ziel: In zehn Monaten sind diese 10.000 Euro verdoppelt, und ich erziele in jedem der zehn Monate jeweils 1.000 Euro. Das funktioniert natürlich auch.

Mentale Unterstützung

Der wichtigste Aspekt bei der Durchführung dieser Schritte (nur 20 Schritte!) ist der Zustand Ihrer eigenen mentalen Einstellung.

Den ersten Aspekt haben Sie schon kennen gelernt: Es ist absolut notwendig, dass Sie Ihr Ziel positiv, »hin-zu«, aktiv und selbst verursacht formulieren. Das gilt für das Hauptziel ebenso wie für jeden der 20 Zwischenschritte wie auch für die Unterziele in jedem der 20 Schritte.

Ich habe dargestellt, warum eine negative Formulierung des Zieles bzw. eine »Weg-von«-Orientierung fatal ist. Diese tritt aber auch im Lauf der Geschehnisse leicht auf, so dass Ihnen die folgenden Darstellungen weitere Einsichten geben. Ich möchte Ihnen Anhaltspunkte geben, wie Sie sich vor Niederlagen schützen können.

Denn eines ist unausweichlich: Niederlagen, Fehler, Verluste! Aber: Was uns nicht umbringt, macht uns stärker. Jede

Niederlage ist eine fantastische Gelegenheit, zu lernen, Fehler zu bemerken, abzustellen und sich dadurch zu optimieren. Der Mensch, der keine Fehler machen will, ist mit Sicherheit nicht auf dem Weg zum Millionär. Also, Sie haben Ihr Ziel formuliert, Sie sind motiviert und bereit, Ihren Einsatz zu wagen.

Denn ohne Risiko läuft nichts. Ob Sie ein Geschäft beginnen oder an die Börse gehen oder Roulette spielen: Sie können Ihr eingesetztes, hart erarbeitetes Kapital verlieren. Dazu müssen Sie bereit sein. Bei 1.000 Euro, wie in unserem 20-Schritte-Plan zur ersten Million, werden Sie ja noch nicht zittern, oder?

Nun gibt es zwei Möglichkeiten, wie sich Ihre Bilanz zu Beginn entwickelt: nach oben oder nach unten. Der Anfang des Weges ist natürlich der kritischste Abschnitt. Denn Ihre Kapitaldecke ist noch so dünn, dass Sie Gefahr laufen könnten, den Totalverlust Ihres Kapitals zu erleben, und damit wäre der Weg dann erst einmal beendet, bevor er richtig begonnen hat.

Wichtig ist besonders am Anfang auf die mentale Einstellung zu achten.

Gefahren gibt es sowohl in dem Fall, dass die Bilanz nach unten läuft, als auch wenn sie nach oben läuft: Wenn die Bilanz nach unten läuft und Sie kalte Füße bekommen, und Sie, statt zu sich zu sagen: »Riskiere ich mal den Tausender!«, nun denken: »Hoffentlich verliere ich nicht!« – dann befinden Sie sich im Verlierermodus. Der Nicht-Verlierer ist auch ein Verlierer. Beobachten Sie Ihre Gedanken, und beobachten Sie Ihre Emotionen. Im nächsten Kapitel erfahren Sie, wie Sie sich von negativen Emotionen befreien. Klären Sie die Angst. Mit schlotternden Knien werden Sie den Tausender nicht verdoppeln und mit starr durchgedrückten auch nicht. Bleiben Sie weiter im optimistischen Zustand, riskieren Sie Ihren Einsatz. Sagen Sie: »Gut, der Kurs nimmt Anlauf. Das ist die Anfangsphase, das Geschäft wird sich bald verbessern. Was kann ich noch an meiner Werbung erfolgreicher machen?«

Nicht weniger kritisch ist es, wenn Sie tatsächlich Gewinne verzeichnen und sich der Verdopplung nähern. Dann fängt der Kopf an zu sagen: »Oh, das will jetzt aber nicht wieder verlieren!« Oh, oh, da ist er wieder, der Nicht-Verlierer, der ein Verlierer ist. Oder Sie werden gierig und träumen davon, was Sie mit der Million machen, und erzählen es allen, und eine Seite in Ihnen sagt: »Nun wollen wir aber keine Verluste machen und uns blamieren, Verluste gibt es nicht!« Manchmal ist das der Punkt, wo es tatsächlich besser ist, Gewinne zu realisieren, denn wenn sich diese Stimme erst einmal meldet, ist es schwer ein kühler Gewinner zu bleiben.

Bleiben Sie frisch, bleiben Sie in der Haltung, die Sie zu Beginn hatten. Locker, entspannt: »Ein interessantes Experiment, 1.000 verdoppeln, mal sehen, ob ich das hinkriege«, und dann so weiter.

Ein weiteres Hindernis ist unsere innere Begrenzung im Hinblick auf Zahlen. 1.000 Euro verdoppeln, nun gut, das kann man sich ja vorstellen, das hat man schon mal gesehen. Aber 100.000 Euro haben Sie vielleicht noch nie in der Hand gehabt. Deshalb wollen wir folgende kleine Meditation machen, die Ihnen hilft, Ihren Horizont etwas zu erweitern. Wissen Sie, um wie viel Bill Gates täglich reicher wird? Ist auch egal; es ist eine Summe, die wir in zehn Jahren nicht einnehmen. Er ist in nur 20 Jahren dahingekommen. So weit wollen wir gar nicht, 10 Prozent davon reichen uns.

Die Erweiterung des Geldhorizonts

Mit der folgenden kleinen Meditation möchte ich Sie einladen, die Grenzen Ihrer Programmierung in Bezug auf finanzielle Dimensionen zu erweitern.

Eines der inneren Hindernisse, die Ihnen auf dem Weg zur ersten Million und beim Surfen auf der Welle des geometrischen Universums begegnen könnten, ist in Ihrer inneren Begrenzung in Bezug auf Zahlengrößen begründet. Bevor ich mehr verrate, lesen Sie erst einmal den folgenden Text und führen Sie die darin angegebenen kleinen Visualisationen durch.

Eventuell ist es auch hierbei einfacher, den Text einfach zu hören, so dass Sie ihn sich vielleicht von jemand vorlesen lassen.

Machen Sie also eine kleine Entspannung. Stellen Sie sich vor, Sie stehen an einem sehr angenehmen Ort, Ihrem Lieblingsort vielleicht. Ich weiß nicht, ob dieser an der See oder in den Bergen ist, ob Sie auf einer Wiese stehen oder auf einem Sandstrand. Ich kann mir aber vorstellen, dass es dort sehr angenehm ist, denn es ist ja Ihr Lieblingsort. Und Sie sehen dort einen Weg, dem Sie nun folgen. Und während Sie dem Weg folgen, genießen Sie die schöne Natur.

Der Weg führt schließlich an ein Haus, eine Art Zauberhaus. Es ist altertümlich gebaut und scheint sehr groß zu sein. Es ist ein wenig unheimlich und doch auch gemütlich einladend. Sie nehmen also Ihren Mut zusammen und klopfen an der Eingangstür. Keine Antwort. Sie drücken die Klinke herunter, und siehe da, die Tür öffnet sich. Sie betreten das Zauberhaus. Sie finden sich wieder in einem größeren Raum, von dem zwölf Türen abgehen. Auf den Türen sind Schilder zu lesen mit Zahlen drauf.

Sie schauen sich die erste Tür näher an: Das Schild auf der Tür zeigt eine 500. Es ist die Tür zu dem Raum, in dem Sie wahrnehmen, wie Ihr Leben wäre, wenn Sie 500 DM im Monat an Einnahmen hätten. Mal schauen. Sie gehen also hinein und lassen sich überraschen von dem 500-DM-Leben. Nehmen Sie sich ungefähr eine Minute Zeit, um wahrzunehmen, wie Ihr Leben mit 500 DM im Monat wäre. Das ist natürlich nicht so attraktiv, und Sie gehen wieder in den großen Eingangsraum zurück.

Probieren Sie doch mal die nächste Tür, auf dem Schild steht: 5.000. Das ist doch schon besser. Sie betreten den Raum und erleben Ihr Leben mit 5.000 DM im Monat. Nehmen Sie sich Ihre Zeit in diesem Raum, vielleicht kennen Sie das ja: 5.000 DM im Monat.

Wieder zurück in der Halle sind Sie mutiger geworden und gehen durch die nächste Tür, die Tür mit der Aufschrift:

10.000. Ein Leben mit diesem Monatseinkommen offenbart sich Ihnen hier. Wie ist es so, mit immerhin 10.000 DM netto?

Der nächste Raum ist der 25.000-DM-Raum. Auch interessant, oder? Was könnten Sie nicht alles anfangen mit einem monatlichen Einkommen von 25.000 DM? Wie würden Sie dann leben?

Sie verlassen auch diesen Raum wieder nach etwa einer Minute und betreten den nächsten. Auf dem Türschild steht: 50.000. Das Leben in dieser Dimension zeigt sich Ihnen in diesem Raum. Genießen Sie ruhig für ein paar Minuten diese Zeit im Raum mit 50.000 DM.

Und weiter geht die Reise: 100.000 DM sind angesagt. Erfahren Sie sich und Ihre Welt mit 100.000 DM im Monat, und die brauchen Sie ja schon, wenn Sie im Jahr eine Million Gesamteinnahme haben wollen. 100.000, wie ist das?

Wir wollen aber nicht Halt machen, bevor Sie es nicht ausprobiert haben, wie die Früchte bei 250.000 DM im Monat schmecken. Gehen Sie also in den nächsten Raum. Welches Leben wartet dort auf Sie?

Und dann: Wie ist es bei 500.000 DM im Monat, einer halben Million? Wo sind Sie, was machen Sie, mit wem sind Sie?

Und dann schmecken und riechen Sie 1.000.000 DM im Monat, jeden Monat. Wie ist Ihr Leben dann. Aufregend? Entspannt?

Lassen Sie uns auch hier nicht verweilen, sondern noch einen weiteren Raum erkunden: 5.000.000 DM! Was erfahren Sie in diesem Raum? Wie ist es als Multimillionär?

Dann kommen Sie an eine Tür mit einem leeren Schild. Doch es ist ein magisches Schild. Auf diesem erscheint die

Zahl mit der Summe, die für Sie im Monat die sympathischste, die angemessene ist, die Summe, mit der Sie sich momentan am wohlsten fühlen. Lassen Sie diese Zahl jetzt erscheinen, und vielleicht können Sie diese noch ein wenig steigern. Und dann betreten Sie diesen Raum. Das ist der Raum, in dem Ihr Leben so ist, wie es für Sie am besten ist. Das heißt nicht, dass es nicht zu steigern wäre. Der Ausgangspunkt für Steigerungen ist, dass man zu Hause ist.

Kehren Sie wieder zurück in die Eingangshalle. Nehmen Sie noch einmal wahr, bei welcher Summe des Monatseinkommens Sie sich im Moment am entspanntesten fühlen und wie es wäre, richtig viel zu verdienen, um dann das Zauberhaus wieder zu verlassen. Sie können ja jederzeit wieder hierher kommen. Sie gehen den Weg zurück zu Ihrem Lieblingsort und kommen mit Ihrem Bewusstsein wieder hierher in das Hier und Jetzt zurück.

Und vielleicht stellen Sie fest, dass Sie Ihren Horizont in Bezug auf Zahlen, die Ihr Einkommen symbolisieren, erweitern konnten.

Wie finde ich den Weg?

Verdoppeln, schön und gut. Und wie konkret?

Sie haben also 1.000 DM erarbeitet und angespart. Diese wollen Sie erst einmal verdoppeln.

Sie kaufen davon nicht einen neuen Anzug, um sich für eine bessere Stelle zu bewerben. Und Sie kaufen auch nicht das neueste, schon wieder im Preis gefallene elektronische Spielzeug oder die aktuelle Software. Sie suchen Möglichkeiten, diesen Tausender zu verdoppeln. Sie starten ein Business.

Sie kaufen etwas und verkaufen es für das Doppelte des Einkaufspreises inklusive der Fahrtkosten und der investierten Zeit. Ja, berechnen Sie sich einen Stundenlohn.

Welche Möglichkeiten gäbe es?

Anzeigen für Beratungsdienste schalten und auf Klienten warten?

Das wäre eine Möglichkeit für den Anfang. Ich wollte indes auch von vornherein im Auge behalten, wie das Geschäft so groß werden könnte, dass es eine Verdopplung von einer halben auf eine ganze Million zuließe. In diesem Fall müsste ich dann Berater ausbilden und mein Prinzip dadurch vervielfachen, dass ich es als Franchise-Projekt weitergeben würde, was sich im Fall der Beratung eher als schwierig erweisen könnte.

Ich könnte einen Computer kaufen und einen Schreibdienst anbieten. Die Wachstumschancen wären eventuell begrenzt. Ich könnte im Internet etwas anbieten. Was könnte das sein?

Ich könnte ein Fensterreinigungs-Equipment kaufen. Ich kenne Leute, die damit Millionäre geworden sind, Fenster zu reinigen.

Ich könnte auf dem Flohmarkt oder dem Wochenmarkt etwas verkaufen, was ich billiger eingekauft habe. Flohmärkte sind wunderbar. Die Besucher wollen meist irgendetwas kaufen für wenig Geld. Es geht weniger um die Ware als darum ein, zwei DM für etwas ausgegeben zu haben. Man konnte kostenlose Ware, die auf den Dachböden oder im Sperrmüll zu finden war, für eine DM verkaufen und so aus nichts eine Summe machen. Den Schritt in die höheren Dimensionen sah ich hier allerdings auch nur eher schwer realisierbar.

Die erfolgreichste Geschäftsidee der letzten Jahre waren virtuelle Flohmärkte und Auktionshäuser. Im Internet findet man auch für die kleinen Ideen den Rahmen, der sie zu Millionenideen anwachsen lassen kann. Das allgemeine Prinzip ist also, zu investieren und das Doppelte des eingesetzten Kapitals herauszubekommen.

Sie meinen, das geht nicht so einfach? Sonst würde es ja jeder machen? Monatliche Gewinnspannen von einhundert Prozent gibt es durchaus.

Ich habe einmal auf dem Wochenmarkt mehr schlecht als

recht in Bali gefertigte Sommerkleider verkauft. Am benachbarten Stand verkaufte einer Topfpflanzen. Wie er mir am Nachmittag während des Abbaus erzählte, waren die Pflanzen für eine Mark das Stück in Gewächshäusern des Umlands gekauft. Auf dem Wochenmarkt verkaufte er sie fünf Mark und hatte 200 verkauft. Er besuchte fünf Märkte in der Woche, verkaufte also 1.000 Töpfe in der Woche für 5.000 Mark, die er für 1.000 DM gekauft hatte. Nach Abzug der Standkosten, Fahrtkosten und Steuern blieben mit Sicherheit 100 Prozent Gewinn. Es kann so einfach sein.

Mir schien der Kapitalmarkt die besten Möglichkeiten zu bieten. Vor allem konnte ich sehen, dass es in größeren Dimensionen eher immer leichter werden würde, die Paroli-Strategie durchzuführen. Aber kann man mit 1.000 DM schon etwas an den Kapitalmärkten werden? Eher nicht. Daher begann ich mir Gedanken über einen Pool zu machen. Das heißt, ich sprach Freunde an, ob sie auch bereit wären, 1.000 DM zu investieren. So kamen tatsächlich 50.000 DM zusammen, mit denen ich begann, an den Futures-Märkten, die ich ja mittlerweile gut einschätzen konnte, zu handeln.

Ich benutzte dafür natürlich die Ressourcen, die ich in der angeblichen Börsenfirma zur Verfügung hatte: Telefon, Börsenkurse per Direktleitung, Informationssystem, Brokerverbindung. Der Chef der Firma ließ mich gewähren, und bald hatten meine Kollegen davon Wind bekommen, dass ich Erfolg hatte und tatsächlich Geld vermehrte, und noch einige mehr beteiligten sich an dem Pool. Mit folgendem Brief hatte ich für meinen Pool geworben, der das Paroli-Prinzip noch einmal verdeutlicht:

Einladung zur Geldvermehrung

Wie aus 5.000 DM eine Million wird …

»Lieber X,

mit diesem Brief möchte ich dich einladen, Mitgesellschafter einer kleinen Gesellschaft zu werden, deren alleiniger Geschäftszweck darin besteht, aus deinem Anteil von 5.000 DM durch den von mir fachmännisch durchgeführten Handel mit Futures-Kontrakten an den Finanz- und Rohstoff-Börsen in einem begrenzten Zeitraum ein Vermögen von über einer Million DM wachsen zu lassen.

›Wie soll das gehen?‹, wirst du dich und mich fragen.

Nun, eigentlich ganz einfach. Ich bin ja mittlerweile Börsenhändler und habe einige Fachkenntnisse erworben. Ich bin zu der Erkenntnis gekommen, dass es für mich machbar ist, an jedem Börsentag zum Beispiel die relativ kleine Spanne von zehn Indexpunkten Gewinn im DAX zu erzielen. Zehn Indexpunkte entsprechen 250 € oder ca. 500 DM.

›Da kann ich aber doch nicht mit 5.000 DM handeln!‹, wirst du sagen. Das ist richtig. Auch wenn man an der EUREX nicht den gesamten Kontraktwert von zurzeit ungefähr 5.000 mal 25 € gleich 125.000 € vorweisen muss, braucht man doch ein Konto von mindestens 50.000 DM, um dieses bei einem Broker eröffnen zu können.

Dieses Konto wird nun von der von mir vorgeschlagenen kleinen Gesellschaft, einer privaten GbR errichtet, die aus mindestens zehn Anteilen von je 5.000 DM besteht, so dass also 5.000 DM ein Anteil von zehn Prozent wären und der tägliche durchschnittliche Gewinn pro Anteil somit 50 DM.

Wieso 5.000 DM Anteil? Weil ich selbst 5.000 DM aufbringen kann, unbedingt jetzt ein Konto eröffnen will und daher neun weitere Gesellschafter suche, so dass die nötigen 50.000 DM für eine Kontoeröffnung als gemeinsame GbR (Gesellschaft bürgerlichen Rechts) zusammen sind.

Zurück zur Rechnung: 50 DM am Tag für einen 5.000 DM Anteil, das hieße, die monatliche Rendite läge bei, geht man von 20 Handelstagen aus, 1.000 DM.

Das heißt: **Nach fünf Monaten wäre das eingesetzte Kapitel verdoppelt!**

Wie lange würde es, bei einer fortlaufenden Verdopplung des Kapitals in jeweils fünf Monaten, dauern, bis aus 5.000 mehr als eine Million geworden ist?

Nun: 5.000 nach fünf Monaten, 10.000 nach zehn Monaten, 20.000 nach 15 Monaten, 40.000 nach 20, 80.000 nach 25, 160.000 nach 30, 320.000 nach 35, 640.000 nach 40, über eine Million nach 45 Monaten, und 45 Monate entsprechen drei Jahren und neun Monaten!!!

›Das muss eine Milchmädchen-Rechnung sein!‹, wirst du vielleicht sagen. In nur drei Jahren und neun Monaten aus 5.000 DM über eine Million? Das Geheimnis liegt im Verdoppeln. Der erzielte Gewinn wird pyramidenförmig immer wieder eingesetzt und potenziert so den Gesamtgewinn. Kann man die von mir angewendete tägliche Handelstechnik mit vielen Kontrakten genauso anwenden wie mit einem? Eher wesentlich besser. Die Börse zu bewegen und zu beeinflussen ist mit größerem Konto viel besser möglich als mit kleinem.

Nun wäre es natürlich sehr riskant, immer wieder das gesamte Kapital einzusetzen und nicht zwischenzeitlich schon mal etwas der Gewinne auszuschütten. Daher wird die gesamte Zeitspanne einfach verdoppelt, und es gibt nach jeweils zehn Monaten schon Ausschüttungen: Also nach zehn Monaten 5.000 DM (und damit hast du deinen Anteil zumindest zurück), nach 20 Monaten 10.000 DM, nach 30 Monaten 40.000, nach 40 Monaten 80.000, nach 50 Monaten 160.000, nach 60 Monaten oder fünf Jahren 320.000, nach 70 Monaten 640.000 plus der 640.000, auf die nun dein Anteil angewachsen ist. 70 Monate bedeuten fünf Jahre und zehn Monate. Wenn du einen Weg zur Million kennst, der schneller geht, lass es mich wissen.

Ich weise darauf hin, dass die beiliegende Risikobelehrung von dir beachtet werden sollte. Die Börsengeschäfte sind hoch riskant, und ich kann keine Gewähr dafür geben, dass du nicht deinen gesamten Einsatz von 5.000 DM verlierst. Aber etwas Prickeln soll ja auch dabei sein, oder?

Ich würde mich freuen, dich als Mitgesellschafter in diesen erlauchten Kreis künftiger Börsenmillionäre aufnehmen zu können.

Bitte teile mir mit, ob du die Vertragsunterlagen einsehen möchtest.

Alle Liebe!«

Claus D. Grube

Welche Möglichkeiten bietet der Kapitalmarkt für Sie?

Geld, ursprünglich nur ein Hilfsmittel zum Warenaustausch, ist selbst zu der meistgehandelten Ware geworden. Industriefirmen machen heutzutage mehr Profit durch Kapitalanlage als durch tatsächliche Warenproduktion, was einer der Gründe für die hohe Arbeitslosigkeit in Europa ist. Die Ursache liegt in der Staatsverschuldung und dem Zinseszinseffekt, der die Geldmengen stark anwachsen lässt. Ich bin zwar der Meinung, dass diese Entwicklung bedenklich ist und man sich überlegen sollte, Zinsen auf Zinsen zu untersagen. Wenn man die Zinsen auf Zinsen untersagen würde, könnten erhebliche Steuersenkungen eingeleitet werden und dringend benötigte Produktivkräfte frei werden.

Ist es nicht verrückt: Ich bezahle viel Steuern, damit der Staat seine immensen Schulden bezahlen kann, die er bei mir als Bürger, der in einem gemischten Fonds anlegt, hat. Die Schulden des Staates wachsen durch den Zinseszinseffekt nur schneller, als ich Steuern bezahlen kann oder will, was leider der wichtigsten Ressource Deutschlands schadet: der Bildung und Ausbildung des Nachwuchses.

Solange dieser Mechanismus besteht, ist es für mich legitim, von diesem zu profitieren. Unter anderem versetzt mich das auch in die Lage, auf diesen unseligen Mechanismus hinzuweisen und zu einer produktiveren und gerechteren Wirtschaftsordnung beizutragen. Auch die produzierenden Firmen sind verschuldet, laufen dem Zinseszinseffekt hinterher und sind daher permanent unter Druck. Wenn dieser Druck genommen wäre, würde sicherlich auch der Raubbau an den Ressourcen der Erde vermindert werden können. Kurz: Eine Abschaffung der Zinsen auf Zinsen ist für das Überleben der Menschheit unbedingt notwendig, und solange es die Zinseszinsen noch gibt, nutzen wir sie für unsere Million, um uns in einen Zustand zu bringen, in dem wir auf das Schädliche des Zinseszinseffekts und der Staatsverschuldung hinweisen können.

Welche Möglichkeiten haben Sie also, am Kapitalmarkt Geld zu verdoppeln?

Wollen Sie es aktiv selbst betreiben, oder wollen Sie es einem Fachmann überlassen?

Immer mehr Menschen tätigen ihre Anlagen an den Kapitalmärkten selbst, und es wird immer leichter. Der Informationsvorsprung von Banken und Anlageberatern schwindet täglich, zumal auch diese eher an ihren eigenen Profit denken als an den ihrer Kunden.

In den vergangenen Jahren war es sehr lukrativ, Anteile an Investmentfonds zu erwerben, denn hier arbeiteten Profis daran, Ihr Geld zu vermehren. Es gibt Fonds, die in Aktien, Rentenpapieren, Immobilien oder einem Gemisch von diesen investieren. Es gibt auch Fonds, die in anderen Bereichen des Kapitalmarktes investieren, wie Futures-Fonds.

Die Aktienfonds haben mit dem Aktienboom der letzen Jahre sehr hohe Renditen erwirtschaftet. Haben Sie Geld verdoppelt? Nein, eher nicht. Wenn so ein Fond mehr als zehn Prozent Rendite alljährlich erwirtschaftet, ist er gut. Ich scheue mich, diese zu empfehlen, da ich nicht weiß, ob die Manager von Aktienfonds auch in der Lage sind, an einem Markt zu verdienen, der nach unten läuft. Die Situation einer Aktien-Baisse kennen die heutigen Manager von Aktienfonds nicht, denn der Markt ist seit 20 Jahren mit einigen Einschnitten in einer ununterbrochenen Hausse, was noch nie da gewesen ist. Es könnte sein, dass in den Jahren nach der Jahrtausendwende genau diese Hausse vorbei ist und die Aktienfonds in schweres Wetter geraten. Davon auszugehen, dass es immer so weiter läuft wie in den vergangenen Jahren, halte ich für Augenwischerei und naiv. Die Ostasien-Krise des Jahres 1998 hat schon gezeigt, wie sensibel die Märkte sind. Ich würde jedenfalls wissen wollen, ob ein Aktienfonds-Manager in der Lage ist, an fallenden Aktienkursen Geld zu verdienen, denn das kann man. Ob er das tatsächlich kann, weiß ich aber erst, wenn er es bewiesen hat. Daher ist es eventuell besser, ein wenig zu warten. Für denjenigen, der nicht selbst an den Börsen tätig werden will, sind Aktienfonds sicherlich viel versprechend.

Rentenfonds könnten in den kommenden Jahren angesichts der wachsenden Staatsverschuldung kontinuierlich ihre Rendite erbringen, welche allerdings generell unter zehn Prozent liegt. Die Verdopplung Ihres Geldes dauert da auch eher etwas zu lange. Und es besteht das Risiko, dass Staaten bankrott gehen oder inflationieren.

Kommen wir also zu den etwas riskanteren Sachen am Kapitalmarkt, bei denen allerdings auch eine Verdopplung in absehbarem Zeitraum tatsächlich möglich ist: Dieses sind die Devisen-, Futures- und Optionsmärkte. Da die Devisenmärkte zwar hochinteressant sind, aber für unseren Rahmen hier zu hohen Einsatz verlangen, lassen wir sie außen vor.

Futures und Optionen wurden zur Absicherung geschaffen und eröffnen dem privaten Anleger mehrere Möglichkeiten. Auch hier bietet es sich an, die Anlage einem Profi zu übergeben. In einer Übersicht von in Deutschland angebotenen Futures-Fonds finde ich von 40 Fonds immerhin acht, die im Jahr 1998 mehr als 35 Prozent Rendite erwirtschaftet haben. Wie gesagt, der Informationsvorsprung der Profis schwindet täglich. Ein Anliegen dieses Buches ist es auch, dass Sie sowohl praktisch als auch mental in der Lage sind, selbst an den Börsen tätig zu werden. Denn dahin geht der Trend.

Die präzise Einführung in den Handel würde den Rahmen dieses Buches sprengen, und es erscheint mir sinnvoll, Ihnen anzuraten, Seminare zu besuchen, bei denen Sie anhand praktischer Erfahrung den Handel von zu Hause aus erlernen.

Folgende Möglichkeiten sind mir im Moment bekannt:
- Daytrading in Aktien des Neuen Marktes oder des NASDAQ-Marktes
- Handel mit Aktienoptionen (Warrants)
- Handel mit Futures auf Devisen, Rohstoffen, Aktienindizes

Detaillierte Informationen zum Aktien-Daytrading erfahren Sie im Internet bei: http://www.daytrading-info.de

Detaillierte Informationen zum Handel mit Aktienoptionen: http://www.doubledigit.de

Weitere Informationen für den Handel mit Futures, eigenständig oder in einem verwalteten Fonds, gebe ich Ihnen gerne auf meiner Website: http://www.grube-trainings.com

Handel mit DAX-Futures

Als Beispiel möchte ich Ihnen den gerade zurzeit sehr aktuellen privaten Handel mit DAX-Futures an der EUREX in Frankfurt erklären.

Der DAX ist ein Aktienindex, der die meistgehandelten deutschen Aktien umfasst. DAX-Futures sind Kontrakte, mit denen auf den Verlauf des Index spekuliert werden kann, ohne Aktien tatsächlich erwerben zu wollen. Es ist leicht möglich, sowohl an steigenden wie an fallenden Aktienkursen zu gewinnen, und man braucht sich nicht um einzelne Aktiengesellschaften kümmern.

An der EUREX wird dieser Futures-Markt voll elektronisch gehandelt. Es gibt also keinen Börsenring mehr, sondern eine elektronische Plattform, in der jede Handlung sekundenschnell abgewickelt wird. Der große Vorteil besteht darin, dass jeder Teilnehmer direkten Zugang zum Markt hat und nicht befürchten muss, von irgendeinem Börsianer »über den Löffel barbiert« zu werden.

Mittlerweile gibt es sogar mehrere Programme, mit denen der Privatanleger von zu Hause aus direkten Zugriff auf die Eurex-Börse nehmen kann. Das heißt: Alles, was Sie brauchen, ist die Handelssoftware, ein Anschluss an die Datenübertragung der Börse per Modem und gegebenenfalls ein Analyse-Programm. Außerdem müssen Sie ein Konto bei einem Mitglied der Böse haben, das Ihr Konto verwaltet und für Sie bei der Börse bürgt. Es wird dafür in der Regel verlangt, dass Sie Ihr Konto mit einer Mindesteinlage von 50.000 DM eröffnen.

Die Zahl der Heim-Börsianer in Deutschland ist rapide gestiegen. Trading-Zentren, in denen sich Menschen Plätze buchen können, schießen wöchentlich in ganz Deutschland aus dem Boden. Dort stehen die benötigten Programme und Verbindungen zur Verfügung, und für einen Bruchteil der Miete in den Trading-Zentren kann man sich auch zu Hause sein eigenes »Trading-Zentrum« einrichten.

Kann man an der Eurex Geld verdoppeln? Ja, man kann es sehr gut, und man kann es aber auch verlieren.

Die »Zielbahnung« auf der Zeitlinie

Es gibt viele Möglichkeiten, eine bestimmte Summe zu verdoppeln und so oft zu verdoppeln, bis aus dieser Summe eine Million geworden ist. Welchen Weg wollen Sie nehmen?

Die Entscheidung ist manchmal gar nicht so einfach. Wenn man doch nur aus der Zukunft zurückblicken könnte! Dann könnte man von dem Punkt in der Zukunft aus sehen oder fühlen, welches der richtige Weg gewesen wäre.

Wir können ja mal so tun, als ob ...

Übung 10:

Zielbahnung auf der Zeitlinie

1. Markieren Sie eine Linie auf dem Boden.
2. Bestimmen Sie Vergangenheit, Gegenwart, Zukunft und einen Beobachterplatz außerhalb der Linie.
3. Stellen Sie sich in den Punkt auf der Linie, der den Zeitpunkt »Ziel erreicht« markiert.
4. Gehen Sie ganz in die Haltung und die Wahrnehmung »Ziel erreicht: Millionär«.
5. Wie sind Sie dahin gekommen?
6. Welche Unternehmung hat Sie an dieses Ziel gebracht?
7. Gehen Sie in die Beobachterpostion, um Notizen zu machen!
8. Gehen Sie von dem Punkt »Gegenwart« zum erreichten Ziel. Was ist auf dem Weg zu beachten?

Sie können diese Zeitlinie immer wieder auslegen, um sich Informationen zu holen. Außerdem bilden Sie so in Ihrem

Unterbewusstsein »Erinnerungen an die Zukunft«. Das Erinnerte ist für unser Unterbewusstsein real. Deshalb ist es gut zu sagen: »Und dann habe ich angefangen, Mondsteine zu importieren, und bei jedem Mal konnte ich mehr verkaufen und meinen Gewinn wieder investieren, so dass ich schließlich Millionär war.«

Haben Sie nun eine Idee, auf welchem Weg Sie 1.000 DM verdoppeln können? Sie können auch mehrere Wege auf der Zeitlinie überprüfen.

Wann beginnen Sie den Schritt in das geometrische Universum der Verdopplungen?

Jetzt oder sofort?

6. KAPITEL
Der Tempel des Finanz-Zen

Emotionaler Haushalt und Unterbewusstsein – Das emotionale Gleichgewicht – Atisha und die Herz-Meditation – Der Kreis der Macht – Die Reinigung des Tempels – Emotionales Intelligenztraining – Befreiung von negativen Emotionen – Innerlich und äußerlich reich – Mein weiterer Aufstieg

Emotionaler Haushalt und Unterbewusstsein

Warum ist unser Leben so, wie es ist? Warum geschehen uns immer wieder Dinge, die wir gar nicht wollen? Unglücke, Krankheiten, finanzielle Verluste: Wozu soll das gut sein?

Ebenso wie im Zen, im NLP oder in der modernen Physik gehen wir sogar davon aus, dass wir die Schöpfer unserer eigenen Welt sind und nicht nur ein Teil von ihr. Wir sind keine Opfer, und wenn, dann nur Opfer unserer eigenen Welt, die wir ändern können. Mit unserem wachem Bewusstsein würden wir für uns doch nichts als Wohlstand, Glück und Freiheit erschaffen!

Wir erschaffen die Welt ja auch nicht mit unserem Wachbewusstsein, sondern mit dem Unterbewusstsein, und das ist wesentlich mächtiger. Was will mein Unterbewusstsein? Will es Widrigkeiten? Warum sollte es das wollen?

Für unser Unterbewusstsein ist es das Wichtigste, das Körper-Geist-System, in dem wir leben, bei bester Gesundheit und maximaler Kraft zu erhalten. Überleben ist das oberste Gebot.

Unterbewusstsein? Was ist das überhaupt? Unser Unterbewusstsein ist der denkende Teil unseres Körpers, dessen wir uns im Moment nicht bewusst sind. Da potenziell jede Zelle unseres Körpers selbständig denken kann und alle Zellen unseres Körpers miteinander verbunden sind, ist das Potenzial unseres Körper-Geist-Bewusstseins ungeheuer groß.

In unserem Gehirn, der Schaltzentrale dieses Körper-Geistes, denken wir in so genannten neuronalen Verbindungen. Die Zahl der möglichen neuronalen Verbindungen ist eine ungeheuer große Zahl, eine Zehn mit 110 Nullen dahinter. Die Zahl der Informationseinheiten, die dieses neuronale System gleichzeitig verarbeiten kann und verarbeitet, liegt bei einer Million: Verdauung, Stoffwechsel, Immunabwehr, Sinneswahrnehmung und Verarbeitung der Wahrnehmungen, Bewegungen, alles wird fortwährend unterbewusst gesteuert.

Unser Wachbewusstsein hingegen, das ist also der Teil des Körper-Geist-Systems, dessen wir uns im Moment gewahr sind, kann nur sieben plus/minus zwei Informationseinheiten, also fünf bis neun, parallel verarbeiten. Das Wachbewusstsein ist damit wesentlich begrenzter als das Unterbewusstsein und besitzt natürlich gewisse präzise Fähigkeiten, die wir für unsere Beurteilung und Entscheidung im Moment benötigen. Und Sie werden weiter berechtigt bohrend fragen: Wenn das Unterbewusstsein so mächtig ist, wieso gibt es dann Unglück, Krankheit, Verlust?

Das emotionale Gleichgewicht

Antwort: Sie sind das Ergebnis eines unterbewussten Mechanismus in uns und in unserer Welt zur Wahrung unseres emotionalen Gleichgewichts. Diesen Mechanismus zu verstehen ist sehr wichtig. Das Verständnis der Abläufe in unserem emotionalen Haushalt erleichtert uns das Leben erheblich und schützt uns vor unnötigen Niederlagen.

Der Ablauf ist vereinfacht so:

Normalerweise werden die emotionalen Energien, die von einem Ereignis ausgelöst werden, nach Beendigung dieses Ereignisses von uns verdaut und eventuell ausgedrückt und »ausgeschieden«. Es kann aber Ereignisse geben, deren emotionale Energie im Volumen so groß ist, dass wir diese Energie nicht vollständig verdauen können. Besonders im Kindesalter kommt dies vor. Und manchmal sind es übrigens auch kleine Vorfälle, die wir nicht verstehen und falsch interpretieren, was dazu führt, dass die emotionale Energie nicht vollständig abgebaut wird.

Um das geordnete Weiterleben zu sichern, unterdrückt unser Unterbewusstsein dann diese emotionale Energie, meistens Wut, Angst oder Schmerz, und unterdrückt auch die Erinnerungen an das Ereignis, so dass das Gesamtsystem einigermaßen weiterfunktionieren kann. Diese emotionale Energie bleibt aber gebunden und fehlt damit unserem Energiesystem. Und diese alte Energie kann schal werden und das System vergiften.

Unser Unterbewusstsein möchte daher dafür sorgen, dass wir auf kurz oder lang diese emotionalen Energie wieder entsorgen können. Den Weg, den es dafür wählt, ist folgender: Wir erschaffen unterbewusst Ereignisse, in denen genau die unterdrückte emotionale Energie hervorgerufen wird. Das sind natürlich unangenehme Ereignisse, da die Emotionen ja eher negative Emotionen sind.

Dabei hoffen wir unterbewusst, dass mit diesem Ereignis sowohl die aktuelle als auch die alte emotionale Energie verdaut und ausgeschieden werden kann. Das funktioniert auch, aber nicht immer. So entstehen Muster von Ereignissen, die immer wieder die gleiche emotionale Energie auslösen, und wir fragen uns: »Wieso passiert das immer mir?«

In diesem Kapitel wollen wir also einen Weg kennen lernen, die alten emotionalen Energien zu entspannen, so dass unser »Tempel« gereinigt und sauber sein kann. Denn nur der von alter Wut, Angst und Trauer gereinigte Tempel kann all den Reichtum aufnehmen, der für uns bereitsteht.

Dieses Körper-Geist-System, in dem wir leben, ist unser Tempel, in dem wir das Leben verbringen, so dass wir Erfahrungen sammeln können. Es ist wichtig, dass wir diesen Tempel in guter Verfassung halten. Das beginnt mit der Dusche am Morgen. Und besonders gehört dazu die innere Reinigung von alten emotionalen Energien.

Denn wir wissen es alle: Aufgestaute alte Wut, alte Angst oder alter Schmerz können sehr krank machen. Stress und Depressionen sind Ergebnisse von unverdauten emotionalen Energien. Deshalb möchte ich Sie einladen, mit der folgenden Meditation sich von den alten Emotionen zu lösen.

Sicherlich kennen Sie das: Eine bestimmter Erinnerung löst ein bestimmtes Gefühl aus. Immer wenn Sie an dies oder an das denken, werden Sie wütend. Oder es kommt eine Angst hoch, wenn Sie sich an dieses bestimmte Ereignis erinnern. Und es könnten Ihnen die Tränen kommen, sobald man Sie an dieses erinnert.

Welche Emotion kennen Sie besonders, die Ihnen immer wieder hochkommt? Wut? Angst? Trauer? Schmerz? Abscheu? Schuld? Scham? Verlangen?

Atisha und die Herz-Meditation

Die Meditation zur Reinigung alter Emotion beruht auf der Herz-Meditation des buddhistischen Weisen Atisha.

Atisha war ein indischer Mönch, der erst in den Himalaja ging, um erleuchtet zu werden. Später lebte er in Tibet, wo er ein sehr verehrter und erleuchteter Meister wurde. Das war vor ungefähr 1.000 Jahren. Er ist auch bekannt als »Der dreifach Große«, denn er war der Schüler von drei Meistern und konnte drei unterschiedliche Ansätze zu einem größeren Ganzen vereinen.

Atishas Herz-Meditation ist für mich eine der großartigsten Übungen, die ich je kennen gelernt habe. Ich habe die Urversion in die folgende Übung zur Reinigung und Transformation alter Emotionen variiert.

Das Hauptorgan, mit dem diese Meditation durchgeführt wird, ist das Herz. Es geht hier aber nicht um das organische Herz, welches den Blutkreislauf in Gang erhält, sondern vielmehr um das energetische Zentrum in der Mitte der Brust, welches auch als Herz-Chakra bekannt ist.

Das Konzept der Chakras beschreibt energetische Zentren im Körper. Neben dem für uns sichtbaren und fühlbaren materiellen Körper gibt es auch nichtmaterielle energetische Körper in uns und um uns herum. Diese sind verbunden mit den Chakren. Besonders beachtet werden dabei sieben Hauptchakren. Das für uns hier wichtige ist das mittlere dieser sieben Hauptchakren, nämlich das Herz-Chakra in der Mitte der Brust. Das Herz-Chakra ist in der Lage, negative Energien und Emotionen zu transformieren.

Je stärker das Herz ist, desto besser wird diese Meditation und die Transformation der alten Emotion gelingen. Deshalb möchten wir mit einer Stärkung des Herz-Chakras beginnen:

Der Laut, der das Herz am besten belebt und öffnet, ist das »A«. Die Farbe »Grün« ist dem Herz zugeordnet. Sie mögen ruhig eine Hand oder beide auf Ihr Herz legen und ein paar »Aaaa« summen oder singen, während sie sich innerlich ein schönes, sattes Grün vorstellen. Dann mögen Sie sich an Zeiten erinnern, wo Sie die Kräfte des Herzens, die höheren Emotionen, erfahren und eingesetzt haben: Dankbarkeit, Vergebung, Großzügigkeit, Demut, Verwunderung, Verzauberung, Mitgefühl, Liebe. Bestimmt gab es Situationen in Ihrem Leben, wo das Herz ganz offen war. Das Herz floss Ihnen über. Vielleicht weil ein Kind Ihr Herz berührte oder ein Tier oder auch ein Film.

Vielleicht gab es ein Ereignis – wie ein Sonnenuntergang oder eine stille Wiese – welches Ihr Herz öffnete, so dass Sie vor Staunen und Andacht still und verwundert dastanden.

Übung 11:

Stärkung des Herz-Chakras

1. Atmen Sie in Ihr Herz-Chakra in der Mitte der Brust.
2. Visualisieren Sie die Farbe Grün und angenehme Erinnerungen.
3. Summen Sie den Ton »A« in Ihr Herz-Chakra.
4. Erinnern Sie sich an die guten Gefühle von Dankbarkeit, Mitgefühl, Liebe, Vergebung, Großzügigkeit, Wundern, Demut.

Den weiteren Verlauf der Atisha-Meditation beschreibe ich im übernächsten Abschnitt.

Der Kreis der Macht

Bevor wir die Übung zur emotionalen Befreiung durchführen, möchte ich Ihnen noch eine weitere Unterstützung geben: den Kreis der Macht. Statt Macht können Sie jedes andere für Sie positive Wort einsetzen: Kreis des Glücks, Kreis des Reichtums, Kreis der Liebe, was Sie wollen. Diese Übung kommt aus dem englischsprachigen NLP und heißt dort »Circle of Excellence«.

Diesen Kreis können Sie jederzeit und überall zu Ihrer Unterstützung aufbauen. Sie werden überrascht sein, wie hilfreich er sein kann.

Ich möchte Ihnen besonders anraten, diesen Kreis vor der Atisha-Meditation zu ziehen, so dass Sie, wenn Sie mit der Stärkung des Herz-Chakras anfangen, in einem sehr guten und sehr kräftigen Zustand sind.

Übung 12:

Der Kreis der Macht

1. Stellen Sie sich auf dem Boden vor Ihnen einen Kreis vor.
2. Wählen Sie eine Situation, in der Sie machtvoll, glücklich, erfolgreich waren.
3. Treten Sie für eine Minute in den Kreis, um sich an die Begebenheit zu erinnern, und nehmen Sie eine diesem Ereignis entsprechende Körperhaltung ein.
4. Verlassen Sie den Kreis, und denken Sie an etwas anderes.
5. Betreten Sie wieder den Kreis, um festzustellen, dass Sie das In-den-Kreis-Treten in die Erinnerung und in die Haltung des im Kreis geladenen Ereignisses bringt.

Ist die Erinnerung wieder zurückgekommen? Wollen Sie dieses Gefühl noch verstärken? Laden Sie noch mindestens zwei weitere Ereignisse in den Kreis, so dass sich insgesamt drei Erlebnisse vermischen und verstärken können.

Für Ihren Meditationsplatz, auf dem Sie Ihre tägliche Atisha-Meditation durchführen, können Sie sich diesen Kreis fest installieren. Es ist gut, wenn Sie oder andere Personen nicht unbedacht hindurchlaufen, wenn es also ein spezieller Platz ist. Umso stärker wird er nach und nach aufgeladen. Andere Personen werden diese Aufladung auch spüren.

Derartige Kreise können Sie auch um Ihren Arbeitsplatz, Ihren Bettplatz, wo immer Sie ihn haben wollen, aufbauen. Nicht benutzt, verblassen die Kreise wieder.

Die Reinigung des Tempels

Welcher Tempel ist wohl gemeint? Eine Kirche, eine Kathedrale, eine Moschee? Ich denke an das geniale Bauwerk der Natur: unseren Körper, in dem wir unser Leben verbringen. Wir wollen diesen Tempel von alten Emotionen befreien.

Übung 13:

Die Atisha-Meditation zur emotionalen Reinigung

1. Setzen Sie sich vor einen Spiegel.
2. Ziehen Sie einen Kreis der Macht um Ihren Sitzplatz.
3. Schauen Sie sich in dem Spiegel in die Augen.
4. Machen Sie eine kurze Stärkung des Herz-Chakras.
5. Atmen Sie mit der Vorstellung, eine negative Emotion (z. B. Wut) des Menschen vor Ihnen im Spiegel aufzunehmen, ein.
6. Atmen Sie Mitgefühl und positive Emotionen für den Menschen im Spiegel vor Ihnen aus.

Der Mensch auf dieser Welt, dem die meiste Liebe von Ihnen zusteht, der Ihre Liebe am nötigsten braucht, ist der Mensch, den Sie dort im Spiegel vor sich sehen. Schauen Sie sich entspannt und freundlich in die Augen.

Wenn Sie ausatmen, atmen Sie positive Gefühle von Dankbarkeit, Vergebung und Mitgefühl aus und senden diese mit dem austretenden Atem an den Menschen im Spiegelbild, nämlich an Sie selbst. Nehmen Sie alle alten, dunklen Emotionen auf. Lassen Sie es zu, dass diese umgewandelt werden können in positive Energie, die Sie ausatmen und in die Welt senden.

Einige von Ihnen werden Einwände haben und sagen:

»Ich brauche aber auch Wut, und ich brauche Angst!« Beruhigen Sie sich: Sie werden weiterhin fähig bleiben, in angemessenen Situationen wütend zu sein oder davonzulaufen. Denn in uns ist der Flucht-oder-Kampf-Reflex enthalten, der unserem System die notwendige emotionale Energie bereitstellt, wenn eine Situation dies erfordert. Die alten Ängste und Aggressionen könnten Sie eher daran hindern, angemessen zu reagieren.

Sie brauchen auch keine Bedenken zu haben, negative Emotionen einzuatmen. Ihr Herz ist stark genug, alles zu verdauen, und wird durch jede »Mahlzeit« stärker. Darin liegt genau die Genialität von Atishas Herz-Meditation. Sie geben dem Negativen seine Göttlichkeit zurück und überwinden die Ablehnung.

Vor allem aber erschaffen die alten Emotionen Ereignisse, die Sie wütend oder ängstlich machen, weil nämlich diese Emotionen in uns sind und wir uns unterbewusst so von diesen alten Emotionen befreien wollen. Das könnte auf unserem Weg zur Million fatal sein. Wenn wir an der Börse Situationen suchen, die uns wütend machen können oder uns Angst einjagen, sind wir an einem Ort, wo unser Unterbewusstsein aufjubelt. Es wird sagen: »Hier kann ich all die alte Wut und Angst und den alten Schmerz aktivieren.«

Das führt dann allerdings dazu, dass die Börse oder jedes andere Geschäft uns fortwährend zur Flucht oder zum Kampf animiert. Können Sie sich vorstellen, dass der, der von alten Gefühlen frei, entspannt und distanziert in sich ruht, der erfolgreichste Händler an der Börse ist? Das gilt nicht nur an der Börse.

Emotionales Intelligenztraining

Der Bestseller »EQ – Emotionale Intelligenz« des amerikanischen Professors Goleman hat gezeigt, dass eine gute Führungskraft weniger ein »Intelligenzbolzen« im herkömmlichen Sinn zu sein hat, sondern die Fähigkeiten der Emotionalen Intelligenz braucht. Nach Goleman wären diese Fähigkeiten besonders:

- Selbstreflexion
- Selbstkontrolle
- Motivation
- Empathie
- Soziale Kompetenz

Alle diese haben eher wenig mit Emotionen zu tun, und Golemans Aussagen sind sehr unpräzise, aber die von ihm angegebenen Fähigkeiten sind doch auch essenzielle Ressourcen, die Sie in diesem Buch unter anderem Namen erwerben. Denn die Fähigkeiten der emotionalen Intelligenz sind trainierbar, sie sind keine angeborenen Talente, die man »automatisch« mehr oder weniger besitzt.

Selbstreflexion ist die Fähigkeit, zu sich selbst in eine Meta-Position zu gehen, wie wir es hier fortwährend lernen. Die Grundfähigkeit der achtsamen Selbstbeobachtung, mit der ich mich urteilsfrei beobachten und optimieren kann.

Selbstkontrolle heißt im NLP: »in Up-time gehen« und ist ähnlich der vorherigen die Fähigkeit, sich zu dissoziieren und in eine Meta-Position zu gehen. Das kann in Situationen, in denen starke Emotionen ausgelöst werden, sehr hilfreich sein, denn nicht immer ist es angesagt, emotional zu werden.

Motivation. Hat Motivation etwas mit Emotionen zu tun? Ja, aber indirekt. Motivation hat mit Werten und der Ausrichtung der inneren Werte zu tun. Dazu zählt auch die Ausrichtung mit der Lebensaufgabe aus Kapitel 3. Die Werte behandeln wir in Kapitel 13 ausführlich.

Empathie ist die Fähigkeit, sich in andere hineinzuversetzen. Diese Fähigkeit heißt korrekt: »in-die-zweite-Position-gehen-Können«, die erste Position ist unsere eigene, die dritte wäre eine neutrale, die beide umfasst, eine Meta-Position. Wir können uns gut in andere Personen hineinversetzen, wenn diese keine negativen Emotionen auslösen, weil sie uns zum Beispiel an Personen unserer Vergangenheit erinnern. Daher ist für die Empathie die in diesem Kapitel beschriebene Reinigung der Emotionen ideal.

Soziale Kompetenz ist mittlerweile die am meisten genannte Fähigkeit. Führungskräfte brauchen »soziale Kompetenz«. Sie müssen sympathisch sein. Wie werden Sie das? Indem Sie sich von negativen, unterdrückten oder verdrängten Emotionen befreien, wie wir es hier gleich durchführen. Sympathisch und charismatisch ist der Mensch, dessen Taten von Herzen kommen.

Der emotional intelligente Mensch ist sympathischer – deshalb folgen ihm die anderen lieber. Personalchefs stellen eher emotional intelligente Bewerber ein, und Vorstandsvorsitzende werden entlassen, weil sie nicht genug emotionale Intelligenz besitzen.

Das alles ist in meinen Augen sehr aufschlussreich und sehr bedenklich. Emotionale Intelligenz kann man doch lernen! Es gibt verschiedene Arten der Intelligenz: Es gibt eine praktische Intelligenz, die gute Skulpturen erschaffen oder einen Kuchen backen kann. Es gibt die analytische Intelligenz, die gut herausfinden kann, wo die Wurzel eines Problems liegt. Und es gibt die kreative Intelligenz, die neue, noch nicht begangene Wege findet.

Praktisch, analytisch, kreativ sind Attribute, die unsere Intelligenz haben kann, und für jede dieser Arten von Intelligenz gibt es Jobs und Spitzenpositionen. Auch diese sind erlernbar und doch auch zum großen Teil in der Grundstruktur angelegt.

Emotionale Intelligenz ist dagegen nichts Besonderes, sie ist uns angeboren und eventuell aberzogen worden. Mit Techniken wie der Atisha-Meditation können Sie die emotionale Intelligenz leicht erwerben. Denn das, was Menschen daran hindert, emotional intelligent zu sein, sind alte, unverdaute Emotionen, wie eben Wut, Angst, Schuld.

Das ist also ein Teil des emotionalen Intelligenztrainings: Befreien Sie sich von den alten Emotionen.

Befreiung von negativen Emotionen

Noch einmal die Meditation des Atisha zur Befreiung von negativen Emotionen im Detail:

Wir führen also die Atisha-Meditation jetzt mit Wut, Angst und Trauer durch, in späteren Kapiteln werden Sie auch Schuld und Gier aus Ihrem System herauswaschen. Sie haben einen Platz mit einem großen Spiegel, an dem Sie bequem für eine Zeit ungestört sitzen können.

Diesen Platz laden Sie mit einem »Kreis der Macht« auf.

Sie beginnen, sich selbst im Spiegel zu sehen, und nehmen Ihren Atem wahr.

Sie stärken Ihr Herz-Chakra durch »Aaa«, Grün, Gedanken an Mitgefühl, Herz bewegende Situationen, Liebe, Vergebung, Dankbarkeit, Großzügigkeit.

Sie wählen eine Emotion aus, die Sie transformieren möchten, zum Beispiel Wut.

Wie nehmen Sie Wut wahr, wie fühlt es sich in Ihrem Körper an, wenn Sie wütend sind? Welche Erinnerungen lösen Wut in Ihnen aus? Nehmen Sie eine Erinnerung aus der jüngeren Vergangenheit als Referenz, so dass Sie nach der Meditation wissen, dass sich etwas verändert hat.

Nehmen Sie mit dem Einatem Wut auf, atmen Sie diese in Ihr Herz. Beim Ausatmen strömt Mitgefühl, Liebe, Dankbarkeit dem Spiegelbild und der Welt zu.

Führen Sie diese Meditation so lange durch, wie es sich angenehm anfühlt. Beginnen Sie mit fünf Minuten, und steigern Sie es allmählich auf eine halbe Stunde. Machen Sie die Meditation mindestens einen Monat lang jeden Tag. Führen

Sie die Meditation in der ersten Woche mit »Wut« durch, in der zweiten mit »Angst«, in der dritten mit »Trauer« oder »Traurigkeit« und in der vierten mit irgendeiner anderen Eigenschaft, die Ihnen am Herzen liegt. Oder: Wenn Sie im Buch so weit sind, mit »Schuld« oder »Gier«. Sollten Sie Probleme mit den extremeren Varianten von Wut, Angst, Trauer haben: Hass, Rache, Panik, Verzweiflung – machen Sie die Übung auch mit diesen Attributen.

Erinnern Sie sich an das Referenzereignis, und stellen Sie fest, dass die mit der Erinnerung verbundene Emotion entladen oder verändert ist.

Legen Sie zum Abschluss der Meditation Ihre Stirn auf den Boden, das gleicht eventuelle energetische Ungleichgewichte oder Überladungen aus. Auch eine Dusche kann helfen und harmonisieren.

Bedanken Sie sich bei sich selbst.

Stellen Sie fest, dass Sie sympathischer geworden sind, dass Ihre soziale Kompetenz gestiegen ist und Ihre emotionale Intelligenz sowieso.

Innerlich und äußerlich reich

Der innere Reichtum hat sein Zentrum im Herzen. Ist er mit dem äußeren Reichtum verbunden?

Wenn wir uns unterbewusst Ereignisse kreieren, die negative Emotionen hervorbringen, damit wir uns dieser bewusst werden können und sie klären können, wie ist es dann, wenn wir diese geklärt haben und in uns Dankbarkeit ist? Wir werden unterbewusst Ereignisse erschaffen, die Dankbarkeit auslösen, ganz einfach.

Die äußere Welt ist ein Spiegel der inneren. Es gibt sogar eine moderne philosophische Richtung in der Kybernetik, der Radikale Konstruktivismus, der sagt, dass alles innen ist. Wir bilden in unserem gigantischen Bio-Computer eine Simulation von etwas, das wir Welt nennen, und interagieren damit.

Die verschiedenen Simulationen der verschiedenen Menschen sind in Übereinstimmung gebracht und doch nicht identisch: Die Landkarte ist nicht die Landschaft.

Was ist real da draußen? Was ist das, wovon wir eine Simulation in uns errichten? Quantenphysiker kommen zu irritierenden Ergebnissen: Im Grunde ist da nichts, Leere und Potenzial, aus dem wir eine Welt erschaffen. Und was sagt uns das? Lassen Sie die negativen Gefühle und Gedanken los, denken Sie Reichtum, fühlen Sie Reichtum, seien Sie Reichtum, und in Ihrer Welt-Simulation stellt sich genau das ein. Genauer gesagt: Der innere Reichtum ist immer da, er war nur verdeckt. Atmen Sie die den Reichtum bedeckende Schlacke ein, lassen Sie diese in Ihrem Herz-Chakra verbrennen, und atmen Sie positive Emotionen in die Welt, in Ihre Simulation hinaus.

Wie kann es überhaupt passieren, dass negative Emotionen in diesem göttlichen Universum entstehen? Der Mystiker sagt, dass es nichts gibt außer Gott oder dass alles Shiva sei. Wieso dann Wut, Hass, Rache? Die Welt sieht in den Nachrichten und in der Zeitung nicht sehr göttlich oder erleuchtet aus.

Die Welt ist eine Schule. Die Energie für die höheren Emotionen, die Emotionen des Herzens, kommt aus den tieferen Chakren. Im untersten Chakra, auf der grundlegenden Ebene unseres Lebens gibt es nur zwei Empfindungen: Angenehm und Lust erzeugend oder unangenehm und Schmerz erzeugend. Schmerz erzeugt auf der nächsten Ebene den Flucht-oder-Kampf-Reflex, also Wut und Angst. Ohne Schmerz würden wir nicht lange leben, wir würden immer in das Feuer fassen und uns auf die Nase legen.

Der Weg zu den höheren Ebenen beginnt in den tieferen Ebenen. Wenn Sie Wut, Angst und Schmerz als Energie verstehen, als Signale an Sie, können Sie diese Energie umwandeln in Reichtum.

Der äußere Reichtum ist ein Äquivalent des inneren. Halt, stopp! werden Sie sagen, die Reichen sind doch voller Negativität. Aber: Es hängt von der Definition des Reichtums ab. Erinnern Sie sich: Wer mehr einnimmt als ausgibt, ist reich.

Wer wegen seines Reichtums eine Privatarmee unterhalten muss, mit Drogen den Stress bekämpft, Leute besticht oder die Umwelt ausbeutet, ist sehr arm, denn er investiert mehr, als dass er einnimmt. Es sieht nur vorübergehend aus, als wäre er reich.

Reichtum bedeutet, im entspannten Frieden mit sich und der Welt, emotional intelligent, den Überfluss zu sich strömen zu lassen. Je entspannter, desto mehr kann strömen.

Mein weiterer Aufstieg

Ich befreite mich also von negativen Emotionen. Der Handel für meinen Pool hatte einige neue Ängste und aggressive Energien in mir hoch gebracht, die ich aber klären konnte, so dass meine Ergebnisse sich noch verbesserten. Eines Tages kam der Firmenchef zu mir und sagte: »Du bist ja echt gut. Ich hätte da ein Angebot für dich, du wirst mein Trader hier. Du gibst die Aufträge der Berater hier durch und verwaltest einige Konten, die ich dir gebe.«

Das klang gut, ich konnte eine Gehaltsaufbesserung brauchen. Immerhin bekam ich so nun 7.000 DM im Monat fest. Da ich meinem Pool sehr geringe Kommissionen berechnete, verdiente ich am Handel direkt so gut wie nichts, und wartete darauf, wie sich mein eigener Anteil in dem Pool mit denen der anderen stetig vermehrte. Nachdem der Chef mir glaubhaft versicherte, dass er von der alten Strategie, die Kundengelder gar nicht an den Broker weiterzuleiten, abgegangen war und alle von mir durchgeführten Handlungen tatsächlich durchgeführt wurden, war ich einverstanden. Ich stellte fest, dass ich in der Tat von nun an täglich mit einem Orderdesk in Chicago handelte.

Ich fand dort auch Gesprächspartner, so dass ich täglich meine Kenntnisse und Fähigkeiten im Handel mit Futures und Optionen erweitern konnte. Der von mir initiierte Pool lief immer besser. Innerhalb von zwei Monaten verdoppelte ich das Vermögen des Pools. Damit hatte ich den ersten Schritt der Verdopplung geschafft, ich hatte 1.000 in 2.000 DM verdoppelt. Würde es so weitergehen? Ich war optimistisch, denn in meiner inneren Vorstellung schaute ich aus einem gereinigten Tempel durch Säulen hindurch auf eine subtropische Landschaft am Meer, auf dem ruhig ein Fischerboot trieb.

7. KAPITEL
Ohne Schuld, ohne Schulden

Die Befreiung von Schuld – Der Tunnel – Schuld, das Verletzen eigener Werte – Die Verantwortlichkeit nehmen – Die Schuldensucht – »Geld-Ausgeber« – Die sieben sozialen Grundbedürfnisse – Konkrete Tipps für Schuldner – Die Atisha-Meditation zur Befreiung von Schuld – Die Geldsucht – Der Heimholer – Der Weg nach Toronto

Die Befreiung von Schuld

»Der hat gut reden. Tausend Mark verdoppeln. Millionär werden. Ich wäre froh, wenn ich erst einmal meine Schulden abgetragen hätte!«

Vielleicht gehören Sie zu den Menschen, deren Hauptproblem die Schulden sind. Speziell für Sie habe ich dieses Kapitel geschrieben. Vielleicht haben Sie keine Schulden, weil Sie vehement dagegen ankämpfen. Sie befürchten, dass irgendwann die Dämme brechen und Sie in den Schuldenstrudel hineingeraten könnten. Dann ist dieses Kapitel auch für Sie. Da nach meiner Wahrnehmung Schulden und Schuld nicht nur vom Wortstamm her zusammengehören und wir doch alle irgendetwas mit Schuldgefühlen zu tun haben, ist es auch für jeden von uns.

Woher kommen Schuldgefühle? Nun, wir sind in einer Gesellschaft aufgewachsen, in der das kollektive Unterbewusstsein vom Thema Schuld durchzogen ist. Dafür hat schon das Christentum gesorgt. Erbsünde und »Jesus ist für uns gekreuzigt worden« – wer soll sich da nicht schuldig fühlen?

Schuld und Schulden hängen zusammen. Wenn mich jemand fragt: »Warum habe ich nur so viel Schulden?«, frage ich zurück: »Wofür fühlst du dich schuldig?« Und es ist wohl besser, Schulden zu haben, als immer mit hängender Büßermiene herumzulaufen. Leider machen wir meistens beides.

Wer seine Schuld verdrängt und nicht verarbeitet und verdaut, wird es vielleicht schaffen, einen gewissen Reichtum zu erarbeiten. Aber wie es mit den negativen Gefühlen so ist: Das Unterbewusstsein muss sie verdauen und kreiert genau das, wovon wir weg wollen. Hier finden Sie einen Weg, mit dem Sie sich mental und emotional von Schuld befreien können und damit von der psychologischen Grundlage der Schulden. Den Weg zur Befreiung von konkreten Schulden werde ich Ihnen dann aufzeigen.

Zuerst noch eine kleine Zen-Geschichte, die veranschaulicht, wie auch oder gerade eine Schuld zur Erleuchtung führen kann.

Der Tunnel

Zenkai war der Sohn eines Samurai. Als junger Mann reiste er nach Edo, dem heutigen Tokio, und wurde dort der Gefolgsmann eines hohen Beamten. Er verliebte sich in die Frau des Beamten. Ihre Beziehung wurde jedoch bald entdeckt. Als der Beamte Zenkai angriff, erschlug er ihn aus Selbstverteidigung. Dann lief er mit der Frau davon. Beide wurden zu Dieben. Die Frau war aber so gierig, dass sie Zenkai bald ganz zuwider wurde. Schließlich verließ er sie und begab sich weit weg in die Provinz Buzen. Dort wurde er ein wandernder Bettelmönch. Er beschloss, seine Vergangenheit zu sühnen und eine gute Tat in seinem Leben zu vollbringen. Er kannte eine gefährliche Straße, die über eine steile Klippe führte und vielen Menschen Tod und Verletzungen gebracht hatte. Er beschloss, dort einen Tunnel unter dem Berg hindurchzugraben, um den Menschen eine Möglichkeit zu geben, den gefährlichen Weg zu umgehen. Während er tagsüber um Nahrung bettelte, arbeitete Zenkai nachts daran, den Tunnel fertig zu stellen. Nachdem 30 Jahre vergangen waren, war der Tunnel 2.280 Fuß lang, 20 Fuß hoch und 30 Fuß breit.

Zwei Jahre, bevor die Arbeit beendet war, gelang es dem Sohn des erschlagenen Beamten, Zenkai ausfindig zu machen. Mit drohender Haltung kam er zu dem gealterten Zenkai, um den Vater zu rächen und Zenkai zu töten.

»Ich will dir gern mein Leben geben«, sagte Zenkai.

»Lass mich nur meine Arbeit noch beenden. An dem Tag, an dem sie vollendet ist, kannst du mich töten.«

Der Sohn, der seinen Vater rächen wollte, wartete also auf den Tag der Fertigstellung des Tunnels. Mehrere Monate vergingen, Zenkai grub immer noch. Dem Sohn wurde es langweilig, gar nichts zu tun, und er begann daher beim Graben zu helfen. Nachdem er länger als ein Jahr lang mitgeholfen hatte, begann er Zenkais starken Willen und Charakter immer mehr zu bewundern. Schließlich war der Tunnel fertig: Die Leute konnten ihn benutzen und in Sicherheit reisen.

»Nun schlage mir den Kopf ab«, sagte Zenkai, der seine Sühne vollendet hatte.

»Meine Arbeit ist getan.«

»Wie könnte ich den Kopf meines Meisters abschlagen?«, fragte der junge Mann mit Tränen in den Augen und verneigte sich vor seinem Lehrer.

Schuld, das Verletzen eigener Werte

So war Zenkai durch seine Sühne zu einem Meister geworden. Ich möchte Ihnen einen sehr viel einfacheren und kürzeren Weg zeigen, sich von der Schuld zu befreien. Denn die Schuldgefühle in den meisten von uns sind ja nicht gravierend real wie in dieser Geschichte eines Ehebrechers und Totschlägers. Wenn Sie natürlich der Meinung sind, dass nur eine Tat wie der Tunnelbau Zenkais Sie befreien kann, dann beginnen Sie noch heute, und nehmen Sie das Buch erst wieder in die Hand, wenn Sie vollständig gesühnt haben, sollten Sie dann noch Interesse an Geld haben.

Der Weg zur Befreiung von Schuld verläuft genauso wie die Befreiung von Emotionen mit der Meditation des Atisha im Kapitel zuvor.

Schuld ist ja auch mit Emotionen verbunden. Während Scham eine ebenso machtvolle und quälende Emotion ist, die durch eine Verletzung der Werte anderer verursacht wird, haben wir bei Schuld unsere eigenen Werte verletzt.

Wenn Ehrlichkeit ein hoher Wert für uns ist und wir lügen oder nicht die ganze Wahrheit erzählen, fühlen wir uns schuldig. Wenn wir etwas verkaufen wollen und den Käufer nicht über eventuelle Mängel unseres Produkts aufklären, werden die Schuldgefühle, die aus diesem Verkauf entstehen, verhindern, dass wir die Provision genießen können. Die Schuldgefühle werden uns vielmehr dazu bringen, dass wir mit dieser Provision ein Geschäft oder eine Investition beginnen, bei der wir uns letztendlich hoch verschulden.

Fühlen Sie die Schuld in sich. Wie sie die Schultern herunterdrückt, wie sie den Kopf nach unten drückt, wie sie es schafft, dass Sie Ihrem Gegenüber nicht wirklich in die Augen blicken.

Wundern Sie sich, warum Sie nicht den Kredit bekommen, nach dem Sie doch dynamisch fragen? Der Blick verrät dem Bankberater, wie auch unterbewusst dem potenziellen Kunden, sehr viel, zu viel. »Dieser Mensch hat Schuldgefühle, er ist nicht glaubwürdig.«

Sie sind sich der Schuld vielleicht gar nicht bewusst, denn sie ist irrational, in Ihrem Unterbewusstsein. Sie wussten nicht einmal, dass Sie diese Gefühle haben. Und doch: Wenn Sie Schulden haben, wenn Ihre Umsätze schwächer sind, als Sie diese brauchen: Schauen Sie mal in den Spiegel, und fragen Sie sich: »Habe ich Schuldgefühle? Welche Schuldgefühle habe ich genau?«

Vielleicht hat es mit den Eltern zu tun. Haben Sie die enttäuscht? Vielleicht hat es mit dem Ehepartner oder Lebensgefährten oder einer vergangenen Liebe zu tun. Waren Sie nicht liebevoll genug? Vielleicht fühlen Sie sich schuldig gegenüber den Kindern?

Der Schlüssel zum Verständnis sind Ihre Werte. Was ist Ihnen wichtig im Leben? Das Wichtigste können wir auch am leichtesten verletzen und uns dafür schuldig fühlen. Schuld ist aber nicht die Lösung für diese Verletzung der eigenen Werte. Die Lösung ist Erkennen, Verstehen und Lernen. Wenn Sie selbst zu sich sagen: »Da habe ich meine Werte verletzt, das war nicht gut!«, haben Sie auch die Möglichkeit zu sagen: »Meine Werte sind mir wichtiger, ich werde dies nicht mehr machen können.«

Es ist wichtig, aus der Diskrepanz des Verhaltens und der Werte zu lernen, damit wir Schlüsse ziehen und Dinge verändern können. Dann brauchen wir keine Schuldgefühle zu haben.

Die Verantwortlichkeit nehmen

Was hilft bei älterer Schuld? Nun ja, wie in der Geschichte von Zenkai: Es hilft Sühne und Reue. Reue ist eine höhere Emotion, die sehr machtvoll ist und der Schlüssel sein kann zu einer Transformation. Aufrichtige Reue beinhaltet, dass Sie bereit sind, die Verantwortlichkeit für die Tat oder das Verhalten voll und ganz zu nehmen.

Verantwortlichkeit sagt: »Ja, das habe ich verursacht!«

Nun ist der nächste Schritt nicht zu sagen: »Ich bin schlecht, ich bin ein Versager usw.«, sondern: »Was war die positive Absicht, die ich eigentlich mit dieser Tat, mit diesem Versagen verwirklichen wollte?« Denn all unser Verhalten ist so motiviert, dass wir das Beste, was wir können, versuchen.

Das Beste ist manchmal nicht gut genug, denn in uns sind Konflikte und Begrenzungen. Dennoch: Was war die positive Absicht hinter dem Verletzen Ihrer eigenen Werte? Etwas anderes war für Sie in dem Moment wichtiger.

Wenn Sie das erkennen, verfügen Sie über eine Chance, dieser positiven Absicht künftig eine Möglichkeit des Verhaltens zu verleihen, bei der der verletzte Wert (und Sie fragen sich jetzt, welcher Wert das war) voll und ganz intakt bleiben kann. Dann haben Sie künftig ein Verhalten, bei dem die positive Absicht und der Wert erfüllt werden – und Sie haben eine Lektion gelernt.

Darum sind wir hier: um Bewusstseinsschritte zu machen. Wenn wir diese Schritte auf Ihrem Weg machen, ist es vollkommen unnötig, Schuld und Schulden zu haben.

Um auf eine höhere Stufe zu gelangen und um zu den höheren Emotionen wie Dankbarkeit, Reue, Mitgefühl zu gelangen, müssen wir vorher Geiz, Sünde und Ignoranz kennen gelernt haben. Fehler und Sünden sind dazu da, gemacht zu werden. Das ist der erste Schritt zur Befreiung.

Lassen Sie uns das jetzt machen. Es reicht mit Schuld, es reicht mit Schulden, jetzt beginnt die Zeit des Aufstiegs. Wenn Sie Millionär sind, können Sie vielfach geben und Geschenke verteilen an die, die uralte offene Rechnungen mit Ihnen hatten und diese nicht mehr finden können. Sie haben sich von der Schuldenergie befreit.

Die Schuldensucht

Bevor wir das tun, wollen wir uns noch ein verwandtes Problem ansehen: die Schuldensucht. Es gibt mittlerweile nicht nur die »Alcoholics Anonymous«, die Menschen bei der Befreiung von der Alkoholsucht helfen, es gibt auch »Debtors Anonymous«, die Selbsthilfe der Schuldensüchtigen. Bevor Sie sich von der Schuld befreien können, sollten Sie wissen, ob Sie schuldensüchtig sind.

Denn dann müssen wir noch etwas tiefer schauen. Es gibt eventuell eine unterbewusste Seite Ihrer Persönlichkeit, die mit dem Verhalten, mehr Geld auszugeben als einzunehmen, die Befriedigung oder Ersatzbefriedigung eines Bedürfnisses sicherstellt – und dieses trotz all unserer Bemühungen zur Verhaltensänderung oder neuen Zielprogrammierung.

Sie können dieser unterbewussten Seite aber einen Weg zeigen, das Bedürfnis effektiv zu befriedigen, so dass es die Schuldensucht loslassen kann. Erst einmal müssen wir wissen: Sind Sie eventuell schuldensüchtig? Dann wollen wir sehen: Welches Bedürfnis ist eventuell zu wenig erfüllt? Um dann die Wurzel der Schuldensucht zu ziehen. Also:

- Frage Nr. 1: Geben Sie mehr Geld aus, als Sie einnehmen?
- Müssen Sie das Geld wie unter Zwang zum Fenster hinauswerfen, regelmäßig oder quartalsweise?
- Haben Sie Schulden?
- Hoffen Sie auf den großen Deal, der alles rausreißt?
- Kaufen Sie im Kaufrausch manchmal und zu oft über Ihre Verhältnisse ein?
- Oder unterdrücken Sie all diese Impulse und leben auf Minimal-Level? Das ist eine andere Version der Schuldensucht.
- Leben Sie in »Ko-Abhängigkeit« mit einem zwanghaften Verschwender?
- Sind Sie spielsüchtig? Spielsucht lebt sich an der Börse, beim Roulette. im Spielcenter, beim Pokern oder überall dort, wo man Geld verlieren kann, aus.

War die Antwort zu einer oder mehreren der Fragen »Ja« oder ein kleines »Ja, irgendwie vielleicht«?

»Geld-Ausgeber«

Es gibt einen Teil in Ihrem Unterbewusstsein, der Sie dazu bringt, mehr Geld auszugeben als einzunehmen. Lassen Sie uns diesem Teil Ihrer Persönlichkeit einen Namen geben: Wie wäre es mit: »Geld-Ausgeber«? Sie können natürlich für sich selbst einen besseren Namen wählen.

Was ist Ihre eigene, ganz originelle Art, mehr Geld auszugeben, als Sie einnehmen?

Stellen Sie sich vor, dass Ihr Unterbewusstsein, Ihre innere Welt, ein großes Reich ist. Sie könne es sich so gestalten oder ausmalen, wie Sie möchten. Für die einen ist es ein Märchenland, für andere eine Sciencefiction-Welt, für wieder andere ein großes Haus oder ein Palast.

In dieser inneren Welt existiert ein Teil, der »Geld-Ausgeber«, der dafür sorgt, dass Sie Ihr Geld zum Fenster hinauswerfen oder dass es Ihnen durch die Finger rinnt. Er macht das in bester Absicht. Lassen Sie diesen »Geld-Ausgeber« mal eine Gestalt annehmen. Wenn Sie träumen oder fantasieren würden: Wie sähe der »Geld-Ausgeber« aus? Welche Verhaltensmuster sind es genau, die er Sie anwenden lässt? Sie mögen ihn begrüßen. Am Anfang ist er vielleicht etwas zurückhaltend. Normalerweise lehnen wir solche Teile in uns ab, das weiß er oder sie. Und er möchte nicht »herausoperiert« werden, denn er macht seinen Job ja zu Ihrem Besten. Das sollten Sie ihm jetzt sagen: »Du machst diesen Job bestens, und ich danke dir dafür. Ich möchte das Gespräch mit dir aufnehmen, weil ich denke, dass du diesen Job mit meiner Unterstützung noch besser machen könntest!« Da wird er bereit sein, mit Ihnen zu kommunizieren, denn auch er ist an Optimierung interessiert.

Also fragen Sie ihn weiter: »Ich glaube, dass du mir mit dem Geldausgeben etwa Gutes tun willst. Sage mir doch einmal, was ist die positive Absicht hinter dem Geldausgeben? Was gibst du mir damit? Was ist der Gewinn?«

Das wird Sie vielleicht überraschen. Hinter jedem Verhalten steckt eine positive Absicht, und die ist zum einen interessant herauszufinden und zum anderen kann man ihr dann neue Verhaltensmöglichkeiten offerieren.

Was könnte so eine positive Absicht sein? Zum Beispiel verspüren Sie mitunter den Drang, in ein Kaufhaus zu gehen, etwas zu kaufen und mehr Geld auszugeben, als Sie wollten, aber eigentlich brauchen Sie das, was Sie gekauft haben, gar nicht. Der Gewinn könnte sein, dass Sie sich für etwas belohnt haben oder dass Sie so menschlichen Kontakt hatten und Wertschätzung erfuhren, denn Verkäufer sind nett zu Kunden, solange diese den Umsatz ankurbeln. Es könnte sein, dass Sie sich nicht um das tägliche Einkommen kümmern und auf den großen Deal hoffen, weil Sie Ihre Freiheit behalten wollen. Es könnte sein, dass Sie Schulden haben, weil Sie keine Unterstützung annehmen wollen.

Die sieben sozialen Grundbedürfnisse

Alle diese Absichten beruhen auf in der Kindheit unerfüllte Bedürfnisse. Ich unterscheide sieben große Bereiche von Grundbedürfnissen, die in den verschiedenen Phasen der Kindheit jeweils eine vorherrschende Bedeutung haben. Diese sind fast so wichtig wie Atmen, Nahrung und ein Dach über dem Kopf. Wenn sie nicht oder zu wenig erfüllt werden, bekommen wir als Kinder Todesangst. Wir finden vielleicht merkwürdige Wege, am Leben zu bleiben, indem wir diese Bedürfnisse auf irgendeine Art ersatzweise befriedigen.

Die unerfüllte Bedürfnisbefriedigung lässt uns Glaubenssätze über die Welt annehmen: »Ich werde nicht genug geliebt. Ich bin nicht gut genug. Keiner hilft mir usw.«

Diese treffen heute nicht mehr zu. Ihr inneres Kind, Ihr Unterbewusstsein, ist jedoch auf der Stufe stehen geblieben und lässt Sie jetzt mehr Geld ausgeben, als Sie einnehmen.

Die sieben Stufen sind also:

1. Das Bedürfnis, das Lebensrecht zu bekommen, das heißt, wir brauchen das Gefühl, willkommen zu sein.

2. Das Bedürfnis nach Geborgenheit, das ganz früh mit dem Stillen, bei dem wir die Wärme der mütterlichen Brust spüren, beginnt und sich später in der Notwendigkeit von menschlicher Wärme, Zuneigung und Nähe fortsetzt.

3. Das Bedürfnis nach Zugehörigkeit. Wir brauchen eine Familie.

4. Das Bedürfnis nach dem Respekt unserer Grenzen.

5. Das Bedürfnis nach genügend Raum, nach Erlaubnis uns auszudrücken.

6. Das Bedürfnis nach Unterstützung.

7. Das Bedürfnis nach Wertschätzung und Anerkennung.

Eines oder mehrere dieser Bedürfnisse kann unerfüllt sein. Wie sieht es im Moment in Ihrem Leben aus? Machen Sie eine Liste: Nennen Sie zu jedem dieser sieben Level eine Prozentzahl, die angibt, zu wie viel Prozent dieses Bedürfnis in Ihrem Leben heute erfüllt ist.

100 Prozent heißt: »Ich bekomme alle Wertschätzung, die ich brauche.«

80 Prozent bedeutet, dass Sie viel Wertschätzung bekommen, aber mit einigen Einschränkungen.

0 Prozent heißt, dass Wertschätzung in Ihrem Leben nicht existiert.

Machen Sie diese Einschätzungsübung auch für Unterstützung, Raum, Respekt der Grenzen, Zugehörigkeit, Geborgenheit und Lebensrecht.

Wenn Sie ein Bedürfnis finden, das zu weniger als 50 Prozent erfüllt ist, bedeutet das für Ihr Unterbewusstsein: Lebensgefahr! Es sucht nach Wegen, dieses ersatzweise zu befriedigen.

Keine Geborgenheit oder keine menschliche Wärme: schnell einen Pullover oder eine CD kaufen. Keine Anerkennung: schnell einem Kellner viel Trinkgeld geben, damit er mich anerkennt. Keine Freiheit, das heißt, die Grenzen sind eingeengt: schnell etwas kaufen, um das nicht zu fühlen. Kein Lebensrecht: Ich gebe Geld aus, also bin ich.

Es gibt viele Wege, mit Geld die unerfüllten, schmerzhaften Löcher in uns zu füllen und zu verdecken. Aber sind diese wirklich wirksam? Natürlich nicht, der Schmerz nagt und nagt, und wir müssen kaufen, kaufen, kaufen!

Und diese Verbindung wird in der Konsumwelt durch Werbung natürlich ausgenutzt, brutal ausgenutzt: »Kauf und du bist etwas, du Langweiler!« »Gib uns dein Geld, und wir machen etwas aus dir!«, »Hier hast du die Goldene Kreditkarte, dann bist du wer, wir unterstützen dich, wir sind deine Familie, und du hast ein Recht auf der Erde zu sein!«

Das ist ein Spinnennetz, dem zu entfliehen nicht so einfach ist. In diesem Spinnennetz gibt es niemals wirkliche Freiheit und wirklichen Reichtum. Es ist notwendig, es zu zerreißen. Zerreißen Sie es jetzt!

Welches Bedürfnis ist unerfüllt?

Welche Glaubenssätze über sich und die Welt haben Sie daher?

Was sagt dieser Teil von Ihnen? In welcher Verkleidung, Gestalt erschien er? Was sagt er, was er Ihnen gibt? Welches Bedürfnis will er also erfüllen? Kann Geldausgeben das Bedürfnis effektiv erfüllen? Wäre er daran interessiert, bessere Wege zur Verfügung zu haben?

Sobald er verstanden hat, um welches Bedürfnis es geht und dass das Verhalten, das zu den Schulden geführt hat, nicht in der Lage ist, das Bedürfnis zu erfüllen, kann er neue und befriedigende Wege der Erfüllung finden.

Fragen Sie ihn, ob er Ihnen dabei helfen möchte, die neuen Wege tatsächlich in der Zukunft zu gehen. So haben Sie einen neuen Verbündeten auf dem Weg zur ersten Million gewonnen, der vorher als Hindernis empfunden wurde.

Was also wollen Sie ab sofort als neue Möglichkeit in Ihr Leben einführen, was Ihnen:

- Ihr Lebensrecht bestärkt,
- Ihnen Geborgenheit und Wärme gibt,
- Ihre Zugehörigkeit zu anderen Menschen kräftigt,
- Ihre Grenzen gleichzeitig festigt und variabel macht,
- Ihren Raum der Selbstverwirklichung erweitert,
- Ihnen Unterstützung verschafft oder
- Ihnen Wertgefühl und Anerkennung gibt?

Konkrete Tipps für Schuldner

Der erste konkrete Schritt aus den Schulden ist, diese gnadenlos zu betrachten. Machen Sie eine Liste, listen Sie alle offenen Rechnungen auf, schreiben Sie die monatlichen Verbindlichkeiten und die monatlichen Einnahmen auf.

Machen Sie von nun an für mindestens drei Monate ein Kassenbuch. Schreiben Sie jede Ausgabe und jede Einnahme auf, so dass Sie wissen, wo die »Kohle« bleibt. Als Süchtiger neigen wir dazu, unser Verhalten zu verdrängen und zu verbrämen. Jetzt ist es an der Zeit, mit uns selbst wie ein Zen-Meister kompromisslos zu sein.

Stellen Sie fest, was Sie monatlich mehr zur Verfügung haben, als Sie für Ihren Lebensunterhalt brauchen. Halbieren Sie diese Summe. Die eine Hälfte wollen Sie von nun an zum Startgeld ansparen, die andere dient dem Schuldenabbau. Nehmen Sie nicht den ganzen Überschuss zum Schuldenabbau, sonst verlieren Sie die Motivation am Geldverdienen. Machen Sie einen Plan, wie Sie Schulden ausgleichen können. Kontaktieren Sie Ihre Gläubiger.

Zwischendurch möchte ich Ihnen noch eines über das Verhältnis Gläubiger–Schuldner bei uns sagen: Während im Mittelalter Schuldner in den Schuldturm oder an den Pranger kamen und Leibeigene öffentlich bloßgestellt wurden, hat sich heutzutage die Lage drastisch verändert. Es ist sehr schwer für einen Gläubiger, sein Geld zu bekommen, die Gesetzgebung ist eher auf der Seite des Schuldners. Mit diesem Wissen drohen Gläubiger mit allen möglichen furchtbaren Dingen: Mahnbescheid, Schufa-Eintrag oder eidesstattliche Versicherung beim Richter. Keiner dieser Fälle ist nötig, und wenn er doch passieren sollte: Keine dieser Maßnahmen tut wirklich weh!

Niemand kann Sie zur eidesstattlichen Versicherung beim Richter bringen, solange Sie zahlungswillig sind, das heißt, eine Ihnen mögliche, monatliche Summe (schon 50 DM) wäre ausreichend, Sie für immer vom Schufa-Eintrag zu befreien. Sie müssen nur die Zahlung aufrechterhalten. Somit ist jeder Gläubiger zu Kompromissen bereit; dies bedeutet: Vergleich. Wenn Sie es irgendwie aufbringen können, bieten Sie den Gläubigern jeweils ein Drittel der Gesamtsumme als Vergleich an, der die Schuld tilgt. Die Gläubiger werden Ihnen zurückschreiben: »Sind Sie verrückt?« Und sie bieten Ihnen dann den Vergleich für die Hälfte der Gesamtsumme an, was Sie gnädig akzeptieren.

Wie wäre es, wenn Sie schon jetzt im Geiste die Schulden, die Sie haben, um die Hälfte reduzieren? Dann wäre die ganze Sache nicht mehr so schlimm, oder?

Bevor Sie die Gläubiger kontaktieren, machen Sie folgende Übung, um ganz sicher die alten Schuldgefühle, die immer wieder einen Niederschlag in der äußeren Welt bewirkten, loszuwerden:

Die Atisha-Meditation zur Befreiung von Schuld

Übung 14:

Die Atisha-Meditation zur Befreiung von Schuld

1. Setzen Sie sich vor einen Spiegel.
2. Ziehen Sie einen Kreis der Macht um Ihren Sitzplatz.
3. Schauen Sie sich in dem Spiegel in die Augen.
4. Machen Sie eine kurze Stärkung des Herz-Chakras.
5. Atmen Sie mit der Vorstellung, die Emotion Schuld des Menschen vor Ihnen im Spiegel aufzunehmen, ein.
6. Atmen Sie Vergebung und positive Emotionen für den Menschen im Spiegel vor Ihnen aus.

In Kapitel 6 haben Sie die Atisha-Meditation kennen gelernt, mit der Emotionen geklärt und transformiert werden können. Haben Sie diese Übung mit Angst und Trauer durchgeführt? Nun wollen wir dieselbe Übung mit der Emotion Schuld anwenden.

Wie genau fühlen Sie Schuld?

Wie drückt sie sich im Körper aus?

Wie verdrängen und verhindern Sie dieses Gefühl normalerweise?

Welche Ereignisse in Ihrem Leben hinterlassen ein Schuldgefühl bei Ihnen?

Wie sieht Schuld vor Ihrem inneren Auge aus? Hat es eine Farbe? Was sagen Sie zu sich selbst, wenn Sie sich schuldbewusst fühlen?

Setzen Sie sich nun wieder vor den Spiegel, nehmen Sie Kontakt zu Ihrem Herzen auf. Erinnern Sie sich an all die Momente, in denen Sie bereut haben, Sie etwas abgearbeitet haben oder Sie Vergebung erfahren haben. Lassen Sie die Energie von Reue und Vergebung in Ihrem Herzen wachsen und stärker werden. Jetzt beginnen Sie bei jedem Atemzug, Schuld einzuatmen, und schauen sich dabei im Spiegel in die Augen. Sie atmen Ihre eigene Schuld ein, um sie im Herzen zu verdauen und zu transformieren. Es mögen Erinnerungen hochkommen an Ereignisse, für die Sie sich schuldig fühlen. Die Reue, Sühne und die Vergebung in Ihrem Herzen helfen, diese zu verdauen.

Sie wussten es nur nicht besser, Sie hatten noch nicht genug Möglichkeiten zur Hand. Atmen Sie weiter, und lassen Sie Ihr Herz alle Schuld transformieren, so dass Sie beim Ausatmen Vergebung ausatmen, und nicht nur für sich selbst, sondern für die ganze Welt.

Atmen Sie Schuld ein, atmen Sie die Erbsünde und den Holocaust ein, und atmen Sie Vergebung aus. Nichts braucht die Erde und die Menschheit so sehr wie Vergebung. Denn die meisten Schwierigkeiten entstehen, weil man die Schuld nicht zulassen will und diese kompensiert. Aus der verdrängten Schuld heraus geschehen immer wieder Taten, für die sich ein Mensch, ein Volk oder die Menschheit schuldig fühlen muss.

Sie können diese Übung für eine Woche jeden Tag 15 Minuten lang durchführen. Oder so lange Sie mögen.

Wie verändert sich Ihre Körperhaltung? Wie verändert sich Ihr Blick? Wie ist es, anderen offen in die Augen schauen zu können, denn Sie sind frei?

Die Geldsucht

Das Pendant zur Schuldensucht, die Geldgier oder Geldsucht, ist natürlich auch nicht gesünder. Einige Fälle sind ja in letzter Zeit bekannt geworden. Wer glaubt, dass die eigenen Bedürfnisse befriedigt sind, sobald man viel Geld besitzt, der täuscht sich. Zum einen kommt man nicht darum herum, die Wurzeln in den Glaubenssätzen zu finden und diese zu klären. Zum anderen bedarf es täglicher Wachsamkeit, sich die eigenen Bedürfnisse zu erfüllen.

Wenn Sie anfangen, mit Geld Ihre Minderwertigkeitsgefühle zu überspielen und sie damit kompensieren, machen Sie sich nicht nur lächerlich. Sie beleidigen »die Göttin des Geldes«, und sie wird sich bald von Ihnen abwenden. Der wahre Millionär kann bescheiden sein. Also: Überprüfen Sie sich täglich, und beantworten Sie folgende Fragen:

- Gebe ich mir Wertschätzung und Anerkennung?
- Gebe ich mir Unterstützung?
- Gebe ich mir Raum, mich auszudrücken und auszuleben?
- Gebe ich mir Respekt für meine Grenzen? Mache ich mir diese klar?
- Gebe ich mir das Gefühl von Zugehörigkeit zu anderen Menschen?

- Gebe ich mir Geborgenheit und menschliche Wärme, lasse ich mich umarmen?
- Gebe ich mir das Recht zu leben?

Es ist nur allein von Ihnen abhängig, ob diese Bedürfnisse erfüllt sind. Stellen Sie sich der Verantwortung, die Sie für sich selbst tragen.

Der Heimholer

Und seien Sie wachsam! Jeder Mensch wird sagen: Natürlich gebe ich mir das Recht zu leben! Und wenn Sie genauer hinschauen, raucht dieser Mensch eine Zigarette nach der anderen. Dann fragen Sie: »So, du gibst dir also das Recht zu leben. Warum verkürzt du es dann mit dem Suchtgift Nikotin?«

Es gibt in jedem Menschen eine Seite, die sterben will. Sonst würden wir es nicht tun. Diese Seite zu kennen und zu achten ist wichtig. Ich nenne diese Seite: der Heimholer. Denn unser Leben ist ein Besuch auf der Welt, unsere wirkliche Heimat ist nicht materiell. Wir sind hier und haben uns das Recht auf ein Leben gegeben, um eine Aufgabe zu erfüllen, um einen Schritt zu machen. Es ist tragisch, dass so viele Menschen, diese ihre Aufgabe vergessen haben und sie nicht erfüllen. Aber zum Glück hat jeder eine Seite in sich, den Heimholer, der dann aktiv wird und sagt: »Rauch doch noch eine!« Denn wenn er sieht: »Das wird nichts mehr!«, holt er ihn zurück.

Unfall, Krankheit, Mord und Krieg sind überflüssig, sobald jeder seine Lebensaufgabe annimmt und erfüllt. Um seine Lebensaufgabe zu erfüllen, ist es eine notwendige Grundlage, die eigenen körperlichen und sozialen Grundbedürfnisse zu erfüllen. Ansonsten ist der einzige Weg, den unser Unterbewusstsein findet, vielleicht eine Sucht, die uns auf kurz oder lang die Energie, unsere Lebensaufgabe zu erfüllen und für unsere Bedürfnisse zu sorgen, nimmt.

Sobald die Bedürfnisse befriedigt sind, strotzen wir voller Kraft und Energie. Und wollen geben. Wollen von unserem Überfluss abgeben. Der Überfluss kann emotionaler und energetischer Natur sein. Der Überfluss eines anderen Menschen ist eventuell ein finanzieller, und wir tauschen uns aus. So haben die großen Künstler es immer gehalten. Sie geben aus ihrem Herzen, die Reichen geben dafür den notwendigen Unterhalt, ein fairer Austausch.

Wer von einer Position des Überflusses nach Geld fragt, wird es geschenkt bekommen. Wer von einer Position der Bedürftigkeit kommt, wird betteln müssen.

Der Weg nach Toronto

Wo war ich? Ich war ja Trader geworden in der Börsenfirma. Ich gab die Orders der Kollegen nach Chicago durch und handelte ein Firmenkonto selbständig. Was ich nicht wusste: Der Chef und die Hintermänner dieser Firma gingen mit dem Kundengeld weiterhin zu großzügig um, veruntreuten es und verbrauchten zu viel davon für sich selbst. Um deutsche Gesetze zu umgehen und sich ein internationales Flair zu geben, unterhielt die Firma ein nominelles Headquarter in Toronto in Kanada. Eines Tages kündigte die dort sitzende Präsidentin, die ja im Grunde nur pro forma Statthalter der Firma war.

Ich hatte die Schuldgefühle in mir erkannt und geklärt. Ich hatte mit allen meinen Gläubigern Vereinbarungen getroffen. Und ich konnte recht selbstbewusst meinen Job als Trader in der Firma ausführen und mit den Konten, die ich verwaltete, Gewinne erzielen. Ich wartete auf die nächste Stufe auf meinem Weg zur ersten Million. Da kam der Firmenchef zu mir und sagte: »Claus David, du hast sicher gehört, dass unsere Präsidentin in Toronto den Kram hingeschmissen hat!?«

Ich nickte. »Du hast auch ein paar tausend Mark Schulden bei uns bzw. Vorschuss stehen. Wie wäre es, wenn wir dir diesen erlassen?« Ich war sprachlos, meine Klärung von Schuld hatte wohl Erfolg gehabt, aber wo war der Haken?

»Ich habe mir Folgendes gedacht: Wir erlassen dir diesen Vorschuss und schicken dich nach Toronto, um dort den Posten des Präsidenten einzunehmen. Wie wäre das?«

Wow, was für eine Karriere? Ich wollte schon immer nach Nordamerika. Toronto klang nicht schlecht. Ich ließ mir nichts anmerken und fragte: »Das Erlassen meines Vorschusses nehme ich gerne an. Und wie hoch wird mein monatliches Einkommen dort in Toronto sein? Und was bekomme ich von euch für den Umzug?«

»Du bekommst alles, was du brauchst. Für den Anfang zahle ich dir ein Präsidentengehalt, sagen wir, umgerechnet 5.000 US-Dollar und alle Unkosten. Wie wäre das?«

»OK, ich bin dabei!«

Ich schlug ein und packte noch am selben Nachmittag meine Koffer, von denen ich noch nicht so viele hatte. Zwei Tage später saß ich in der Business-Class des Fliegers nach Toronto, Kanada, wo eine neue Phase meines Aufstiegs zur ersten Million beginnen sollte. In Toronto stellte ich bald fest, dass die Präsidentin ihren Posten hingeschmissen hatte, weil sie herausgefunden hatte, dass sie mit einem Bein schon im Gefängnis stand.

Die Kundengelder waren stark dezimiert. Bevor ich den Posten antreten würde, musste ich den Chef in Deutschland erst einmal auffordern, einen Kontostand herzustellen, der dem Betrag der zu versendenden Kontoauszüge entsprach. Denn auf diesen Kontoauszügen würde mein Name als Präsident stehen. Er sagte mir das zwar zu, ich zögerte aber noch. Mittlerweile handelte ich weiterhin einige Konten von Toronto aus und lernte diese sehr schöne kanadische Großstadt am Ontario-See kennen. Ich nutzte meine Zeit und die Gelegenheit, um ortsansässige Broker kennen zu lernen. Ich fand auch die Zeit für Besuche in Chicago und New York und schaute mir die Börsenplätze an, die ich bisher nur als flackernde Zahlen auf dem Bildschirm kannte. Es standen sehr viele, sehr reale Menschen und Energien hinter den Zahlen auf den Bildschirmen. Ich knüpfte Kontakte mit Brokern und Händlern in dieser Börsenwelt. In dieser Zeit verdoppelte ich meinen Anteil im Pool von 2.000 auf 4.000 DM.

Eines Tages musste ich feststellen, dass in Deutschland niemand mehr die Telefonhörer abnahm. Vielmehr riefen verstörte Anleger bei mir in Toronto an. Es stellte sich heraus, dass der Chef untergetaucht war und die Firma de facto nicht mehr existierte.

Ich war froh, dass ich die Schuld in mir ausgeatmet hatte, denn sonst hätte ich den Präsidentenvertrag sicher schon unterzeichnet gehabt, und mir würde jetzt eine gute Gelegenheit zum Sühnen von Schuld blühen.

Wieder überprüfte ich meine Schuldgefühle. Hatte ich zu groß angelegtem Betrug beigetragen? Hatte ich mich schuldig gemacht? Ja, ganz frei davon war ich nicht, aber viel mehr als ein Ticket nach Kanada war für mich auch nicht herausgesprungen. Ich machte auf jeden Fall zur Sicherheit die Atisha-Meditation zur Transformation für Schuld weiter und sah zu, dass ich Toronto verließ. Ich fuhr nach New York, denn keine Stadt auf der Welt vibriert so wie sie und ruft: »Millionär willst du werden? Dann komm zu mir. If you can make it here, you can make it anywhere!«

Und das war es ja, warum mich mein Meister auf den Marktplatz geschickt hatte: Meditation in der Anti-Höhle. Werde erleuchtet in New York und du bist es überall, und es kann dir nie wieder genommen werden.

8. KAPITEL
Mit dem Fluss zur Quelle

New York – Wie erzeuge ich Rückschläge? – Koans – »Das Gold ist unter dem Müll, verzier den Müll nicht mit Schlagsahne!« – Innere Hindernisse – Die »Hin-zu«- und die »Weg-von«-Motivation – Im Fluss oder gegen den Strom – Koans – Trendfolge oder antizyklische Börsenstrategie? – Fundamentale oder technische Analyse? – Der fünfte Brief meines Meisters: Geld ist wie die weiße Wand

New York

So war ich endlich in New York, der Stadt der Träume für jeden, der auf dem Weg zur ersten Millionen ist. Das ist die Stadt, in der in den vergangenen zweihundert Jahren Millionen von Menschen aus aller Welt ankamen, um in der »Neuen Welt« Fuß zu fassen und reich zu werden. Manch einer schaffte tatsächlich die Karriere vom Tellerwäscher zum Millionär. Ich wollte es vom Zen-Mönch zum Millionär schaffen. Das sollte hier doch zu schaffen sein!

New York ist voller Dynamik, jeder strebt mit Höchstgeschwindigkeit dem Geld hinterher. Auf den Straßen heißt es: »Schritt halten!« Wenn Sie in New York an einer roten Fußgängerampel stehen bleiben, werden Sie zum Verkehrshindernis. Hier bleibt man nicht stehen, und hier hat man auch keine Zeit auf Stehenbleiber zu achten. New York ist die Stadt der kompromisslosen Wahrheit, hier gibt es keine Ausflüchte, hier zählt nur Qualität. Und die majestätischen Wolkenkratzer scheinen verkünden zu wollen: »Hier ist alles möglich! Wenn du willst und wenn du gut bist, kommst du hier nach ganz oben!«

Ich kam nahezu mittellos an und liebte diese kosmopolitische Stadt von der ersten Minute an: Es ist eine Zen-Stadt, eine Stadt der Echtheit. Amerikaner sind übertrieben höflich. Wenn man in irgendeiner amerikanischen Stadt einen Fahrstuhl betritt, grüßt man und fragt eventuell: »How are you today?« Wenn man einen anderen Käufer im Supermarkt passiert, sagt man: »Excuse me!« Machen Sie das in New York, und Sie werden ungläubig bis bitter angeschaut. Hier haben sich die Amerikaner gefunden, die oberflächliche Floskeln und Verhalten verachten. Das erinnerte mich an das Zen-Kloster.

Zum Glück kannte ich schon ein paar Leute. Da war Terry, ein sympathischer Broker von der Wall Street. Er unterhielt ein kleines Büro und handelte vornehmlich Sojabohnen-Kontrakte. Diesen Markt kannte er wie seine Westentasche, da er seine Karriere als Händler der physischen Ware begonnen hatte. Er meldete mich bei der Börsenaufsicht für die in den USA erforderliche Prüfung zum Börsenberater an, und ich begann zu pauken. Außerdem gab er mir einen Schreibtisch und einen Telefonanschluss, so dass ich meine Kontakte erweitern konnte. Ich brauchte etwa einen Monat, um den Stoff zu lernen. In der Zeit machte ich Bekanntschaft mit allen möglichen Börsenprofis. Ich fragte jeden, der es geschafft hatte: »Wie hast du es gemacht?«

Amerikaner, auch in New York, geben gerne Auskunft und Tipps für den Anfänger. Ich bekam viele wertvolle Hinweise. Und ich zog ein Fazit: Jeder der Gewinner hatte mehrmals alles verloren. Die Gewinner hatten jedes Mal dazugelernt und ihren Verlust als Lehrgeld betrachtet, so dass sie schließlich eine funktionierende Strategie hatten. Die Verlierer, die nicht aus ihren Verlusten gelernt hatten, waren nicht mehr in der Stadt.

Jede dieser Strategien war für den, der sie entwickelt hatte, optimal. Die Strategien waren aber nur schwer übertragbar. Man muss seinen eigenen Weg finden und seine eigenen Erfahrungen machen. Denn mit jeder Erfahrung organisiert sich das gesamte Bewusstsein neu. In den Gebieten, die echte Höchstleistung erfordern, wird man nur dadurch ein Meister, gefühlte, gesehene und gehörte Erfahrung miteinander zu verbinden.

Ich hatte ein paar Kunden aus meiner Zeit bei der nun nicht mehr existierenden Firma kontaktiert und bekam, nachdem ich die Prüfung bestanden hatte, ein paar Konten, die ich verwalten und vermehren konnte. Ich hatte diesen Anlegern sehr günstige Konditionen plus meine Expertise angeboten und konnte jetzt etwa 50.000 US-Dollar verwalten. Das war ein guter Grundstock, um meine monatlichen Unkosten zu decken und meinen Erfahrungsschatz zu erweitern. Und ich handelte natürlich meinen Pool weiter.

Ich konnte mir sogar ein Apartment in Battery Park City leisten, einem kleinen Stadtteil mit einigen Apartment-Hochhäusern zwischen World Trade Center und Hudson River. Ich mietete eine kleine Wohnung im 11. Stock des Hauses »Liberty Court«. Man hatte einen wunderbaren Blick über den Hudson River zur Freiheitsstatue. Ich konnte stundenlang am Fenster sitzen und vorbeiziehende Schiffe, Boote, Hubschrauber, Menschen und Autos auf der Straße unter mir beobachten. Die Stadt war immer in Bewegung, und nachts funkelten die Lichter des »Big apple« und der Vororte auf der Seite von New Jersey.

Ich handelte vornehmlich Futures-Kontrakte in den Devisen und die amerikanischen 30-Jahres-Schatztitel, die T-Bonds. Diese Treasury-Bonds bilden den größten Finanzmarkt der Welt. Am Anfang lief es munter an. Doch dann machte ich einen größeren Verlust und hatte Schwierigkeiten, die von mir verwalteten Konten aufzubauen. Die Kunden waren irritiert, einige zogen Geld ab. Ich steckte mal wieder in einer Krise. Die Freunde aus dem Pool hatten ihr Geld auch herausgezogen, so dass ich nur noch mit meinem eigenen Geld arbeiten konnte.

Wie erzeuge ich Rückschlage?

Was war los?

Als Erstes überprüfte ich mein Zielbewusstsein.

Mein Großziel war klar: Am 31.12.1998 bin ich Millionär.

Ich setzte jeweils auch Tagesziele: Heute erziele ich einen Gewinn von 1.000 US-Dollar auf den Konten.

Waren diese Ziele wohl formuliert, hatten sie Zeitangaben, waren sie messbar, erreichbar, positiv, »hin-zu«, selbst aktiv verursacht? Ja!

Ich überprüfte meine Repräsentationen für das Erreichen der Ziele. Was sehe ich, was höre ich? Was fühle ich, rieche ich, schmecke ich bei Erreichen des großen Zieles und der Tagesziele? Waren die Ziele ökologisch, hatten sie positive Auswirkungen auf mein Leben? Ja.

Hatte ich die Ressourcen, sie zu erreichen? Meine Kenntnisse über die Märkte waren zweifellos erweiterbar. Für kontinuierliche kleine Gewinne sollte es eigentlich reichen.

Würde ich etwas verlieren, wenn ich diese Ziele erreiche? Nein, eigentlich nicht.

Was also stand im Weg?

Ich wusste, dass ich die Ursache für alles bin, was in meinem Leben geschieht. Ich bin kein Opfer, ich bin der »Schöpfer« meines eigenen Lebens. Alles was passiert, habe ich mehr oder weniger unterbewusst erschaffen. Niederlagen, Krankheiten, unangenehme Ereignisse oder Börsenverluste sind Feedbacks oder Prüfungen, die ich mir selbst auferlegt habe. Ich richtete meine Aufmerksamkeit also auf meine innere Disposition. Was in mir hinderte mich daran, den Erfolg beim Börsenhandel zu haben, den ich anstrebte?

Diese Suche nach den inneren Hindernisse ist spannender als jede Detektivgeschichte. Es erfordert auch so exakte Beobachtung wie die eines Sherlock Holmes. Gibt es eine anspruchsvollere Aufgabe für einen Inspektor, als sich selbst zu erforschen? Es ist nicht so leicht, denn keinem Menschen gegenüber haben wir eine derart große Anzahl von Vorurteilen wie gegenüber uns selbst.

Gewinner gewinnen, Verlierer verlieren. Bin ich ein Gewinner oder ein Verlierer? Wie werde ich ein Verlierer, der sich dessen bewusst ist und sich darüber erheben kann? Denn: Wer zuletzt lacht, lacht am besten.

Sollte ich vielleicht mal zu einem Training in Positivem Denken oder zu einem Mentaltraining gehen?

»Das Gold ist unter dem Müll, verzier den Müll nicht mit Schlagsahne!«

Positives Denken, Mentaltraining, Affirmationen, Motivationstraining, usw.: Es gibt scheinbar viele Wege zum Erfolg.

Für einige Menschen, und besonders für die Anbieter von Trainingsseminaren stellen diese Wege eine lohnende Angelegenheit dar. Und tatsächlich fühlt man sich nach so einem Training oder Vortrag angespornt. Vielleicht ist man sogar über glühende Kohlen gelaufen, und jetzt schafft man auch alles andere.

Die Ernüchterung tritt jedoch meist recht bald ein. Der Zustand ist dann schlimmer als vorher, denn man sagt sich: »Die anderen können es, die haben Erfolg, die können das umsetzen, was sie in dem Training gelernt haben! Warum nicht ich?«

So fühlt dieser Mensch sich erst recht als Versager und ist niedergeschlagener als zuvor. Wenn er es noch schlimmer haben will, beginnt er eisern, die Affirmationen zu schreiben und jeden Tag Audiokassetten zu hören und alles zu tun, um sich mental nach vorne zu bringen. Er kämpft und kämpft und wundert sich, dass die Erfolge immer wieder durch die Hände fließen. Er besucht weitere Motivationstrainings und hört sich noch mehr »Positiv-Denker« an. Irgendwann muss doch der Durchbruch gelingen.

Halt, stopp! Holen Sie erst einmal Luft! Erfolg ist keine Anstrengung. Erfolg ist eine Entspannung. Wenn Sie darin entspannen, was Sie wirklich sind, sind Sie im Erfolg. Das Entspannen geschieht nicht, weil jemand anderes sagt: »Entspanne!« Entspannung tritt ein, sobald Sie mit Ihren dunklen Seiten Frieden schließen.

Warum funktionieren die oben genannten Trainings für

die meisten Menschen nicht? Weil sie auf den Müll in einem selbst, den man nicht sehen und nicht riechen will, noch eine Portion Sahne draufgeben. Das schmeckt dann aber immer noch wie Müll. Das Gold jedoch ist unter dem Müll verborgen. Wenn wir ein wenig graben und den Abfallhaufen wegschaufeln, kommt es hervor.

Was die meisten Menschen daran hindert, Techniken wie Positives Denken in die Tat umzusetzen, sind Ihre inneren Hindernisse. Die Verhinderung ist eventuell ein Segen. Sobald man lernt, sich noch weiter von sich selbst zu entfernen, wird die Seite in einem selbst sehr aktiv, und die starke Hand dieser Seite greift schon nach dem Nacken des positiv denkenden, vor sich selbst flüchtenden Menschen, um ihm seine Nase ganz besonders tief in den eigenen Müllhaufen zu drücken. Erinnern Sie sich bitte:

- Sie haben ein Ziel; dieses Ziel haben Sie nach den »Z.U.G.«-Kriterien formuliert.
- Sie wissen, wie es sein wird, in dem Moment, an dem Sie das Ziel erreichen,
- und welche Auswirkungen das Erreichen des Zieles auf Ihr Leben und Ihre Umwelt hat.
- Sie sind sich der Ressourcen bewusst, die Sie einsetzen können, um Ihr Ziel zu erreichen.
- Sie sind sich genauso der etwaigen Verluste bewusst und können sich die bisherigen Gewinne auf anderen Wegen geben.
- Sie haben einige Emotionen geklärt.
- Und jetzt?

Jetzt kommt die große Frage: Was hindert Sie daran, Ihr Ziel schon erreicht zu haben? Warum sind Sie noch nicht da? Was sind Ihre inneren Hindernisse?

Bevor Sie weiterlesen, nehmen Sie sich bitte zehn Minuten Zeit für sich selbst. Machen Sie eine Liste: Welche inneren Hindernisse versperren mir den Weg zum Erfolg?

Innere Hindernisse

Diese inneren Hindernisse können verschiedener Art sein: belastende Emotionen. Angst verursacht beängstigende Verluste. Wut verursacht Angriffe. Schuld verursacht Schulden.

Im Besonderen gibt es auch negative Überzeugungen oder Glaubenssätze über einen selbst. Wenn ich zum Beispiel von mir selbst glaube: »Ich bin nicht gut genug!«, werde ich es auch nicht sein. Diese Glaubenssätze wurden in unserer Kindheit in uns einprogrammiert, und Sie werden in Kapitel 11 eine Methode kennen lernen, sie wieder zu löschen.

Weiterhin sind innere Konflikte ein großes Hindernis. Diese Konflikte bestehen meist zwischen Werten, die wir haben. Liebe und Freiheit sind für viele Eheleute manchmal schwer unter einen Hut zu bekommen. Ebenso geraten Geschäftserfolg und Liebe wiederum manchmal in Konflikt, wenn man vor lauter Arbeit keine Zeit mehr für die Familie hat. Werte und die Lösung von Wertekonflikten lernen Sie in Kapitel 12 kennen.

Was passiert, wenn Sie sich zum Erfolg zwingen wollen? Der innere Konflikt wird verstärkt, und Sie fühlen sich noch mieser. Diese innere Diskrepanz zwischen dem Anspruch und dem tatsächlichen Sein kann sehr anstrengend und krank machend sein. Hier stelle ich Ihnen einen Weg vor, auf dem Sie den Erfolg durch Entspannung und durch das Zurücklehnen in Ihre wahre Natur erlangen.

Weiterhin gibt es natürlich auch Verhaltensweisen oder Angewohnheiten, die den Erfolg verhindern, wie das Suchtverhalten, mit dem wir uns schon in Kapitel 7 beschäftigt haben. Es gibt auch andere behindernde Verhaltensweisen. »Warum bist du noch nicht Millionär?« Viele antworten: »Aus Faulheit!« Ein Verhalten wie dieses beinhaltet wichtige Gewinne für den, der das Verhalten anwendet. Diese zu unterdrücken, könnte sehr ungünstig sein. Es könnte sogar sein, dass dieser Mensch ein Ziel erreicht, um dann all die unterdrückten Impulse hochkommen zu lassen und in kürzester Zeit wieder beim Ausgangspunkt anzukommen. In der Ernährungsberatung heißt das »Jo-Jo-Effekt«. So einen »Jo-Jo-Effekt« kann es auch beim Weg zur ersten Million geben, wenn man nicht aufpasst und die inneren Gegenströme nicht sorgfältig beachtet.

Die »Hin-zu«- und die »Weg-von«-Motivation

Es ist sehr, sehr wichtig, die unterschiedlichen Verläufe der Erfolgskurven bei der »Hin-zu«- und bei der »Weg-von«-Motivation zu verstehen.

Wie ich schon bei der Formulierung des Zieles sagte, ist es sehr wichtig, dieses positiv zu formulieren. Es ist aber wichtig, es auch in sich selbst positiv anzustreben. Jedes Ziel hat in sich eine Komponente, die beinhaltet, dass man von etwas weg will. Das ist natürlich. Es ist jedoch wichtig, dass das »Hin-zu« stärker ist als das »Weg-von« aus Gründen, die ich nachfolgend erläutern möchte. Es ist ebenso wichtig, das, wovon man weg will, als Ausgangspunkt wertzuschätzen. Es ist wichtig, dass der Ausgangspunkt – wie der Startblock bei einem Wettschwimmen – gut gewählt ist. Wenn Sie das, wovon Sie starten, ablehnen, werden Sie nicht gut abspringen können, nicht weit kommen und wieder da landen, wovon Sie weg wollten.

Wenn Ihre Hauptmotivation »Ich will hier weg!« ist, erschaffen Sie sich einen unterbewussten Drang, genau dort anzukommen. Daher sind die meisten Mentaltrainings, die versuchen, um eine Klärung des inneren negativen Mülls herumzukommen, Raketenantriebe in den Abfallhaufen.

Deshalb bin ich von NLP (Neurolinguistischem Programmieren) begeistert. Ich habe noch keinen anderen Ansatz gefunden, bei dem die Klärung alter Programmierungen so gezielt und effektiv durchgeführt wird.

Wenn Sie also zu einem Ziel positiv hin wollen, sagen wir zu der Fähigkeit, eine Million im Jahr einzunehmen, wird Ihre Erfolgskurve etwa so aussehen: ein steter Anstieg mit einigen Dellen. Die Dellen sind die Zeiten, in denen integriert wird. Die Dellen sind auch die kritischen Zeiten, in denen man das Gefühl hat, sein Ziel nicht zu erreichen und zu stagnieren.

Ganz wichtig ist es, zu wissen, dass es diese Phasen gibt, in denen die Erwartung und das Resultat auseinander klaffen. Denn es ist nur unsere Erwartung, die das Problem entstehen lässt. Es geht nicht schnell genug. Geduld, Geduld. Diese Zeiten, in denen neue Erfahrungen, neue Kontostände, neue Lebensbereiche in das Gesamtgefüge Ihrer Persönlichkeit eingeordnet werden, sind sehr wichtig.

Die Kurve bei einer negativen, einer »Weg-von«-Motivation, sieht anders aus: Hier werden wir eine fortwährende Auf- und Abbewegung registrieren, und die Abbewegungen gehen oft wieder bis auf den Ausgangspunkt zurück oder darunter. Wenn zum Beispiel die Motivation zur Million ist: »Ich will nicht mehr arm sein, ich will keine Schulden mehr haben!«, ist die Armut das, woran Sie sich eigentlich orientieren. Vielleicht ist die Armut als ein Betrag unter 10.000 DM auf dem Konto definiert. Dann sind Sie bei mehr als 10.000 DM nicht mehr arm und nicht mehr motiviert. Ihr Unterbewusstsein wird keine Orientierung mehr haben und den motivierten Zustand, nämlich »arm« wiederherstellen müssen.

Einen weiteren Grund für diese Art der Kurve habe ich bereits bei den Angaben zur Zielformulierung angegeben: Das Unterbewusstsein kennt nur positive innere Repräsentationen. Wenn Sie sagen: »Nicht arm!«, ist es genauso wie mit: »Stellen Sie sich keinen blauen Elefanten« vor, der nämlich dann als Erstes vor Ihrem inneren Auge erscheint. Unsere innere Welt kennt nur positive, sinnlich wahrnehmbare Repräsentationen. Von etwas weg zu wollen bedeutet, genau dieses uns fortwährend vor die Nase zu halten. Wie wollen Sie reich werden, wenn Sie aber an »arm« und sei es in der negativen Form »nicht-arm« denken?

Um uneingeschränkt positiv motiviert sein zu können, sind die Klärungen der inneren Überzeugungen und Werte in den kommenden Kapiteln unbedingt notwendig.

Der erste Schritt ist es, sich überhaupt der Tatsache bewusst zu werden, dass man eventuell unterbewusst so denkt. Wenn Sie nicht wissen, wie es bei Ihnen läuft, schauen Sie sich einfach Ihre Erfolgskurven an: Ist es ein steter Anstieg oder ein schwankendes Auf und Ab? Überprüfen Sie auch Ihre Kurven in den Bereichen Gesundheit, Karriere, Liebe, Wissen, Kreativität.

Das Erreichen von Gesundheitszielen ist auch nicht so einfach. Denn für die meisten Menschen heißt Gesundheit: nicht krank sein! Warum sind wohl mehr Menschen krank, je entwickelter die Gesundheitsversorgung eines Landes ist? Genau! Weil allen immer gesagt wird, was sie machen können, welche Medizin sie schlucken sollen, wenn sie krank werden, aber nicht, wie es ist, gesund zu sein. Einfache Menschen machen sich nicht so viele Gedanken übers Nichtkranksein und bleiben gesund.

Vergessen Sie also die Armut und die Schulden, und programmieren Sie Ihr ganzes Sein auf Reichtum. Schauen Sie sich Filme an, in denen reiche, glückliche Menschen vorkommen. Lesen Sie Romane, in denen reiche, glückliche Menschen sich Gedanken über die Philosophie und den Sinn des Lebens machen. Suche Sie sich Vorbilder, Menschen, die es zu Reichtum gebracht haben und diesen positiv einsetzen, die ein reiches Leben führen, die Künste fördern und sich für Menschenrechte und Humanität einsetzen.

Im Fluss oder gegen den Strom

Jeden Verlust bei meinem Trading nahm ich also als Feedback. Hier war etwas in mir zu klären. Ich beobachtete genau, wie ich durch mein unterbewusstes Denken das negative Ergebnis meiner Bemühungen vorprogrammierte. »Ich will keinen Verlust machen!«, »Hoffentlich läuft der Kurs nicht gegen mich!« Mit derartigen Sätzen können wir nicht gewinnen.

Es gab NLP-Kundige in New York, bei denen ich innere Hindernisse deprogrammieren konnte, und oft reichte die Selbstbeobachtung.

Ich beobachtete mich also an den Flüssen New Yorks und an dem großen Geldfluss der Finanz- und Börsenwelt.

Es gibt mindestens zwei lohnende Wege des Verhaltens in und an einem Fluss. Den einen habe ich schon beschrieben: In den Fluss springen, sich von ihm tragen lassen und auf ihm in den Ozean treiben zu lassen. Das ist einfach, wenn man Vertrauen hat.

Es gibt aber auch das Ziel, zur Quelle zu gelangen. Denn an der Quelle wird uns einiges klar, dort ist unser Ursprung. Wie war dein Gesicht, bevor deine Eltern geboren wurden, wie war dein ursprüngliches Gesicht? So lautet ein bekanntes Zen-Koan. An der Quelle trinken wir das frischeste Wasser.

Wer gegen den Strom schwimmt, gelangt zur Quelle.

Wie kann ich gleichzeitig gegen den Strom und mit dem Strom schwimmen? Wie kann ich sowohl zur Quelle als auch in den weiten Ozean gelangen?

Die »Sowohl-als-auch«-Fähigkeit gehört zu den essenziellen Fähigkeiten. Die Welt ist nicht gespalten und in Einzelteile zerfallen, unsere auf digitaler Verarbeitung beruhende linke Gehirnhälfte strukturiert nur eben in: entweder das eine oder das andere.

Die Welt ist aber ganzheitlich, alles ist mit allem verbunden, die Widersprüche sind in einer höheren Ordnung aufgehoben. Zwei Wahrheiten zur gleichen Zeit akzeptieren zu können ist eine der wesentlichen mentalen Fähigkeiten. Die, die das nicht können oder nicht gelernt haben, und das ist bei weitem die Mehrzahl der Menschheit, werden zu Fundamentalisten. Sie können nur eine von zwei Wahrheiten annehmen und müssen die andere bekämpfen. Denn das Streben zur Einheit ist in uns allen. Die Einheit gibt es durch Anerkennung beider Seiten und nicht durch Zerstörung der anderen.

Den Fundamentalisten gegenüber stehen die Ästheten, die in der Lage sind, das Sowohl-als-auch als schön zu empfinden und mit diesem zu leben. Zen ist ein alter Weg, das

Sowohl-als-auch zu erlernen und zu leben. Bewegt der Wind die Fahne? Oder bewegt die Fahne den Wind? Oder bewegen sich beide?

»Der Wind bewegt die Fahne!«, rufen Sie da vielleicht aus. »Ist doch klar, ist doch Mechanik! Ursache und Wirkung!« Nach der aktuellen Physik ist das nicht mehr klar, sondern es ist tatsächlich so, dass Wind und Fahne in Synchronismus zueinander stehen, das heißt, sie bewegen sich einfach gleichzeitig und miteinander, wie in einem Tanz. Zen wusste schon eintausend Jahre zuvor, was die Quantenphysiker im 20. Jahrhundert herausfinden würden. Die Weisen und Meister des Ostens wissen dies schon immer.

Warum ist diese Sichtweise so wichtig? Weil eben auch unser neuronales System, also Gehirn und Nervensystem und alles was in uns denkt, auf quantenmechanischer Basis funktioniert. Wenn wir das Sowohl-als-auch leben, gelangen wir zu einer höheren Stufe in uns.

Koans

Die Zen-Meister stellten deshalb dem Schüler mentale Aufgaben, die so genannten Koans. Diese konnte er nur lösen, wenn er auf eine höhere Stufe des Denkens oder Nichtdenkens gelangte – dafür musste erst das Alte zusammenbrechen. Koans wie »Hör den Ton der einen Hand!« oder »Warum kam Bodhidharma nach China!« sind Übungen, aus dem logischen Denken der linken Gehirnhälfte auszubrechen, indem man es an eine Grenze treibt.

Ein modernes Koan aus der Kybernetik ist das mittlerweile sehr bekannte »Gefangenendilemma«. Zwei Verbrecher werden verhaftet. Der Kommissar hat aber keine Beweise. Stellen Sie sich vor, Sie wären der eine Gefangene. Sie sind in getrennten Zellen untergebracht und haben keine Chance, mit Ihrem Partner zu kommunizieren.

Der Kommissar macht Ihnen folgendes Angebot: »Wenn

du gestehst, dass ihr beide das Verbrechen begangen habt, und dein Kumpel streitet es ab, lassen wir dich laufen und er bekommt fünf Jahre. Wenn ihr es allerdings beide abstreitet, haben wir genug Indizien, euch beiden jeweils zwei Jahre Gefängnis aufzubrummen. Wenn ihr aber beide gesteht, bekommt ihr beide vier Jahre.«

Wie würden Sie nun handeln? Logisch betrachtet: Was immer der Kumpel macht – es scheint, dass ein Geständnis die besten Chancen bietet. Sie können aber davon ausgehen, dass Ihr Kumpel auch so logisch rechnet, so dass Ihnen beiden vier Jahre drohen, also zusammen acht Jahre: das Maximum an gemeinsamer Strafe. Die geringste gemeinsame Strafe gäbe es, wenn Sie beide leugnen würden, das beinhaltet aber das größte individuelle Risiko. Bei dieser Entscheidung versagt die Logik, und die beiden Gefangenen haben ein Problem, das schwieriger zu knacken ist als der Panzerschrank der Nationalbank.

Beim Gefangenendilemma bekommt man mit Logik die Höchststrafe. Man kann nur intuitiv entscheiden.

Wie komme ich also mit dem Fluss zur Quelle? Wie komme ich, indem ich mit dem Geldfluss schwimme, zur Geldquelle? Die Antwort ist: »Springen Sie hinein!«

Da ist ein Fluss, es ist der Geldfluss. Sie wollen zum Ozean und wollen auch zur Quelle, wo das ganze Geld herkommt. Springen Sie hinein!

Geld kommt, Geld geht. Es ist ein Fluss. Wenn alle Menschen ihr Geld im Strumpf sparen würden, würde der Fluss versiegen. Daher gibt es Banken, die vorgeben, sie wären riesige Sparstrümpfe, und in Wirklichkeit werfen sie doch das Geld der Sparer und Anleger sofort wieder in den Fluss, damit er fließen und anwachsen kann.

Nicht von ungefähr ist das wirtschaftlich erfolgreichste Land der Erde das, in dem die Bewohner am ausgabefreudigsten sind.

Trendfolge oder antizyklische Börsenstrategie?

»Mit dem Fluss oder gegen den Strom zur Quelle« hat auch eine Bedeutung für den Börsenhandel. Es gibt grundsätzlich zwei erfolgreiche Ansätze: mit der Bewegung des Marktes mitschwimmen (die Trendfolge) oder versuchen, an Höchstpunkten zu verkaufen und an Tiefstpunkten zu kaufen (das antizyklische Verhalten).

Im ersten Moment hört es sich zwar so an, als wäre die Trendfolge, das Mitschwimmen, wesentlich einfacher. Die Erfahrung zeigt aber, dass auf fahrende Züge zu springen auch Risiken in sich birgt. Wenn man nicht rechtzeitig genug erkennt, dass der Zug angefahren ist, springt man daneben oder springt gerade dann auf, wenn er die Rückfahrt antritt. So kommt man schnell unter die Räder. Trendfolge-Menschen benutzen daher Computerprogramme, die ihnen frühzeitig sagen sollen, wann der Trend losgeht. Nur, die wissen es auch nicht. Trendfolge-Systeme sind daher meistens im Markt platziert und lassen sich schnell wieder ausstoppen. Wenn der Zug losfährt, sind sie auf jeden Fall dabei. Das kostet aber Nerven am Bahnhof, denn man macht viele kleine Verluste, bevor es losgeht, und die eine große Bewegung muss alles wieder rausholen können.

Der Antizykliker beobachtet so genannte Support- und Resistance-Linien, Widerstand und Unterstützung. Wo wird der Markt oben anstoßen, wo wird unten wieder gekauft werden? Wenn diese Linien durchbrochen werden, hat man Signale für einen Trend. Oft dreht der Markt gerade aber an diesen Linien. Diese Börsianer, die gegen den Trend gewinnen wollen, sitzen oft vor Charts und malen Durchschnittslinien oder verbinden die Extrempunkte der Börsenkurve zu weiterführenden Geraden. Das kann sehr nützlich sein, und wenn sie dir dann voll inbrünstiger Überzeugung erklären: »Höher als diese Linie kann der Markt ja nicht!«, weiß man, dass da jemand dem Aberglauben nachhängt und noch nicht realisiert hat, dass an der Börse wie im Leben alles möglich ist.

Fundamentale oder technische Analyse?

An der Börse wie im Leben ist tatsächlich alles möglich, denn die Welt ist ein riesiges Chaos, das wir mit unserem Gehirn strukturieren, um mit dieser Konstruktion eine Interaktion zu beginnen. Wir verwechseln unsere Konstruktion der Welt leider zu leicht mit der realen Welt. Die Landkarte ist nicht die Landschaft. Die Welt ist vor allem kein Mechanismus wie beispielsweise ein Uhrwerk.

Warum ich Ihnen das erzähle? Manche Leute denken, dass die Börse wie ein mechanisches Uhrwerk funktioniert und vorhersehbar sein müsste. Sie sind Anhänger der fundamentalen Analyse, die äußere Ereignisse, zum Beispiel Geschäftsberichte von Firmen oder Ernteberichte von Rohstoffen, für Kursschwankungen verantwortlich machen.

Und tatsächlich geben diesen Leuten die Ereignisse oft recht. Der amerikanische Notenbankpräsident sagt etwas, oder es werden Wirtschaftszahlen veröffentlicht, und die Kurse an den Aktien-, Devisen- oder Finanzmärkten machen große Sprünge. Im brasilianischen Kaffeeanbaugebiet treten Fröste auf, und der Kaffeepreis schnellt in die Höhe. Hört sich simpel an. Nachdem man die ersten Erfahrungen gesammelt hat, stellt man aber fest, dass dieselben Wirtschaftszahlen die Kurse mal nach oben, mal nach unten und dann wieder gar nicht bewegen. Im Endeffekt ist die Börse und jeder Markt von fundamentalen Faktoren bestimmt: den Entscheidungen der Börsenteilnehmer. Es spielt allerdings eine derartige Vielzahl subjektiver Faktoren eine Rolle, dass die fundamentale Strukturierung auf dieser Ebene keinerlei brauchbare Anhaltspunkte mehr liefert. Die fundamentalen Faktoren, die zusammenkommen, sind also derart komplex, dass andere Ansätze zur Unterstützung gefunden werden müssen.

Da gibt es dann die Anhänger der technischen Analyse, die dem Markt eine Eigendynamik zuschreiben, die nach bestimmten Gesetzen verläuft. Diese Leute schauen sich den Chart, den Kurvenverlauf der Preise eines Marktes, an und erkennen daraus den weiteren Verlauf.

Sie haben tatsächlich bessere Erfolge als die Fundamental-Analytiker und doch zu wenig. Denn die Börse wird von einer nonlinearen Dynamik bestimmt; die Börse verläuft chaotisch. Tatsächlich hat sich die Chaostheorie der Börse angenommen und einige interessante Ansätze hervorgebracht. Dazu erfahren Sie mehr in Kapitel 14: Chaos-Cowboys.

Es gibt noch ein Gerät in dieser Welt, welches nach quantenmechanischen Nichtgesetzen funktioniert: unser »Bio-Computer« im Kopf nämlich. Wir haben gelernt, diesen durch Sprache und Vernunft zu regulieren und das Chaos scheinbar zu entwirren. Dabei geht uns aber ein wesentliches Verständnis der Welt verloren, denn die ist nicht derart reguliert.

Zen ist ein Ansatz, das Gehirn wieder zu chaotisieren und die Strukturen loszulassen, so dass die Energie im Kopf wieder frei fließen kann. Ähnlich verläuft es mit den Börsen.

Das Gehirn also, das am wenigsten strukturiert ist, kann sich am ehesten dem chaotischen Auf und Ab der Börsen angleichen. Je fortgeschrittener die Strukturierung unserer Neurologie ist, desto weniger kann die Energie frei fließen. Es bilden sich mitunter einzelne Partitionen, die nicht im Kontakt miteinander stehen. Grenzen und einzelne Fragmente entstehen. Wir sehen es an dem hochgeistigen, intellektuellen Menschen: Dieser hat Schwierigkeiten, in der realen Welt zu leben, denn diese ist nicht so strukturiert wie sein Gehirn, mit dem er fortwährend versucht, einen Sinn zu erzeugen. Der Sinn liegt aber im Chaos und nicht in der von Menschen geschaffenen Struktur. Deshalb sind Kinder so viel lebendiger und weltoffener und haben viel mehr Spaß. Ihr Gehirn ist noch nicht strukturiert und fragmentiert. Die besten Börsenhändler wären vermutlich Kinder im Alter von drei Jahren.

Das andere Extrem ist der Philosoph oder theoretische Wissenschaftler, der die Welt so weit strukturiert hat, dass er an die Grenzen dieses Weges stößt und seine Struktur zusammenbricht. Nietzsche ist dieses Glück widerfahren. Von da an lebte er für den Rest seines Lebens in »geistiger Umnachtung« – vielleicht war er wesentlich glücklicher so. Neuere Erkenntnisse über Einstein haben gezeigt, dass er, der ja in der Schule nicht erfolgreich war, weil er sehr langsam dachte, sich so einen Schutz vor der massenhaften Strukturierung des Gehirns geschaffen hatte. Er war in der Lage, Sachen zu denken oder Sachverhalte zu erkennen, die noch heute für die meisten Menschen auf Grund der Struktur ihres Gehirns unverständlich sind.

Wir benutzen quasi das Betriebssystem der Newton-Ära, das sowieso nur begrenzt geeignet und nicht mehr up to date ist. Wie gelangen wir zu einer Struktur im Kopf, die dem Zeitalter der Quantenphysik angemessen ist? Zen-Meditation ist eine Möglichkeit, das Gehirn von den Strukturen zu befreien und zu entspannen: wieder wie die weiße Wand zu sein, das unbeschriebene Blatt, auf dem alles erscheinen und wieder verschwinden kann.

Größere Probleme können mit NLP aufgelöst werden, was die Zen-Meditation erheblich erleichtert.

Ich schrieb meinem Meister: »Wie werde ich diese Strukturen in meinem Gehirn wieder los, die mir anerzogen sind. Ich habe den Eindruck, für das Geld, die Börse und das Zen brauche ich einen neuen Geist!«

DER FÜNFTE BRIEF MEINES MEISTERS:

GELD IST WIE DIE WEISSE WAND

»Lieber Doi,« schrieb er zurück.

»Der erste Patriarch des Zen, Bodhidharma, saß neun Jahre vor der weißen Wand in einer Höhle nahe des Shaolin-Klosters. Dieses Sitzen vor der weißen Wand ist das beste Mittel, um einen klaren Geist zu bekommen, und so wurde Zazen zu der Hauptmeditation des Zen.

Die weiße Wand ist so wunderbar geeignet, um diesen Geist des Zen zu bekommen, denn sie gibt die Leere und Klarheit schon vor.

Aber auch Geld kann wie eine weiße Wand sein. Nimm einen Geldschein und schau ihn an. Er sieht aus wie ein Geldschein. Er ist ein Stück Papier, das mehr oder weniger kunstvoll bedruckt ist.

Der Schein ist aber mehr als nur ein Papierschnipsel, denn darauf ist eine Garantie geschrieben: Der Präsident einer Nationalbank garantiert, gegen dieses Schein ein bestimmtes Äquivalent auszuzahlen. Früher waren die an Scheine ausgegebenen Summen durch Goldreserven gedeckt, das heißt: Im Endeffekt wäre dein Bankpräsident bereit gewesen, für den Schein echtes Edelmetall zu geben. Mittlerweile ist das Geldvolumen so groß, das nicht ausreichend Gold zur Deckung vorhanden wäre, so dass man die Bindung des Geldes an das Gold aufgegeben hat.

Was also garantiert die Unterschrift des Notenbankpräsidenten auf dem Geldschein? Der Wert des Scheines ist eine machtvolle Illusion.

Da ist also dieser Schein vor dir. Pinne ihn ruhig mit einer Nadel an die weiße Wand. Je größer der Schein, desto besser. Wenn du ihn eine Zeit lang betrachtet hast, erscheinen dir vielleicht Bilder von Dingen, die du mit diesem Schein erwerben könntest oder andere Träume.

Oder wie wäre es, viele dieser Scheine zu besitzen? Wenn der Schein ein Tausendmarkschein ist. Wie wäre es, tausend dieser Scheine zu besitzen? So viele sind das gar nicht.

Lass deinen Kopf arbeiten, träume und kehre immer wieder zur reinen Beobachtung des Scheines zurück. Es ist ein bedrucktes Stück Papier, nicht mehr und nicht weniger. Das Stück Papier erleichtert den Austausch von Waren. Du musst nicht zum Bäcker gehen und ihm für ein Brötchen einen deiner Dienste verkaufen. Wenn er zufällig keinen Börsenberater braucht, gibt es keine Brötchen, das wäre ein kompliziertes Leben. Nein, der Tausch von Waren ist durch Geld erheblich vereinfacht.

Beobachte das Geld, und beobachte dich selbst beim Beobachten. Welche Illusionen und Träume projizierst du auf diesen Schein? Er hat nichts mit deinem Erfolg zu tun. Er ist nur Papier, mit Symbolen aufgeladen. Es ist nur eine weiße Wand vor dir. Es ist nur Leere und Stille in dir.«

Gendai Roshi, Ushkawa Zendo, Februar 1996

Meditation ist der Weg in die innere weiße Wand, in das innere unbeschriebene Blatt Papier.

Die meisten Menschen fürchten nichts so sehr wie die innere Leere, das Schweigen tief in sich. Der Meditierende sucht genau das, denn er weiß, dass dort die Wahrheit und der Frieden liegt. Er weiß, dass alles was außen gesucht wird – Ruhm, Erfolg, Reichtum – nur ein äußerer Abklatsch für etwas ist, das drinnen vermisst wird und doch so nah ist. Warum fürchten wir die innere Leere so? Die Erinnerung ist mit Schmerz verbunden. Diesen Schmerz wollen wir nicht fühlen. Die innere Stille ist damit verbunden, dass unser Verstand zur Ruhe kommt. Unser Verstand denkt, dass er stirbt, wenn er nicht arbeitet. Wir sind denksüchtig. Davon mehr im übernächsten Kapitel.

Zen ist die Heilung von der Denksucht.

9. KAPITEL

Die Tore der Hölle, die Tore des Himmels

Hakuin und der Samurai – Furcht und Gier – Das kollektive Unterbewusstsein – Das Morphogenetische Feld – Die Herde der Börsianer – Die Trennung vom Massenbewusstsein – Befreiung von Gier – Zum Rand der Herde – Die Atisha-Meditation zur Befreiung von Gier – Und die Panik? – Wie schaffen wir uns Niederlagen? – Achtsamkeit beim Aufbau eines Business – Das Zen des Marketing – Noch drei Millionen-Ideen

Hakuin und der Samurai

Der berühmte Samurai Nobushige kam einst zu dem Zen-Meister Hakuin und fragte ihn: »He! Ihr da, Zen-Meister, gibt es eine Hölle und einen Himmel?«

»Wer bist du?«, fragte Hakuin.

»Ich bin Nobushige, der Samurai«, antwortete dieser.

»Du und ein Samurai!«, rief Hakuin. »Du siehst aus wie ein Bettler! Welcher Fürst würde dich schon einstellen!«

Nobushige wurde wegen dieser Beleidigung so wütend, dass er nach seinem Schwert griff, um den, der ihn beleidigte, zu enthaupten.

Hakuin fuhr unbeirrt fort: »So, du hast ein Schwert! Deine Waffe ist viel zu stumpf, um mich auch nur zu verletzen!«

Als Nobushige das Schwert gezogen hatte und in seiner Wut auf den Zen-Meister zuschritt, bemerkte Hakuin: »Hier öffnen sich die Pforten der Hölle!«

Da erkannte der Samurai, dass der Zen-Meister ihm etwas demonstrieren wollte und steckte das Schwert in die Scheide zurück, um sich zu verneigen.

»Und hier öffnen sich die Tore des Himmels«, sagte Hakuin.

Furcht und Gier

Auch die Märkte sind wie dieser großartige Zen-Meister. Wer sich ihnen mit Gier nähert, sie bezwingen will, wird Schiffbruch erleiden und sich eventuell schließlich vor ihnen verneigen, um von ihnen zu lernen. Dem Demütigen eröffnen sie ihre Schätze und Weisheiten gerne.

Wie aber gelangt man zu Demut? Es gibt nur einen Weg: geschlagen werden und sich geschlagen geben. Je eher Sie sagen: »Markt, lehre mich deine Geheimnisse. Ich will still sein und zuhören!«, desto mehr Schmerzen ersparen Sie sich. Je großspuriger und egoistischer Sie an die Börse herangehen, desto länger wird der Weg zur Demut werden. Ja, er wird dann sogar zur Demütigung. Das ist nicht nötig. Wenn Sie sich in diesem Kapitel von der Gier befreien, werden Sie sich auch von den beiden Hauptkräften, die die Börse beeinflussen, gelöst haben: Furcht und Gier.

Wie beeinflussen Furcht und Gier die Börse? Nun, ganz einfach: Wenn die Kurse steigen, wollen die Gierigen alle dabei sein und kaufen und kaufen. Und da die Gier blind macht, kaufen sie immer noch, wenn die Anleger, die den Anstieg der Kurse durch den frühen Kauf bewirkt haben, anfangen, ihre Gewinne zu realisieren. Diese können die Gewinne ja nur realisieren, weil ihnen jemand ihre günstiger erworbenen Aktien, Kontrakte oder Optionen abkauft: Das ist eben der Gierige, der zu Höchstkursen kauft, um den Zug nicht zu verpassen.

Genauso interessant sind die Furchtsamen. Meist sind das auch die Leute, die während der steigenden Kurse die Gierigen waren. Nun haben diese ihre Aktien zu relativen Höchstkursen gekauft und halten sie in ihrem Depot: Die Kurse werden schon wieder anziehen. Aber die Kurse fallen und fallen. Der nominelle Verlust wächst und wächst. Die Profis denken jetzt daran, bei günstigen Kursen zu kaufen. Die Fürchtenden verkaufen mit Verlust und stellen erschüttert fest, dass sie wieder einmal am Tiefpunkt verkauft haben und die Kurse nach ihrem Verkauf wieder anziehen.

Sie geben dann der Börse die Schuld und sehen nicht, dass ihre eigene Disposition sie narrt. Vor allem wissen sie nicht, dass diese Disposition veränderbar ist.

Wollen Sie frei sein von Furcht und Gier während Ihres Börsenhandels, aber auch in Ihrem übrigen Leben?

Das kollektive Unterbewusstsein

Es gibt noch ein zusätzliches Thema bei der Befreiung von diesen Emotionen: Sie sind kollektive Emotionen, das heißt, derjenige, der während einer Börsenhausse gierig wird und sich überkauft, ist Teil der kaufenden Masse, die jeden Tag in den Wirtschaftsblättern liest: »Börse steigt!« Die Zeitungen können ja nur einen Tag hinterher sein. Die Masse der Anleger bekommt ihre Informationen immer zu spät und verdrängt diese Tatsache, denn die Gier macht blind.

Die psychologische Power der Masse ist ungeheuer. Es ist nicht leicht, sich ihr zu entziehen. Es ist wie eine Stampede, der unkontrollierbare gemeinsame Lauf einer riesigen Kuhherde im Wilden Westen.

Wir sind Teil einer Herde. Wir haben nicht nur ein individuelles Bewusstsein, sondern auch das (Un-)Bewusstsein der Herde in uns. Der berühmte Mitbegründer der Psychoanalyse, der Schweizer Arzt Dr. Carl Gustav Jung, hat das Wort »kollektives Unterbewusstsein« für das der Herde oder der Masse gemeinsame Bewusstsein geprägt. Es drückt sich besonders in den überlieferten Mythen, Märchen und Epen aus.

Das Morphogenetische Feld

Ein anderes Modell für dieses »Angeschlossensein« an ein größeres (als unser individuelles) Bewusstsein hat in jüngerer Zeit der englische Biologe Rupert Sheldrake entwickelt: das »Morphogenetische Feld«.

Dieses Modell entstand als Ergebnis von Untersuchungen bei Tieren, die über mehrere Kontinente verteilt sind. Es stellte sich nämlich heraus, dass, sobald ein Tier ein neues Verhaltensmuster erlernt hatte, auf einem anderen Kontinent ein anderes Tier dieser Art dieses Verhalten innerhalb kürzester Zeit vorweisen konnte – ohne dass die beiden Arten Kontakt gehabt hätten. Beispielsweise entwickelte ein Fink in Neuseeland ein neues Verhalten, Maden mit einem Stock hervorzulocken. Kurz darauf beherrschten auch die europäischen Artgenossen dieses Verhaltensmuster. Ähnliches wurde bei anderen Tieren beobachtet. Diese Vögel hatten keinerlei Möglichkeit, ihr Wissen auf physischem Weg weiterzugeben – kein Radio, kein Telefon, kein Internet. Und doch wandten die Vögel innerhalb von wenigen Tagen auch das neue, geniale Verhalten an.

Sheldrake erklärt das mit einem immateriellen Informationsfeld, dem »Morphogenetischen Feld«, das die Lebewesen einer Gattung und damit alle Lebewesen umgibt und verbindet. Es öffnen sich hier vollkommen neue Dimensionen der Naturwissenschaft, denn es gibt offensichtlich nicht materielle, nicht wahrnehmbare Dimensionen, die unerklärliche Phänomene erklären können.

Die Herde der Börsianer

Was haben »kollektives Unterbewusstsein« und »Morphogenetisches Feld« nun mit unserem Geldverdienen und der Börse zu tun? Sehr viel, denn offensichtlich wird die Herde der Börsianer durch unterbewusste gemeinsame Furcht und Gier gelenkt.

Um an der Börse Erfolg zu haben, ist es notwendig, sich von dem Herdenbewusstsein lösen zu können. Damit ich mich vom Herdenbewusstsein lösen kann, muss ich es wahrnehmen und kennen.

Das von Gier und Furcht gespeiste Muster gibt es nicht

nur an der Börse. Die Börse ist generell nur ein Spiegel von wirtschaftlichen Vorgängen. Die Konjunkturzyklen entstanden durch Gier und Furcht. Wenn eine Firma ihre Ware gut verkaufte, produzierte und produzierte sie, bis sie zu viel ihrer Ware auf Halde hatte und sich übernommen hatte, was dann eine Rezession auslöste. Durch moderne Verfahren der Situationsbeobachtung von Angebot und Nachfrage, durch Leanproduction und Leanselling, sind diese Auswüchse heute seltener geworden. Und das kommt allen zugute.

Ähnlich wird es sein, wenn immer mehr Leute lernen, die Analyseinstrumente für Börsenkurse zu verstehen und zu benutzen.

Nach dem Modell des »Morphogenetischen Feldes« müssten unterbewusst ja immer mehr Leute immer mehr Fähigkeiten bei ihrem Börsenhandel haben. Denn wenn einer es lernt, können es – zumindest unterbewusst – die anderen in kurzer Zeit auch. Dieses Buch soll vor allem auch ein Beitrag dazu sein, im kollektiven Unterbewusstsein der wirtschaftlich agierenden Menschen die Fähigkeit der Befreiung von Furcht und Gier durch Achtsamkeit und Verdauen dieser Emotionen im Herzen zu unterstützen.

Die Trennung vom Massenbewusstsein

Unsere Verbindung mit dem kollektiven Unterbewusstsein kann sowohl Fluch als auch Segen sein. Teil einer Herde zu sein kann eine Stärke beinhalten, aber auch eine Schwäche.

Das kollektive Unterbewusstsein ermöglicht gemäß der Vorstellung vom Morphogenetischen Feld den Zugang zu sämtlichen der Menschheit oder einem Teil der Menschheit zugänglichen Informationen.

Das ganze Wissen, die gesamte Erkenntnis der Menschheit stehen Ihnen zur Verfügung! Vielleicht müssen Sie nur den richtigen Sender an Ihrem inneren Empfänger einstellen.

Würde es den Börsenerfolg erhöhen, wenn Sie diese Informationen zur Verfügung hätten? Würde es den Geschäftserfolg erhöhen, wenn Sie diese Informationen zur Verfügung hätten? Mit Sicherheit. Die Schwierigkeit wird sein, aus der Masse von Informationen die wichtigen herauszusortieren.

Das ist eines der Probleme der Menschen in der globalen Informationsgesellschaft überhaupt: zu viel Informationen. Sie geben einen Begriff in einer Internet-Suchmaschine ein und erhalten über eine Million Hits. Sie lesen drei Wirtschaftsblätter, schauen sich die Kommentare der Agenturen an, lesen das, was andere in Internet-Foren schreiben, telefonieren mit einem Analytiker und haben damit Ihren Tag herumgebracht und vergessen, aktiv tätig zu sein.

Für die Denksucht, mit der wir uns später in diesem Kapitel eingehender beschäftigen, ist dies die Zeit, in der sie am ehesten befriedigt werden kann, und die Zeit, in der es am schwierigsten ist, sich von ihr zu befreien.

Die Verbundenheit mit der Herde bringt neben der Fülle an Informationen natürlich auch ein Gefühl von Zusammengehörigkeit.

Oft ist die Herde allerdings blind – alles rennt in eine Richtung: Jeder muss mit. Die Herde rennt in die andere Richtung, und wiederum zwingt die Herde – um nicht niedergetrampelt zu werden – alle mitzugehen.

Sie wissen, dass Sie, wollen Sie großen Erfolg haben, sich irgendwie an den Rand der Herde bewegen müssen. Sie wollen vielleicht an die Spitze, so dass Ihnen die anderen folgen. An der Spitze ist es auch am gefährlichsten. Wenn Sie der Erste sind, der vor dem Abgrund stehen bleibt, sind Sie auch der Erste, der von der nachfolgenden Masse in die Schlucht gedrängt wird. Also bewegen Sie sich an den Rand. Und sehen zu Ihrer Überraschung, dass es Mitglieder dieser Welt gibt, die dazugehören und doch ganz anders sind: Cowboys, Pferde, Hirtenhunde, Wölfe.

Wie also kann ich die Vorteile des Lebens in der Herde genießen, ohne gezwungen zu sein, ihre Irrwege mitzugehen? Wie kann ich frei sein, ohne ein Ausgestoßener und Außenseiter zu sein? Auch hier ist wieder der Schlüssel: Achtsamkeit, Wachheit, Bewusstheit.

Sobald Sie sich bewusst werden, dass und wie Sie Teil der Herde sind, beginnen Sie sich davon freizumachen. Sie können dann beobachten: Dies ist die Herde in mir, dies bin ich selbst. Sie können neue Wege suchen. Sie können der Herde etwas verkaufen. Sie können vorher wissen, wie sie läuft, und schon dort sein, um einen Verkaufsstand mit bestem Präriegras und frischestem Quellwasser aufgestellt zu haben.

Befreiung von Gier

Furcht und Gier sind also die Hauptantreiber für die Herde der Börsenmenschen. Sie sind die Hauptantreiber für die Entwicklung der menschlichen Gesellschaft überhaupt.

Was ist Gier? Warum zerstören die Menschen in ihrer Gier den Planeten, der ihre Lebensgrundlage ist? Warum sind Menschen gierig? Und wie befreien wir uns und andere von dieser Gier?

Gier ist eine Emotion. Sie sagt: »Ich muss auch dabei sein!« Die Kurse gehen hoch, andere fahren Riesengewinne ein, ich muss auch Gewinne machen, ich muss besser sein.

Gier ist die verstärkte Version einer essenziellen Emotion: dem Verlangen. Verlangen ist natürlich.

Wir brauchen nicht nur Luft zum Atmen, Nahrung und ein Dach über dem Kopf. Wir brauchen auch die Befriedigung der sieben Grundbedürfnisse, die ich bereits erwähnt habe: Lebensrecht, Geborgenheit, Zugehörigkeit, Grenzen, Raum, Unterstützung, Wertschätzung.

Wir haben ein natürliches Verlangen nach der Erfüllung dieser Bedürfnisse. Wenn eines davon nicht befriedigt ist, wird das Verlangen danach stärker; das ist ein natürliches Regulativ. Manchmal kommt es in der Kindheit vor, dass wir in diesem Verlangen traumatisiert werden. Wir sind dann überzeugt, dass dieses Bedürfnis für uns nicht oder nur sehr eingeschränkt erfüllbar ist. Wir glauben, dass das für alle so ist, dass zum Beispiel alle einsam sind oder sich minderwertig fühlen.

Da wir aber die Erfüllung der Bedürfnisse brauchen, wird das Verlangen stärker. Mit der Überzeugung, die wir gebildet haben, dass es nicht erfüllbar für uns ist, schaffen wir eine Art der »sich selbst erfüllenden Prophezeiung« und finden uns in einer Welt wieder, in der es nicht erfüllt wird.

Meist kompensieren wir unser nicht erfülltes Bedürfnis dann irgendwie, überspielen es, verdrängen es, finden Umwege. So entsteht Sucht. So entsteht Gier.

Die Gier verlangt oft nicht nach dem ursprünglichen Bedürfnis, sondern sie hat sich auf eine Ersatzbefriedigung fixiert, zum Beispiel Geld oder Börsengewinne.

Das Unterbewusstsein der Herdenmitglieder bei der Börsen-Stampede denkt nicht an Börsengewinne, sondern: »Meine Aktien gewinnen, ich bin doch etwas wert, ich gehöre doch dazu, ich bekomme doch, was ich brauche!« Und es denkt: »Möge das nie zu Ende sein!« Und bums: Alle stürzen über die Klippe.

Das Hauptproblem ist also die mangelnde Wachsamkeit in der Bedürfnisbefriedigung, vor allem der Kinder. Und dabei ist zu beachten, dass Kinder wesentlich mehr brauchen als Essen und Spielen. Kinder brauchen gleichzeitig einerseits Wärme und Zuwendung, haben aber andererseits das Grundbedürfnis, ihre Grenzen gesetzt zu bekommen. Sie möchten manchmal das Nein gesagt bekommen.

Der erste Schritt zur Befreiung von Gier ist also die Bewusstheit darüber, welche Bedürfnisse in Ihrem Leben nur eingeschränkt erfüllt sind.

Es kann sein, dass Sie die Bedürfniserfüllung kompensieren und nicht bemerken, dass etwas unerfüllt ist. Seien Sie sich selbst gegenüber wachsam.

Im nächsten Kapitel werden Sie erfahren, wie Sie sich von der unterbewussten Überzeugung, dass ein Bedürfnis nicht erfüllbar ist, befreien können. Jetzt möchte ich Sie erst einmal bitten, an den Rand der Herde zu gelangen.

Zum Rand der Herde

Markieren Sie auf dem Fußboden einen großen Kreis oder ein Oval. Sie können zum Beispiel einen langen Wollfaden benutzen und auslegen. Stellen Sie sich in die Mitte dieses Ovals. Das Oval symbolisiert die Herde, das kollektive Unterbewusstsein einer Gruppe der Menschheit, die Sie sich auswählen können, zum Beispiel alle Börsenmitglieder in den Aktien, die im DAX notiert sind.

Sie stehen also in der Mitte dieses Kreises. Die Herde ist entweder gierig nach Gewinnen oder fürchtet Verluste. Lassen Sie die Vorstellung stärker werden. Es gibt Herdenmitglieder voller Gier und welche voller Furcht. Da ist ein Muhen und Stampfen. Sie werden hin und her geschubst. Sie muhen mit, Sie stampfen mit.

Geht es vorwärts, oder geht es zurück? Wo ist Ihr Platz in der Herde? Sind Sie eher eine Führungspersönlichkeit, dann stellen Sie sich eher an die Seite des Ovals, welches die Spitze der Herde symbolisieren kann. Sind Sie eher in der Mitte? Oder trotten Sie lieber hinterher?

Noch besser wäre es, diese kleine Übung in einer Gruppe durchzuführen. Bitten Sie alle Ihre Freunde und alle Kollegen und Geschäftspartner zu sich, damit diese die Herde darstellen können. (Dieser Vorschlag ist nicht unbedingt ernst gemeint!)

Sie stehen also da und werden sich bewusst: »Ich bin Teil der Masse, ich kann mich nicht frei bewegen. Was gibt es mir, Teil der Masse zu sein? Habe ich Angst, es gar nicht mehr zu bekommen, wenn ich am Rand bin?«

Sie beschließen, den Mut aufzubringen, sich an den Seitenrand der Herde zu drängeln, denn Sie wissen, dass es überall Möglichkeiten gibt, die Bedürfnisse zu erfüllen. Und Sie wissen, dass es am Rand der Herde Möglichkeiten gibt, diese auch mal von außen zu betrachten, wie es die Cowboys tun.

Bemerken Sie jetzt, was an Ihnen zerrt, was Sie in der Mitte der Masse halten will. Was sagt Ihre Familie, was sagen die Kollegen dazu, wenn Sie nicht mehr wie alle agieren? Vielleicht ist heute der Tag, an dem Sie mit etwas beginnen, das Sie bisher noch nie gemacht haben und damit alle überraschen. Vielleicht ist der Tag, an dem Sie nicht mehr das machen, was alle von Ihnen erwarten.

Weisen Sie die angebotene Zigarette zurück, bringen Sie einen neuen Standpunkt ein. Vielleicht gibt es einen Ablauf in Ihrer Umgebung bezüglich einer Person. Vielleicht wird über diese Person schlecht geredet. Heute ist der Tag, an dem Sie sagen: »Haltet mal. Wir sollten nur über X reden, wenn sie/er anwesend ist, sonst ist das unfair. Und eigentlich sollten wir diese Person auch in ihrem Verhalten verstehen und Nachsicht haben, jeder bemüht sich doch so gut er kann!«

Die Herde mobbt mit Begeisterung – beginnen Sie damit, aus dem Mobbing auszusteigen. Nähern Sie sich dem Rand der Herde, der Gewinnerzone, mit Riesenschritten.

Die Atisha-Meditation zur Befreiung von Gier

Übung 15:

Die Atisha-Meditation zur Befreiung von Gier

1. Setzen Sie sich vor einen Spiegel.
2. Ziehen Sie einen Kreis der Macht um Ihren Sitzplatz.
3. Schauen Sie sich im Spiegel in die Augen.
4. Machen Sie eine kurze Stärkung des Herz-Chakras.
5. Atmen Sie mit der Vorstellung ein, die Emotion Gier des Menschen vor Ihnen im Spiegel aufzunehmen.
6. Atmen Sie Großzügigkeit und positive Emotionen für den Menschen im Spiegel vor Ihnen aus.

Machen Sie also auch mit Gier und Verlangen die Atisha-Befreiung.

Setzen Sie sich vor den Spiegel. Beobachten Sie sich und Ihren Atem.

Welche Bedürfnisse sind schwach erfüllt, wonach verlangen Sie, wonach gieren Sie? Wie drückt sich die Gier im Körper aus?

Zur Unterstützung können Sie die Arme nach vorne strecken und sagen: »Ich brauche! Gib mir!«

Gehen Sie in die Gier, in das Verlangen. Sie kennen ja den Atisha-Ablauf bereits. Atmen Sie die Gier ein, atmen Sie diese in Ihr Herz-Chakra. Beim Ausatmen atmen Sie Großzügigkeit und Dankbarkeit. Senden Sie aus Ihrem Herzen an alles Leben und vor allem an Ihr eigenes Spiegelbild Ihre Großzügigkeit, Ihren Großmut und Ihre Dankbarkeit. Atmen Sie weiter Ihre eigene Gier ein, und wenn Sie möchten, auch die Gier der Herde.

Ihr Herz ist groß und stark genug, alles umzuwandeln, und es braucht auch Training darin wie Ihre Bauchmuskeln im Fitnessstudio. Machen Sie diese Übung zur Befreiung von Gier einen Monat lang täglich für zehn Minuten, und Sie werden überrascht sein, wie entspannt Sie dem Verlauf der Börsen und den Umsatzbilanzen Ihres Unternehmens folgen können.

Denn wer am Höchstpunkt verkauft, macht Gewinne. Am Höchstpunkt verkauft nur derjenige, der sich von der Gier der Masse befreit hat und kühl beobachten kann, wo die Felswand oder der Abgrund ist, an dem sie kehrtmacht.

Und die Panik?

Waren Sie schon mal in Aktien engagiert, und der Markt fiel rapide? Sicher waren Sie das, denn in den letzten Jahren gab es immer mal wieder kleinere oder größere Schrecksekunden an den Börsen.

Kennen Sie das? Der Markt fällt und fällt, und Sie werden unruhiger und unruhiger?

Die Aktien sehen ihren Preis ja immer wieder, beruhigen Sie sich. Sie verfallen ja nicht im Wert, man muss nur warten können. Aber Sie wollten ja nicht von der Dividende leben, sondern von den Kursgewinnen. Und der Kurs fällt.

Langsam kriecht die Angst, die Furcht, die Panik hoch.

Der Kurs fällt weiter, denn immer mehr stellen ihre Positionen glatt, nehmen Gewinne mit, limitieren die Verluste, und der Kurs fällt. Was sollen Sie machen?

Wieso fallen die Kurse überhaupt? Sie dachten, dass man Aktien nur kaufen kann? Die Profis machen genauso viel Gewinn mit dem Verkaufen.

Und die Firmen, welche die Aktien ausgegeben haben, um sich Liquidität zu beschaffen? Je höher die Aktien stehen, desto größer ist ihre Verpflichtung, ihre Schuld. Die ausgebenden Firmen propagieren zwar gerne gute Geschäftsgewinne, um die Aktionäre zufrieden zu stellen und neue Aktionäre anzulocken. Dennoch kommen ihnen periodische Crashs sehr gelegen.

Und Sie sind mittendrin in dem Strudel. Warum habe ich nicht beim Höchstpunkt mit großem Gewinn verkauft? Jetzt bin ich im Verlust. Wie weit fällt der Kurs denn noch? Sollte ich lieber den Markt verlassen? Denn irgendwann geht es ans Eingemachte, und alle mit den Kursgewinnen entstandenen Träume zerplatzen.

Wenn Sie dann endlich dem Flucht- oder Kampfreflex

nachgeben, wie so viele andere auch die Flucht wählen und sich nicht darüber wundern, dass irgendjemand das, was sie verkaufen, nun aufkauft, ärgern Sie sich eine Woche später darüber, dass sie genau im Tief verkauft haben und der Kurs sich nun wieder erholt.

Das Gegenstück der Gier ist die Furcht, und es ist ratsam, auch diese aus Ihrem emotionalen System zu waschen. Da Sie bereits in Kapitel 6 die Angst mit der Atisha-Meditation geklärt haben, ist es Ihnen ein Leichtes, die Furcht und Panik, die mit Verlusten an den Börsen zusammenhängen, auf demselben Weg zu klären.

Wie schaffen wir uns Niederlagen?

Ich möchte Ihnen den unterbewussten Ablauf, mit dem wir uns widrige Begebenheiten erschaffen, noch einmal erklären, denn das zu verstehen ist sehr, sehr wichtig.

Es gibt Ereignisse im Leben, deren emotionalen Gehalt wir nicht verdauen. Es müssen gar keine großen traumatischen Ereignisse sein, manchmal verstehen wir etwas Kleines, Unauffälliges nicht. Manchmal sind es keine Ereignisse, sondern sich wiederholende Situationen, manchmal ist es das System, in dem wir leben, die Familie, welches fortwährend Emotionen in uns erzeugt oder erzeugte, die wir nicht integrieren können.

Diese emotionalen Energien schaffen immer wieder Ereignisse, die genau diese Emotion auslösen. Klären Sie also unbedingt die Wut, die Angst, die Schuld, die Trauer, die Gier, damit Ihr Leben frei ist von Niederlagen und Verlusten.

Die Atisha-Meditation ist ein guter Weg, Emotionen zu verdauen. Es gibt einige weitere Ansätze, deren Darstellung den Rahmen des Buches sprengen würde. Ich bin auch der Meinung, dass die praktische Erfahrung wesentlich ergiebiger ist als die Lektüre. Diese weiteren Ansätze beinhalten ein Herausfinden der Ursache in der Geschichte, oft also in der

Kindheit. Grundsätzlich ist es nicht unbedingt nötig, in die Vergangenheit zu gehen, um Emotionen, die jetzt auftreten, zu klären. Es kann jedoch das Verstehen der eigenen Persönlichkeit erleichtern. Im NLP gibt es einige sehr erfolgreiche Verfahren, alte Emotionen und die Glaubenssätze, die wir in den Kapiteln 10 und 11 behandeln, zu klären. Diese NLP-Verfahren gibt es im so genannten Re-Imprint oder in der Timeline-Therapy. Eine andere therapeutische Richtung, die in der Klärung negativer Emotionen und Überzeugungen erfolgreich ist, ist die Kinesiologie, und hier besonders die Psychokinesiologie. NLP-Therapeuten und Kinesiologen gibt es mittlerweile in jeder deutschen Großstadt. Erkundigen Sie sich jedoch vorab, ob diese in den von mir genannten Techniken ausgebildet sind.

Achtsamkeit beim Aufbau eines Business

Es ist wichtig, sich immer darüber bewusst zu sein, wo man steht. Bei einem Unternehmen, das man startet oder führt, heißt das zu beobachten und zu wissen, in welchem der möglichen Stadien sich das Unternehmen gerade befindet.

Auch bei einem Business ist es wichtig, die Mechanismen von Furcht und Gier zu kennen, um nicht in ihre Fallen zu treten.

Wir können sechs Stufen der Entwicklung annehmen:

1. Beginn des Business
2. Negative Entwicklung
3. Stagnation bis Zusammenbruch
4. Normale stabile Entwicklung
5. Stark positive Entwicklung
6. Topposition

Was ist auf der jeweiligen Stufe zu beachten?

1. Beginn des Business

a) Was wollen Sie anbieten?
b) Wem wollen Sie es anbieten?
c) Wie erfahren die potenziellen Käufer von Ihrem Angebot?
d) Produzieren Sie das, was gebraucht wird!
e) Verbessern Sie kontinuierlich Ihr Produkt!

2. Negative Entwicklung

Der Gewinn nimmt ab bzw. ist kleiner als die Investition.

a) Wie verhindern Sie, dass Ihr Angebot wahrgenommen oder angenommen wird?
b) Wie können Sie Rückmeldungen über das Interesse an Ihrem Angebot bekommen?
c) Wie können Sie Ihr Angebot verbessern?

3. Stagnation bis Zusammenbruch

Wie können Sie Ihre Werbung intensivieren und verbessern? Beachten Sie die Achtsamkeit des Marketing und die Marketingrichtlinien weiter unten!

a) Finden Sie zehn weitere Möglichkeiten, Ihr Produkt bekannt zu machen! Werben, werben, werben um jeden Preis.
b) Wie können Sie Ihre tägliche Disziplin und die Ihrer Mitarbeiter anheben?
c) Üben Sie äußerste finanzielle Achtsamkeit, und vermeiden Sie unnötige Ausgaben oder Verschwendung!

4. Normale stabile Entwicklung

a) Alles läuft solide und gut, verändern Sie daher nur minimal.
b) Beobachten Sie, was erfolgreich ist, und verstärken Sie es. Verbessern Sie das, was nicht so erfolgreich ist.

5. Starke positive Entwicklung

a) Wirtschaften Sie sparsam! Vermeiden Sie Verpflichtungen! Widerstehen Sie der Versuchung, viel auszugeben, langfristige Einstellungen zu unternehmen oder groß zu investieren!

b) Zahlen Sie alle offenen Rechnungen und Schulden jetzt!
c) Achten Sie darauf, welche Faktoren zu dem Erfolg geführt haben!

6. Topposition

In Kapitel 15 werden Sie das Prinzip der rennenden Roten Königin kennen lernen. Dieses bedeutet: Hören Sie nie auf, zu lernen, zu verbessern, wach zu sein! Sonst sind Sie oder Ihr Unternehmen schneller ein Dinosaurier, als Sie gedacht hätten!

Sicher kennen Sie die Dilbert-Comics. Sie beruhen auf zwei verwandten Erkenntnissen der Kybernetik, dem Peter-Prinzip und TOC, der Theory of Constraints (Theorie des Engpasses). Das Peter-Prinzip sagt, dass jeder so lange befördert wird, bis er sich in einer Position befindet, für die er nicht qualifiziert ist, so dass die höchsten Ebenen des Managements tendenziell mit nicht qualifiziertem Personal besetzt sind. Die TOC-Theorie besagt, dass der entscheidende Punkt in jedem Unternehmen der Engpass oder der Flaschenhals oder das schwächste Glied der Kette ist. Das ist die Person, die ihre Aufgaben nicht erfüllt. Oft versucht sie das zu verschleiern, damit es niemand merkt. Es wird Personen geben, die Teile der Aufgabe der überforderten Person mit durchführen.

Gemäß dem Peter-Prinzip ist es wahrscheinlich, dass der Engpass eine Person des höheren Managements ist, was die Klärung der Lage nicht einfacher macht. Was machen Sie, wenn Sie feststellen, dass Sie so glücklich waren, auf einen Posten gehievt zu werden, den Sie nicht ausfüllen können? Durchhalten? Es niemand merken lassen? Sie sind in Gefahr, denn Sie schaffen sich einen üblen Absturz. Gibt es Möglichkeiten, Ihre Ressourcen zu erweitern, dazuzulernen? Es ist wichtig, dass Sie zu sich stehen und Ihren Vorgesetzten und Mitarbeitern Ihre Einschätzung offen und ehrlich mitteilen, so dass diese Sie entweder feuern oder unterstützen können. Eventuell suchen Sie sich einen Job eine Stufe tiefer in einer anderen Firma, einen Posten, auf dem Sie glücklich sind, weil er Ihnen angemessen ist.

Das Zen des Marketing

Die hier angegebenen Richtlinien habe ich von Gerhard Quell übernommen, einem befreundeten Unternehmer und Trainer in Hannover, über den Sie unter http://www.skequell.de mehr erfahren können.

Marketing ist mehr als Werbung. Es ist die Sichtweise, mit der Sie oder eine andere Person Ihr Unternehmen sehen. Beantworten Sie erst folgende Fragen:

- Was ist das Wesen Ihres Unternehmens?
- Welcher Markt besteht für Ihr Angebot?
- Welche Beziehung besteht zwischen Ihrem Unternehmen und dem Markt?

Wir wollen diese drei Punkte näher betrachten:

<u>Wesen Ihres Unternehmens:</u>
Was bieten Sie an? Sie können mehr, als Sie anbieten können. Beschränken Sie sich auf so genannte Kernkompetenzen. Formulieren Sie Ihre Kernkompetenz in einem einzigen prägnanten Satz! Aus diesem Satz muss ein Dritter sofort erkennen, was Sie anbieten. Weiterhin:

- Streichen Sie alle Fachwörter oder jeden Fachjargon aus Ihrer Werbung!
- Suchen Sie nach einem wertvollen Ergebnis Ihres Unternehmens, einer sozialen Grundaufgabe.
- Gehen Sie nicht davon aus, dass der Markt die gleichen Dinge schätzt wie Sie!
- Versprechen Sie nicht zu viel, bleiben Sie glaubwürdig!

<u>Der Markt für Ihr Angebot:</u>
Unterteilen Sie Ihren Markt in Segmente, also Teile, die ähnlich sind (zum Beispiel Führungskräfte, Hausfrauen, Verkäufer ...). Bestimmen Sie bei jedem Segment, welche Priorität es in Ihren Augen hat:

- Ist Geld vorhanden, Ihre Dienstleistung zu bezahlen?
- Wird besserer Service auch besser bezahlt?
- Gibt es genug Kunden?
- Wie groß ist der Wettbewerb innerhalb des Segments?
- Wie leicht lässt sich die Zielgruppe ansprechen?
- Sind Ihre Argumente ernst und glaubwürdig?
- Wie groß ist der Bedarf?
- Wissen die Verbraucher schon, dass Sie Ihr Produkt, Ihre Dienstleistung benötigen?
- Befinden Sie sich am richtigen Ort?

Bewerten Sie bei jedem Segment jede Frage auf einer Skala von eins bis zehn. Zwei oder drei Segmente werden herausragen. Wählen Sie aus diesen das Segment aus, das Ihnen am sympathischsten wäre. Machen Sie präzise Angaben über dieses Segment. Was für Menschen sind das? Alter, Geschlecht, Beruf, Ort, Vorlieben.

<u>Beziehung zwischen Ihrem Unternehmen und dem Markt</u>
Wie unterscheiden Sie sich von den anderen Anbietern? Wie haben Sie Ihre vergangenen Kunden kennen gelernt? Was sind Ihre Stärken, was sind Ihre Schwächen? Haben Sie eine Präsentationsmappe, die Ihr Angebot vorstellt? Haben Sie eine Kundendatenbank?

Erstellen Sie eine Kundendatenbank! Erstellen Sie mehrere Werbebriefe wie zum Beispiel

1. einen allgemein gehaltenen Informationsbrief mit einer Rückantwortkarte zur Informationsanforderung,
2. einen Nachfassbrief, auch mit Antwortmöglichkeit,
3. einen Antwortbrief auf Informationsanfrage,
4. einen Nachfassbrief nach sechs Monaten,
5. einen Nachfassbrief mit Antwortmöglichkeit zur Informationsanfrage,
6. einen direkten Angebotsbrief,
7. einen ständig aktualisierten Infobrief, den bestehende Kunden erhalten, oder
8. einen Dankesbrief.

Erstellen Sie eine Datenbank mit potenziellen Kunden.

Versenden Sie 100 Briefe in der Woche. Erst Nummer eins, dann, wenn keine Antwort kommt, Nummer zwei.

Sollte auch darauf keine Antwort kommen, legen Sie die Adresse in einer Datenbank ab und senden nach sechs Monaten Brief Nummer drei.

Ergänzen Sie kontinuierlich die Datenbank, so dass der Pool von 100 potenziellen Personen pro Woche konstant bleibt.

Die Rücklaufquote wird je nach Qualität des Werbebriefes 0,1 bis fünf Prozent betragen.

Wenn Sie zu viele Kunden haben, können Sie das Aussenden von Briefen reduzieren.

Verbessern Sie ständig Ihre Marketingarbeit, so dass die Rücklaufquote steigt.

Nehmen Sie das, was erfolgreich ist, und verbessern Sie ständig.

Fragen Sie zufriedene Kunden nach Empfehlungen. Wie könnten Sie gute Empfehlungen honorieren?

Noch drei Millionen-Ideen

Hier noch drei einfache Business-Ideen, mit denen Menschen Millionäre und mehr geworden sind:

In Amerika habe ich eine Frau erlebt, die eine Art spirituelle Bewegung aufbaute. Sie hat ein so gutes Marketing, dass sie zeitweise eine durchaus ansehnliche Anhängerschaft anzieht.

Für eine Woche im Jahr organisiert sie ein Camp, zu dem ihre Anhänger kommen. Es sind Plätze für eintausend Personen vorhanden, was auch nicht so viel ist. Jede Person zahlt eintausend Dollar Kursgebühren für diese Woche. Das sind also brutto eine Million in einer Woche!

Von einigen der Internet-Milliardäre haben Sie sicher gehört. Diese sind in so kurzer Zeit so reich geworden, weil die Gier der Geldanleger angelockt war. Ein besonders saftiges Grasbüschel wurde der großen Herde virtuell dargeboten. Die Aktien von e-bay, Yahoo oder anderen Internet-Firmen sind den Gründern derart aus der Hand gerissen worden, dass diese sehr schnell sehr reich wurden, Milliardäre eben. Allerdings besteht der größte Anteil des Geldes aus fiktiven Aktiengewinnen. Und wenn nur ein Prozent der Milliarde übrig bleibt, sind sie immer noch in kürzester Zeit Millionäre geworden. Es gibt noch einige ungelöste Probleme im Internet und noch sehr viele Chancen ...

Der im dritten Jahrtausend wertvollste Rohstoff: Trinkwasser! Erfinden Sie ein einfaches Verfahren, aus Salzwasser Trinkwasser zu machen! Oder aus destilliertem Wasser mineralisiertes Trinkwasser! Kaufen Sie eine Quelle! Graben Sie einen Brunnen! In den USA trinkt niemand das Wasser aus dem Hahn, sondern aus einem Trinkwasserspender mit Pappbechern.

Religiöse Bewegungen, Internet, Trinkwasser: Das sind die Märkte des 21. Jahrhunderts!

Und natürlich die Kapitalmärkte, die Börsen. Hatte ich meine Verdopplung geschafft, die von 8.000 auf 16.000 US-Dollar? Wenn ich es nicht als Futures-Händler direkt an der New Yorker Quelle geschafft hätte, wo dann?

Zumal ich weder Gier noch Furcht in mir spürte und sich die Tore des Himmels einen Spalt weit geöffnet hatten.

10. KAPITEL
Der Gebende sei dankbar

Der Gebende sei dankbar – Geben macht reich! – Wir sind beschenkt – Belief-Assessment – Die Ursache von Sucht – Die Denksucht – Meditation, die Befreiung von der Denksucht – Wie macht man Meditation? – Die Erfüllung der Grundbedürfnisse anregen – Der sechste Brief meines Meisters: Der No-mind ist Überfluss – Geschäftsideen aus den USA

Der Gebende sei dankbar

Als Seisetsu, der Meister von Engaku, in Kamakura war, verlangte er größere Räume, da jene, in denen er lehrte, überfüllt waren. Umezu Seibei, ein Kaufmann aus Edo, beschloss, 500 Goldstücke, Ryo genannt, für die Errichtung einer geräumigeren Schule zu spenden. Dieses Geld brachte er dem Lehrer.

Seisetsu sagte: »Sehr gut. Ich will es nehmen.«

Umezu gab Seisetsu den Sack voller Gold, aber er war mit dem Verhalten des Meisters nicht zufrieden.

Man konnte mit drei Ryo ein ganzes Jahr lang leben, und der Kaufmann erhielt nicht einmal ein Dankeschön für seine Spende.

»In diesem Sack sind fünfhundert Ryo«, sagte Umezu noch einmal.

»Das hast du mir schon gesagt«, erwiderte Seisetsu.

»Selbst wenn ich auch ein reicher Kaufmann bin, so sind 500 Ryo doch eine Menge Geld«, sagte Umezu.

»Willst du, dass ich mich bedanke?«, fragte Seisetsu.

»Das solltest du«, antwortete Umezu.

»Warum sollte ich das?«, erkundigte sich Seisetsu und setze fort:

»Der Gebende sollte dankbar sein.«

Diese Zen-Geschichte gehört zu meinen Lieblingsgeschichten und hat mir zu einem wichtigen Umdenkungsprozess in meiner Sicht vom Leben verholfen. Der Gebende sollte dankbar sein! Das verändert die Perspektive vollständig. Stellen Sie sich vor, die Eltern sagen zu dem Kind: »Danke, dass du uns Gelegenheit gegeben hast zu geben! Wir sind dadurch gewachsen!« Denn so ist es doch.

Ich gebe gerne Straßenkünstlern etwas, Jongleuren oder Musikern. Ich danke ihnen für ihre Darbietung, ihren Mut und für die Gelegenheit, etwas geben zu können.

»Danke, dass ich geben darf!« Somit ist es ein doppeltes Vergnügen jemandem zu helfen. Während in Deutschland die soziale Verantwortung auf den Staat abgewälzt wird, was vielen Menschen die Gelegenheit zum Geben nimmt, ist in den USA das karitative Element des Einzelnen sehr gefragt, denn die staatliche Unterstützung für Bedürftige ist nur rudimentär vorhanden. Das funktioniert für meine Wahrnehmung sehr gut. Es gibt keine maroden Staatskassen und keine Menschen, die sich dadurch entwürdigt fühlen, dass sie aus diesen Staatskassen heraus ihren Lebensunterhalt bestreiten müssen.

Der Gebende sollte dankbar sein, denn durch das Geben wird das Herz gestärkt. Es stärkt unser Selbstbewusstsein, und wir werden motiviert, unsere Ressourcen immer wieder aufzufüllen.

Geben macht reich!

Sind die reichsten Menschen diejenigen, die am besten »raffen« können, oder diejenigen, die am besten geben können?

Wir sprechen über finanziellen Reichtum. Der reichste Unternehmer auf der Erde zum Ende des zweiten Jahrtausends ist dieses innerhalb von nicht einmal 20 Jahren geworden. Ihm werden seine Macht und sein Reichtum viel geneidet, und es gibt sicher berechtigte Kritik an seinen Produkten.

Über das Produkt seiner Firma, mit dem ich übrigens gerade dieses Buch schreibe, habe ich selbst eher nur Gutes zu sagen. Mit einem Bleistift oder einer Schreibmaschine würde ich wesentlich mehr Zeit benötigen.

Bill Gates ist nicht nur der größte Mäzen und Spender für karitative Zwecke dieser Tage, er ist auch so immens reich geworden, weil er bereit war zu geben. Indem er im Gegensatz zum Konkurrenzprodukt das unlizenzierte Kopieren und Weitergeben seines Betriebssystems für Personal Computer zuließ, verbreitete es sich weltweit und wurde zum Standard. Seine Mitarbeiter sind durch Anteile an seiner Firma selbst zu Reichtum gekommen und sicherlich dadurch hoch motiviert, für die Firma zu arbeiten. Bill Gates ist für mich das beste Beispiel, wie man durch gekonntes Geben reich wird.

Durch »Raffen« wird heutzutage niemand mehr wohlhabend. Das Geld muss fließen, muss investiert werden. Geld auf dem Sparbuch verliert an Wert, da der Geldwertverlust größer ist als die Sparzinsen.

Die größten Raffer des vergangenen Jahrtausends waren die Kolonialmächte. Spanische Schiffskonvois brachten Unmengen von Schätze aus den südamerikanischen Kolonien nach Spanien. Wo ist das alles geblieben? Ist Spanien ein reiches Land geworden oder geblieben?

Vor hundert Jahren noch beherrschte England die halbe Welt. Das Commonwealth umfasste viele reiche Länder, und täglich flossen große Reichtümer nach London. London ist immer noch eine große und mächtige Stadt, aber ist England das reichste Land? Wo ist all der angehäufte Reichtum der Kolonialzeit geblieben?

Warum sind die Verlierer des Zweiten Weltkriegs danach zu den reichsten Ländern der Erde aufgestiegen? Weil ihre Bürger bereit waren, mehr zu geben als die Bürger aller anderen Länder. Alles musste wieder aufgebaut werden, und mit dem Schwung des Wiederaufbaus wurden moderne Staaten geschaffen. Ein Arbeitsethos war entstanden, das besagte, dass Arbeiten, insbesondere gutes Arbeiten, wertvoll ist. Leider konnte dieser Schwung nicht aufrechterhalten werden. Sobald die Menschen etwas haben, vergessen sie leicht, wie gut es sich anfühlt zu geben. Vielleicht ist es auch für junge Menschen in einer Welt des Überflusses schwer, Gelegenheit zum Geben zu finden. In einer reichen Gesellschaft geht es weniger darum, Arbeitskraft und Risikobereitschaft zu geben als vielleicht künstlerische Kreativität.

Jedenfalls sollten Sie beschließen, dass Geben für Sie selbst förderlich ist und dass Sie keine Dankbarkeit dafür erwarten, sondern selbst dankbar sein wollen für die Gelegenheit zu geben. Wenn Sie jetzt schon Ihr Einkommen erhöht haben und wenn Sie es nach der Lektüre dieses Buches steigern und steigern, sollten Sie überlegen: Was oder wen würde ich gerne unterstützen? Welches Projekt hat es verdient, dass ich ihm unter die Arme greife?

Machen Sie es individuell. Geben Sie nicht unbedingt dahin, wo alle geben, um ein reines Gewissen zu haben. Viele Spenden finanzieren hauptsächlich einen bürokratischen Apparat.

Ich bin überzeugt, dass es in Ihrer Umgebung Menschen gibt, die zum Beispiel künstlerische Ressourcen oder Talente haben, denen aus Geldmangel aber der Weg versperrt ist, ihre Gaben einem größeren Publikum zu präsentieren. Sicher gibt es auch junge Menschen, deren Ausbildung unterstützt werden könnte. Seien Sie dann diesen Menschen dankbar, ohne es ihnen zu sagen. Beschämen Sie die Empfänger nicht, sondern geben Sie ihnen das Geld durchaus mit Zielvorgaben, damit die Empfänger stolz darauf sein können, des Geschenkes wert und würdig gewesen zu sein.

Und wenn es einen Zen-Meister oder eine spirituell aufrichtig suchende Person in Ihrer Umgebung gibt, geben Sie diesem Menschen etwas Unterstützung, und denken Sie daran, um wie viel reicher der Kaufmann Umezu nach dem Gespräch mit Seisetsu zurück nach Edo ging.

Wir sind beschenkt

»Geben ist ja eine schöne Sache«, sagen Sie jetzt vielleicht, »aber um geben zu können, muss ich erst einmal haben!«

Das ist richtig, und damit verhält es sich so ähnlich wie mit der Frage, ob erst das Ei oder die Henne existiert hat.

Um geben zu können, muss man haben, und man bekommt nur, wenn man etwas gibt.

Nun sind wir aber zum Glück schon grenzenlos beschenkt worden. Es fing damit an, dass uns unsere Eltern das Leben schenkten und uns großzogen. Wir sind auch nicht mit leeren Händen gekommen. Jeder Mensch liebt es, einem kleinen Kind zuzuschauen, weil der Mensch so viel vom Kind bekommt. Es ist vor allem fähig zu geben, weil es mit leeren Händen einfach da ist und den Reichtum der göttlichen Existenz durch sich hindurchfließen lassen kann.

Und doch ist in uns oft das Gefühl von Mangel sowie das Bewusstsein, nicht genug zum Geben zu haben, obwohl wir gerne wollten. Es kann sein, dass wir finanziell nichts geben können, der Mangel kann aber auch emotionaler Natur sein. Das Gefühl, ausgebrannt und leer zu sein kennen leider immer mehr Menschen in unserer Welt.

Die Ursache des Empfindens von Mangel liegt meist in der Kindheit. Es ist sehr wahrscheinlich, dass eines der von mir schon beschriebenen sozialen Grundbedürfnisse nicht erfüllt wurde. Wir haben geglaubt, dass es für uns nicht erfüllbar war. Damit glauben wir auch nicht, dass wir zu den Menschen gehören, die geben wollen oder können.

Bevor wir anderen Menschen geben können, müssen wir sicherstellen, dass wir uns selbst genügend geben. Wir müssen dafür sorgen können, dass unsere eigenen Grundbedürfnisse befriedigt sind. Geben kann man nur aus einem Überfluss heraus, nicht aus einem Mangelgefühl.

Und: Der Mangel ist meist eine »sich selbst erfüllende Prophezeiung« und nicht die Realität. Ich bin sehr vielen Menschen begegnet, die von sich glaubten, unwert zu sein und nicht wert, etwas zu geben. Wenn man zu diesen Menschen sagte: »Ich nehme dich als warmherzige, sensible Person wahr, deren Rat und Hilfe anderen sehr gut tun würde!«, brechen diese Menschen oft in Tränen aus und offenbaren ihre verletzte Seele. Denn da ist so viel, was sie haben. Sie litten darunter, dass es ihnen quasi verboten war. Denn Geben ist uns ein tiefes Bedürfnis und erfüllt uns. Einem Kind, dem gesagt wird: »Du bist nichts wert!« und das diese Meinung über sich verinnerlicht, wird das Grundrecht des Gebens, des Menschseins, verwehrt.

Für jeden ist es aber möglich, diese eingeimpften Überzeugungen wieder abzulegen. Oft ist es auch schon heilsam, zu so einem Menschen zu sagen: »Gib! Andere brauchen das, was du zu geben hast!« In diesem Kapitel werden wir also beginnen, die negativen Meinungen über uns selbst kennen zu lernen und aufzulösen.

Auf Grund dieser negativen Überzeugungen waren Sie unfähig, sich ein Grundbedürfnis adäquat zu erfüllen.

Wir wollen aber erst einmal feststellen, welches Grundbedürfnis bezüglich des Eine-Million-Zieles vielleicht zu schwach ist:

Belief-Assessment

In der folgenden Übung können Sie erfahren, welche Beliefs (s. u.) oder Überzeugungen Sie in sich tragen, die die Erfüllung Ihrer Bedürfnisse und damit das Erreichen Ihrer Ziele verhindern.

Sagen Sie bitte die folgenden Sätze laut und voller Energie! Beobachten Sie sich dabei, nehmen Sie es auf Tonband auf, oder lassen Sie jemanden mithören. Sie sollten in der Lage sein, möglichst unvoreingenommen zu beurteilen, mit wie viel echter Überzeugung Sie diese Sätze sagen können. Dazu ist es hilfreich, mittels einer Skala von eins bis fünf die Kraft der eigenen Aussage zu bewerten. »Fünf« bedeutet viel Kraft, »eins« eher wenig. Sollten Sie den Eindruck haben, bei einem oder mehreren der Sätze nicht die volle Überzeugung hineingelegt zu haben, wäre das ein Hinweis auf einen Sie begrenzenden Glaubenssatz. Die Klärung der Glaubenssätze erfolgt in Kapitel 11.

Übung 16:

Belief-Assessment

1. Also: Sagen Sie bitte laut die folgenden Sätze:
   - Ich bin es wert, ein Millionär zu sein!
   - Ich bekomme die Unterstützung, die ich benötige, um ein Millionär zu sein!
   - Ich habe genug Raum, um ein Millionär zu sein!
   - Meine Grenzen werden respektiert, so dass ich ein Millionär sein kann!
   - Ich gehöre dazu, so dass ich ein Millionär sein kann!
   - Ich bekomme die menschliche Wärme und Geborgenheit, die ich brauche, um ein Millionär zu sein!
   - Es ist mein Lebensrecht, ein Millionär zu sein.
2. Stellen Sie fest, welche Sätze Sie mit voller Überzeugung und welche Sie mit wenig Überzeugung sagen!

Sie können »Millionär« natürlich mit jedem anderen Wort ersetzen, das ein Ziel für Sie symbolisiert.

Haben Sie festgestellt, wo es hakt? Bei welchem Satz knicken Sie energetisch ein?

Welcher Glaubenssatz könnte die Begrenzung ausdrücken? Es könnte ein Satz sein, wie zum Beispiel:

- Ich bin nicht gut genug, Millionär zu sein!
- Niemand hilft mir!
- In dieser Enge, wie soll ich da zu etwas kommen?

- Fortwährend werde ich gestört, da kann ich nicht reich werden!
- Ich darf kein Reicher sein, meine Freunde würden mich hassen!
- Ich muss alles Geld sofort ausgeben, um mich aufzufüllen, denn ich fühle mich so leer!
- Ich habe kein Recht darauf, ein erfolgreiches Leben zu führen, ich muss leiden!

Das sind Beispiele für innere unterbewusste Sätze, die ein Leben negativ bestimmen können.

Wenn Sie bisher nicht den Erfolg haben, den Sie sich wünschen, und das muss sich nicht nur auf den Lebensbereich »Finanzen« beziehen, sondern kann auch »Liebe«, »Gesundheit«, »Kreativität«, »Karriere« umfassen, könnten Sie in sich forschen, ob es so einen Satz in Ihnen gibt.

Die Ursache von Sucht

Sie werden den Lebensbereich, der geschwächt ist, ersatzweise befriedigen. Da eine Ersatzbefriedigung niemals das Bedürfnis effektiv erfüllen kann, kommt es zu einem Suchtverhalten. Die Varianten von Sucht sind vielfältig. Alles, was Sie nicht unbedingt zum (Über-)Leben benötigen, aber tagtäglich von Ihnen benutzt, zu sich genommen oder gemacht wird, ist süchtig machend.

Möchten Sie ein paar Beispiele? Es gibt die allseits bekannten Süchte: Drogensucht, mit Ihren gesellschaftlich zugelassenen Varianten Alkoholismus und Nikotinsucht. (Welches ist wohl das Land, in dem der meiste Alkohol pro Kopf getrunken wird? Richtig, Deutschland und Frankreich wechseln sich je nach Untersuchung ab. Die Russen sind nicht »alkoholsüchtiger«, weil sie es sich nicht mehr leisten können. Sind das die Länder, in denen eines der sieben Grundbedürfnisse in der Kindheit unerfüllt bleibt? Ja! Welches

Grundbedürfnis ist bei deutschen Kindern der Nachkriegsgeneration nicht befriedigt?) Weiterhin gibt es Medikamentensucht, zum Beispiel nach Beruhigungsmitteln. Spielsucht und Schuldensucht haben wir schon erwähnt. Die Esssucht kann man oft am Körpergewicht erkennen.

Aber jetzt passen Sie auf: Nach der Definition, die ich oben gegeben habe, gibt es noch einige Süchte mehr: Schauen Sie jeden Tag Fernsehen? TV-Sucht! Hecheln Sie jeden Tag die Geschehnisse der Nachbarschaft mit Ihrer Freundin durch? Klatschsucht! Müssen Sie Zeitung lesen oder Nachrichten hören? Täglich? Informationssucht! Die Internetsucht ist auch schon bekannt. Sexuelle Süchte. Wie Pornografiesucht, Nymphomanie, »Donjuanismus« usw.

Die Denksucht

Die Urmutter aller Süchte ist unsere erste und tiefste Sucht: die Denksucht.

Haben Sie schon mal einen Tag nicht gedacht? Haben Sie schon mal eine Stunde nicht gedacht? Denken Sie mal eine Minute nicht. Jetzt! 60, 59, 58 … Ob Sie denksüchtig sind? Wenn es Menschen gibt, die für eine Stunde nicht denken können und dabei keine Probleme mit dem Überleben haben, es also nicht essenziell fürs Überleben ist, könnte es doch sein, dass der Bio-Computer suchtmäßig am Laufen gehalten wird, oder? Es gibt solche Menschen. Sie nennen sich Erleuchtete. Diese lassen das Gehirn denken, wenn Denken gebraucht wird, ansonsten lassen sie ihren »Bildschirm« leer.

Das ist Meditation: der Entzug von der Denksucht und der Zustand ohne diese Sucht. Das ist der Normalzustand. Erleuchtung ist der Normalzustand. Der Zustand des normalen Menschen ist der denksüchtige Zustand. Meditation ist die Kur. Sie funktioniert nur, wenn die Grundbedürfnisse erfüllt sind. Die Grundbedürfnisse können Sie sich nur erfüllen, wenn Sie daran glauben, dass diese für Sie erfüllbar sind. Daher wollen wir im folgenden Kapitel begrenzende Glaubenssätze klären.

Meditation, die Befreiung von der Denksucht

Zuerst wollen wir uns noch die Kur zur Heilung der Denksucht anschauen: die Meditation. Zen ist eine radikale Meditationsschule. Der Zen-Mönch im Kloster sitzt täglich mindestens drei Stunden vor der weißen Wand. Zu bestimmten Zeiten werden so genannte Sesshins veranstaltet. Während der Zeit des Sesshins meditieren die Mönche für eine Woche oder länger den ganzen Tag lang. Es wird nicht geredet und wenig gegessen, und alle Anstrengung wird darauf verwendet zu meditieren.

»Wie langweilig! Wie furchtbar! Wie anstrengend! Wozu soll das gut sein?«, höre ich Sie laut ausrufen. Je denksüchtiger, desto lauter.

Wir sind uns der Denksucht nicht bewusst. Wir kennen es nicht anders. Das Gehirn braucht Futter, und zwar permanent. Wenn wir das Futter entziehen, geht es uns wie dem Junkie ohne Stoff, es juckt überall, wir werden nervös, panisch.

Meditation ist am Anfang die Befreiung von der Denksucht durch Entzug. Der Kopf bekommt kein Futter. Da ist nichts als die weiße Wand oder der innere leere Himmel hinter den geschlossenen Augen. Das Hirn wird unruhig: Ist er verrückt, was macht er da, ich brauche Futter. Das Hirn fängt an aus lauter Verzweiflung mathematische Berechnungen anzustellen: Wie viele Minuten noch, wie viele Sekunden, bis dieser Blödsinn aufhört. Mein Kopf stellt immer Mannschaftsaufstellungen des Fußballvereins auf, dessen Fan ich bin.

Bei der Zen-Meditation lassen Sie den Kopf gewähren, denn so rennt er sich am schnellsten leer. Sie gehen mit Ihrer Aufmerksamkeit zu Ihrem Atem und beobachten die Atemzüge. Der Kopf wird sich entspannen, er wird merken, dass aller Protest nichts nützt, es ist eine Fastenstunde für ihn, und bald stellt er fest, dass er einen Urlaub gebrauchen kann, und beruhigt sich.

Dann geschieht meist etwas Interessantes: Der Bio-Computer in Ihrem Kopf war der größte Energieverbraucher in Ihnen, jetzt ist er auf »Minimalbedarf« heruntergefahren, und die Energie wird frei. Sie fühlen, wie Sie mehr Energie bekommen, wie ein angenehmer Energiefluss den Körper durchströmt. Das ist die erste Belohnung für Ihre Anstrengung, sich von der Denksucht zu befreien.

Meditation ist Langeweile, Leere, Stille. In der Leere ist das enthalten, was wir draußen suchen: Frieden, Freude, Energie. Warum vermeiden wir die innere Leere, warum fürchten wir die Langeweile? Weil nicht nur angenehme Gefühle in uns sind, sondern auch viel Schmerz und unerfüllte Bedürfnisse. Deshalb halte ich es für notwendig, neben der Meditation die Emotionen zu klären, wie wir es bereits gemacht haben, und die Glaubenssätze umzuwandeln, die die Bedürfnisbefriedigung einschränken, wie wir es in den kommenden Kapiteln durchführen werden.

Fangen Sie bitte jetzt an zu meditieren.

Wie macht man Meditation?

Es gibt sehr viele Methoden oder Techniken der Meditation. Wesentlich ist eigentlich nur, sich eine Zeit des Entzugs von der Denksucht zu gönnen.

Das machen Sie eventuell auch, wenn Sie Sport treiben, in der Natur spazieren gehen, künstlerisch tätig sind oder wenn sie kochen, nähen, putzen. Wenn Sie es nicht machen, probieren Sie's doch einfach einmal aus!

Wichtig ist bei der Meditation der Umgang mit den Gedanken. Denn der »Bio-Computer« kann nicht anders: Er muss denken. Unterdrücken ist nicht der richtige Weg, denn Druck erzeugt Gegendruck, und wenn Sie denken: »Nicht denken! Nicht denken!«, machen Sie genau das, was Sie nicht wollen und ziehen die Gedanken an wie das Licht die Motten.

Lassen Sie die Gedanken davonziehen, schenken Sie ihnen keine Aufmerksamkeit. Sie werden feststellen, dass sich das aufgewühlte Wasser der See in Ihrem Gehirn bald setzt und beruhigt. Richten Sie Ihre Aufmerksamkeit auf die Tätigkeit, die Sie gerade ausüben. Sie soll Ihnen Ihre ganze Aufmerksamkeit, aber keine Denktätigkeit abverlangen. Führen Sie Ihre Handlungen meditativ durch.

Der nächste Schritt der Meditation ist das Entspannen in die eigene innere Stille und Leere. Dazu ist es besser, bewegungslos zu sein. Ein Sitzplatz mit möglichst aufrechter Wirbelsäule und geschlossenen oder wie im Zazen halb geschlossenen Augen ist unterstützend. Auch im Liegen oder Stehen kann durchaus meditiert werden.

Wenn die Aufmerksamkeit ein Objekt braucht, beobachten Sie einfach Ihren Atem. Der ist immer da und immer im Hier und Jetzt. Zählen Sie die Atemzüge. Bei jedem Atemzug benennen Sie diese mit einer Zahl von eins bis zehn in der natürlichen Reihenfolge der Zahlen. Der elfte Atemzug ist dann wieder der erste. Wie ist es, wenn der Kopf schweigt und Sie sich in Ihrem inneren Schweigen wohl fühlen?

Die Erfüllung der Grundbedürfnisse anregen

Zur Unterstützung der Meditation, wie auch zur Unterstützung des finanziellen Erfolgs ist die Erfüllung der Grundbedürfnisse unerlässlich.

Dieses wird Ihnen leichter fallen, nachdem Sie die Klärung der behindernden Glaubenssätze in den kommenden Kapiteln durchgeführt haben. Sie können aber schon jetzt dafür sorgen, dass Sie anderen bei der Erfüllung ihrer Grundbedürfnisse helfen.

Außer bei Kindern können Sie keinem Menschen die Grundbedürfnisse erfüllen. Er oder sie muss es unbedingt selbst machen, sonst missbrauchen Sie den anderen Menschen und verhindern, dass er oder sie zur eigenen Kraft findet. Auch bei Kindern muss Unterstützung bewusst dosiert werden, denn auch diese sollen zu ihrer eigenen Kraft finden. In unserer Zeit würde es schon reichen, wenn negative Hypnosen und Programmierungen, also Sätze wie: »Du bist zu blöd! Ein artiges Kind ist nicht trotzig!« bzw. ein Verhalten, welches dem Kind dies vermittelt, unterlassen werden.

Sie können sehr gut die Überzeugung anderer Personen unterstützen. So stärken Sie auch sehr gut Ihre eigene Gebe-Kraft. Es ist wie ein Fitnesstraining des Gebens. Wer gut geben kann, bekommt viel.

Also beginnen Sie damit, dass Sie einer Person sagen: »Du bist wertvoll. Ich finde gut, was du machst! Du kannst stolz auf dich sein!« So geben Sie einer Person das Grundbedürfnis Anerkennung und Wertschätzung. Es reicht, am Anfang einmal so etwas zu sagen, Sie können das dann steigern. Sie werden sich wundern, wie viele Freunde Sie haben, wenn es zu Ihrer Art geworden ist, derartige freundlich unterstützende Sätze anderen Menschen zu geben.

Sätze für die anderen Grundbedürfnisse wären: »Wie kann ich dich unterstützen? Hast du schon nach Hilfe gefragt?« Und vor allem: Geben Sie es sich selbst. Schauen Sie in den Spiegel, und sagen Sie zu sich: »Du bist gut, du verdienst es!« Schreiben Sie positive Ermunterungen an sich selbst auf Zettel, und befestigen Sie diese gut sichtbar in Ihrem Arbeitsbereich.

Unterstützen Sie sich mental. Erfüllen Sie sich Ihre Grundbedürfnisse. Das sind neben Atmen, Essen, Trinken und einem Dach über dem Kopf die Bedürfnisse des Lebensrechts, der Geborgenheit, der Zugehörigkeit, des Respekts der Grenzen, des Raumes, der Unterstützung und der Wertschätzung.

»Lieber Meister! Ist Meditation gut für Reichtum?«

DER SECHSTE BRIEF MEINES MEISTERS:

DER NO-MIND IST ÜBERFLUSS

»Lieber Doi«, schrieb er.

»Meditation ist der Weg in den No-mind. ›Mind‹ ist der Kopf, der Verstand, der immer arbeitet. Wir sind es gewohnt, uns mit ihm zu identifizieren. Aber wir sind nicht unsere Gedanken.

Diese sind nur in unserem Gehirn. Meditation ist der Weg, sich von der Identifikation mit unseren Gedanken, mit dem ›mind‹, zu lösen.

Dann können wir uns befreien und in den Zustand des No-mind gehen. Der Kopf macht weiter seine Arbeit, kein Problem. Wir lassen ihn hinter uns. Wir gehen mit unserer Aufmerksamkeit und Achtsamkeit in den Raum ohne Gedanken. Der neue Raum sieht erst etwas bedrohlich aus: dunkel vielleicht und sehr still. Wenn wir ihn erst einmal betreten haben und uns darin entspannen, stellen wir fest, dass in diesem No-mind unser Zuhause ist und wir uns darin sehr wohl fühlen können.

Du wirst vielleicht wahrgenommen haben, dass der Raum im Kopf eher begrenzt ist. Die Gedanken sind Urteile und Vergleiche und begrenzen den Menschen meistens. Sie schaffen einen Tunnel, und das, was außerhalb des Tunnels ist, nimmt man nicht mehr wahr.

Jetzt aber bist du im No-mind und stellst fest, dass der Raum um dich herum unendlich und grenzenlos ist. Auch das ist zuerst beunruhigend und erschreckend. Doch dann lässt du los und breitest dich aus. Der gesamte unendliche Raum steht dir zur Verfügung, das gesamte Potenzial an Möglichkeiten.

Du musst nur deine Vorstellung von der Welt vergessen. Deine Vorstellung ist weiter vorhanden, sie ist in gewissen Gegebenheiten auch nützlich. Du aber gehst mit deiner Aufmerksamkeit in den Raum des No-mind.

Dort ist Reichtum.

Denn dort hast du den direkten ungefilterten Zugang zur Welt. Die Welt stellt ein Potenzial dar. Das Potenzial ist unerschöpflich.

Die Welt ist Überfluss. Sei ein Medium, das diesen Überfluss durch sich hindurchfließen lässt.«

Gendai Roshi, Ushkawa Zendo, November 1996

Geschäftsideen aus den USA

In den USA zu leben, bietet eine große Chance: Denn die USA sind der Vorreiter in den meisten Entwicklungen in der Welt.

Wenn ich also genau wahrnehme, was gerade in den USA läuft, und dieses schnell in Deutschland oder Europa starte oder exportiere, habe ich eine gute Chance, Geld zu machen.

1995 fuhren in New York alle Menschen mit Inlineskates durch die Parks. Am Hudson River wurde eine kilometerlange Strecke für die Skater freigegeben, so dass sie von der Südspitze Manhattans bis zum Riverside Park in der Höhe der 90. Straße für mehr als zehn Kilometer freie Strecke hätten.

»Jetzt müsste man in Europa einen Inlineskate-Laden und eine Schule eröffnen, um sich in dem kommenden Markt zu platzieren,« dachte ich und hätte recht gehabt.

Die Zeitspanne hat sich durch das Internet verkürzt. Trotzdem kann man bei vielen Dingen den Zeitvorsprung profitabel nutzen.

In den USA gibt es besonders viele interessante Produkte zur Unterstützung der Gesundheit. Ich hatte ja den Schritt vor mir, 16.000 DM auf 32.000 DM zu verdoppeln.

In der Presse war das Neurohormon Melatonin ein großes Thema. Die Einnahme von Melatonin verhindert wahrscheinlich Krebs. In Deutschland war Melatonin völlig unbekannt.

Also investierte ich einen Teil meines Geldes, indem ich 1.000 Döschen à 120 Tabletten Melatonin kaufte, diese nach Deutschland verschickte, um die in den USA für zehn

Dollar gekauften kleinen Dosen Melatonin in Deutschland für 60 DM zu verkaufen. Profit pro Dose: ungefähr 30 DM (bei einem Wechselkurs von 1,50 DM/US-Dollar).

Allerdings meldete sich gleich der Zoll bei meinem Freund in Deutschland, an den die Sendung adressiert war. Es müsste ein Rezept vom Arzt beigebracht werden, da Melatonin verschreibungspflichtig sei. Das war zwar so nicht korrekt, aber es half nichts. Denn ein Rezept über 1.000 Dosen Melatonin würde kein Arzt ausstellen. Also ließ ich alle Döschen wieder an mich in die USA zurückliefern. Seitdem esse ich viel Melatonin und bekomme garantiert keinen Krebs. Ich dachte mir etwas Neues aus.

Ein anderes interessantes Produkt waren die so genannten Blaugrünen Algen aus dem Klamath-See in Oregon. Auf Grund besonderer Bedingungen in diesem See sind diese Algen das vollständigste und gesündeste Nahrungsmittel, das es auf der Erde gibt. Sie wurden auch vom Zoll unbeanstandet durchgelassen, und so konnte der Vertrieb in Deutschland beginnen.

Zwei Jahre später waren Blaugrüne Algen in aller Munde (man konnte es an der Farbe der Zähne sehen), und ich schaute wieder, was es in den USA gab und in Europa noch nicht.

Jede aktuelle neue Welle in den verschiedenen Szenen der USA ist dafür gut, für ein, zwei Jahre in Europa zu einem Verkaufsschlager zu avancieren. Die Preise sind in den USA oftmals wesentlich günstiger.

Natürlich hängt es auch ein wenig von der Entwicklung der Devisenkurse ab; bei diesem Problem gab es Absicherungsmöglichkeiten an den Devisenbörsen, für die ich mittlerweile Fachmann war.

Vielleicht kennen Sie ähnliche Geschäftsvorteile auch aus anderen Ländern. Manchmal beginnt ein lukrativer Handel damit, dass man seinen Freunden und Verwandten eine bestimmte Olivenpaste mitbringt, die es nur an einem bestimmten Ort in Ligurien gibt, und die Nachfrage wächst über die Jahre derart an, dass die Olivenbauern einen Baum nach Ihnen benennen.

Möglichkeiten gibt es unendlich viele. Wählen Sie die aus, die sich Ihnen präsentiert. Es könnte sein, dass eine solche Idee schon seit Jahren hinter Ihnen herläuft und verzweifelt versucht, Ihre Aufmerksamkeit zu bekommen. Bleiben Sie mal eben stehen. Schauen Sie sich um. Welche Ideen liefen da alle hinter Ihnen her?

Kennen Sie auch die Mitmenschen, die darüber klagen, dass sie keinen Liebespartner haben, weil die Personen, hinter denen diese her sind, von ihnen nichts wissen wollen, und Sie kennen mindestens drei Personen, die unheimlich gerne mit genau dieser Person liiert wären, und diese Person müsste nur einmal aufhören zu suchen, sich umdrehen und sagen: »Ah, da bist du ja!« Genauso ist es mit den Geschäftsideen.

Genauso ist es mit der Erleuchtung.

11. KAPITEL

Wer nicht glaubt, ist selig!

Die großzügigste Bank der Welt – Am Coffee-Ring – Ein Squeeze, der nach hinten losging – Die Fonds – Sie haben danach gefragt! – Optimist oder Pessimist? – Die Welt der Glaubenssätze – Die Befreiung von negativen Glaubenssätzen – Glaubenssatz und Emotion – Den Glaubenssatz auflösen

Die großzügigste Bank der Welt

Vor kurzem las ich im Internet folgenden Text über die großzügigste Bank der Welt:

Stellen Sie sich vor, es gibt eine Bank, die Ihnen jeden Tag um 0.00 Uhr 86.400 Euro gutschreibt. Sie können mit diesen 86.400 Euro machen, was Sie wollen. Am Ende des Tages verfällt jegliches Guthaben, und es kann nicht überzogen werden. Und doch haben Sie jeden Tag wieder eine volle Börse von 86.400 Euro garantiert und steuerfrei. Das wäre Klasse, nicht?

Es gibt eine derartige Bank in jedem Leben eines Menschen. Es ist die Zeit. Jeden Morgen beginnt ein voller Tag mit vollem Guthaben an Sekunden. Und jede Sekunde kann die entscheidende sein. Und jede Sekunde will genutzt und gelebt sein.

Ein Parketthändler in einem der Börsenringe kennt den Wert der Zeit genau. Für einige Stunden muss er voll konzentriert um jeden kleinen Vorteil kämpfen. Jede Sekunde kann sich die Stimmung am Ring vollkommen ändern. Die Profis auf den Börsen-Floors gehen nicht zur Toilette, nicht zum Essen und reden keinen Bullshit, sie achten auf jede kleine Veränderung in der Stimmung. Sie wissen, wer was handelt und wie der Markt reagiert.

Sie sind eine aussterbende Gattung, denn der Börsenhandel wird im Jahr 2010 weltweit voll elektronisch, 24 Stunden rund um die Uhr, für jedermann zugänglich, laufen. Dann lernt jeder Mensch den Wert jeder einzelnen der 86.400 Sekunden im Börsenhandel kennen.

Am Coffee-Ring

Ich hatte Mulligan, einen Floor-Trader am Ring für Coffee-Futures kennen gelernt. Er handelte hauptsächlich auf eigene Rechnung und nahm mitunter Paper-Trades, das sind Trades auf Rechnung für irgendein Konto, an. Er hatte die Trades für meinen kleinen und doch wachsenden Pool am Coffee-Markt für einige Zeit durchgeführt.

Ich trinke nicht nur gern Kaffee, ich handle auch gerne die Futures. Der Kontrakt ist eher groß, und die Preisschwankungen können außerordentlich sein. Im Jahr 1994 ging der Kaffeepreis auf Grund einer außerordentlichen Situation in den Erntegebieten in Brasilien und Kolumbien von 70 Cent per Pound bis auf einen Preis von 2,70 US-Dollar/Pound.

Der Kontrakt umfasst 37.500 Pound und der Einschuss, um diese handeln zu können, beträgt 5.000 US-Dollar. Der Gewinn bei einer Bewegung um zwei ganze Dollar per Pound ist also zweimal 37.500, das macht 75.000 Dollar, die man im günstigsten Fall mit 5.000 riskierten Dollar erzielen konnte.

Mulligan arbeitete mit Patricia zusammen, die Kaffee als tatsächliche Ware (und nicht als Futures) in Südamerika einkaufte, nach New Orleans verschiffte und in den USA wieder verkaufte. Sie kannte den Markt wie kaum jemand auf der Welt. Mulligan verlor manchmal im Ring den Überblick und brauchte jemand, der von außen einschätzte, was passierte. Da ich an dem Markt interessiert war, willigte ich ein und hatte einen Nebenjob. Wir buchten eine direkte Telefonleitung von der Wall Street an den Coffee-Ring, der damals auf dem Floor des World Trade Center 4 war.

Mulligan oder einer seiner Angestellten gab mir die Eindrücke vom Ring wieder. Er wusste, was die großen Spieler am Markt machten. Außerdem wussten die Floor-Broker, wo die Stopps liegen. Stopps sind Orders, die ausgeführt werden, sollte der Markt in die eine oder andere Richtung ausbrechen. Mit Stopps kann man seine Positionen vor größerem Verlust schützen. Sie beschleunigen allerdings auch bisweilen die Marktbewegungen. Die Floor-Broker benutzten die Stopps mitunter, um Bewegungen auszulösen, da sie am Stillstand nichts verdienten.

Ich sammelte also alle verfügbaren Informationen und gab dann in Absprache mit Mulligan die Orders durch.

Dieser Handel am Coffee-Ring hat mir damals sehr viel demonstriert. Der Ring ist der Markt, wo alle Informationen zusammenkommen, wo man die tatsächlichen Faktoren kennen lernt. Man kann nicht in der Zeitung lesen, was in einem Markt passiert. Man kann es auch nicht aus den Quotes auf dem Bildschirm sehen.

Wir hatten also alle Informationen über den Kaffeemarkt, die gebraucht wurden – über die fundamentale Lage auf dem »physischen« Markt inklusive Ernteergebnisse, die Verbrauchsstatistiken, das Verhalten der Marktteilnehmer, die am Futures-Markt handelten –, und wir wussten, wo ihre Stopps waren.

Ein Squeeze, der nach hinten losging

Eines Tages sagte Patricia, dass sie Schwierigkeiten hätte, in Brasilien oder Kolumbien Kaffee zu kaufen, der Markt sei leer, die Ernteschäden der letzten Jahre würden sich bemerkbar machen. Der Preis des Kaffees lag bei 1,60 US-Dollar/Pound. Der Höchstpreis des Jahres zuvor war 2,70 US-Dollar/Pound gewesen. Patricia war überzeugt, dass er zu bis diesem Preis wieder klettern würde. Wir waren also eher bullish eingestellt, wie nach und nach alle Floor-Trader auch, denn jeder wusste: Es gab nicht so viel Kaffee. Die Situation war gut für einen Squeeze.

Terminkontrakte können sowohl spekulativ als auch zur Absicherung der Händler und Produzenten benutzt werden. Der Spekulant wird seine Kontrakte vor dem letzten Handelstag wieder schließen, während der Händler den Kontrakt zur Andienung kommen lässt, das heißt, er bezahlt die noch fällige Summe auf den Gesamtpreis und lässt sich die im Kontrakt angegebene Menge der Ware anliefern.

Wenn jedoch wenig Ware am Markt ist, kann es vorkommen, dass zum Andienungstag mehr Kontrakte als Ware vorhanden sind, so dass die, die Verkaufskontrakte halten, bzw. das Clearing-House, das für die Abwicklung zuständig ist, Schwierigkeiten bekommen. In diesen eher seltenen Situationen explodiert dann der Marktpreis in den Tagen der Andienung schlagartig, denn alle Verkäufer suchen händeringend nach Ware. Die Floor-Broker und die Marktkenner deckten sich also mit Kaufkontrakten ein, denn ein Squeeze, eine Knappheit an Ware, stand bevor, und man konnte damit viel Geld machen.

Dann passierte es: Der Kurs fiel trotz der allgemeinen Erwartung um zehn Cents. Jemand hatte große Mengen Kontrakte ohne Rücksicht auf Verluste leer verkauft. Viele Floor-Trader und Marktteilnehmer saßen auf Long-Positionen, die jetzt einen Buchverlust aufwiesen. Alle waren überzeugt, dass der Markt hochgehen müsste, also stellten sie ihre Positionen nicht glatt. Irgendein Verrückter. Die Brasilianer? Nestlé? Wer konnte das sein und warum? Der Floor-Broker, der die Kontrakte verkauft hatte, wusste auch nicht, wer der Auftraggeber war, es kam über einen großen Broker.

Am nächsten Tag fiel der Preis wieder um zehn Cent, wieder war von dieser Seite so viel verkauft worden. Die ersten Verlustpositionen wurden gelöst, wodurch der Preis noch mehr fiel. Dieses lief eine weitere Woche so, bis der Preis, der ja auf über zwei Dollar sollte, bei 1,10 US-Dollar/Pound war. Mittlerweile war klar, was geschah. Zwei oder drei der großen Fondsmanager hatten sich zusammengetan, um den Markt zu beherrschen. Ihre Finanzpower war immens groß. Sie wussten, dass sie, wenn sie durchhalten würden, den Preis eventuell so weit drücken konnten, dass alle anderen aus dem Markt geflogen wären. So kam es auch, die Fondsmanager konnten ihre Positionen mit Gewinn glatt stellen. Der Markt konnte wieder steigen, aber alle waren niedergeschlagen und fluchten auf die Fonds.

Die Fonds

Fonds sind Gesellschaften, die das Geld von Anlegern bündeln, die nicht selbst handeln wollen. Die Fonds werden von professionellen Fondsmanagern verwaltet und gehandelt. Es gibt bekanntlich Fonds für alle möglichen Anlageformen: Immobilien, Aktien, Renten. Und es gibt auch große Fonds, die an den Futures- und Optionsbörsen handeln. Sie tun das meist mit großem Erfolg, wodurch sie noch mehr Anlegergeld bekommen und mit ihrer Finanzpower die Märkte beeinflussen. Der bedeutendste Manager von Futures-Fonds ist Paul Tudor Jones, der über Jahre überdurchschnittliche Renditen in seinen Fonds erwirtschaftet hat.

Die meisten Märkte sind so groß, dass sie von den Fonds nicht beherrscht werden können. Es gibt aber auch kleinere Agrarmärkte, wie eben unser Kaffeemarkt, wo ein Fonds mit mehreren hundert Millionen Dollar durchaus in der Lage sein kann, den Markt zu bewegen, vor allem, wenn sich Fondsmanager – obwohl sie Konkurrenten sind – absprechen.

Auch wenn es ein, angesichts der Marktsituation, riskantes Spiel war: Die beteiligten Fonds konnten den Preis auf ein solch niedriges Niveau drücken, dass alle, die auf den Squeeze spekuliert hatten, mit Verlusten aus dem Markt gehen mussten. Die Fonds konnten den Gewinn einstreichen. Der Squeeze trat nicht ein, weil die meisten Käufer von Kontrakten aus dem Markt waren. Das Wehklagen am Coffee-Floor war groß. Dabei war man nur zu gierig gewesen und hatte sich in die Falle locken lassen. Mit gelassener Flexibilität hätte jeder frühzeitig den kleinen Verlust hingenommen, um mit der Bewegung nach unten mitzulaufen. Das hatte ich auch vorgehabt, aber Mulligan hatte mich überstimmt. »Es gibt nicht genug Kaffee, der Markt muss steigen!«, hatte er überzeugt verkündet und sich eine blutige Nase geholt.

Es kommen an den Märkten viele Faktoren zusammen. Die fundamentale Situation ist nur ein Faktor von mehreren, und man muss wissen, ob man ein großer Fisch oder ein kleiner Fisch in dem Meer ist, in dem man zu schwimmen und zu überleben versucht. Es ist gut zu wissen, wo die Haie und wie hungrig sie sind. Na ja, hungrig sind Haie immer. Man muss also wissen, ob man gerade auf ihrem Speisezettel steht.

Mulligan hatte viel Geld verloren, er konnte mir nicht einmal meinen Anteil von vorherigen Gewinnen bezahlen. Ich hatte ihn beobachtet. Er war davon überzeugt, in einer feindlichen Umwelt zu leben. Er glaubte Haifutter zu sein.

Ich hatte mich beobachtet. Ich war überzeugt davon, von ihm das Geld nicht mehr zu bekommen.

Ich erhielt es auch nicht, eine »sich selbst erfüllende Prophezeiung« eben. Mulligan wurde von den Haien gefressen, ebenso eine »sich selbst erfüllende Prophezeiung«.

Seitdem handle ich nur noch große Märkte und achte darauf, was die Haie vorhaben. Ich hatte mal in einem Tierfilm gesehen, dass es kleine Fischchen gibt, die den Haien die Zähne reinigen, was diese gerne zulassen, so dass beide friedlich nebeneinander existieren. Ich achte also auf die Haie am Markt, um mit ihnen mitzuschwimmen und meinen Anteil an ihrer Beute zu kassieren.

Sie haben danach gefragt!

Bevor die inneren Überzeugungen nicht eindeutig auf »Ich bin ein Guter!« gestellt sind, erfahren wir das Gegenteil. Du fragst nach Niederlagen, du bekommst Niederlagen. Die göttliche Existenz ist großzügig und freundlich: Jeder bekommt genau das, wonach er fragt. Da sind also alle die Engel und nehmen die fortwährend eintrudelnden Wünsche entgegen und schütteln den Kopf: 99 Prozent der Wünsche sind Wünsche nach Niederlagen und Verlusten. Petrus hatte es satt, er schickte einen Engel hinunter, um das mal zu checken – vielleicht war es der Geist von Sherlock Holmes. Also nahm Sherlock so einen Wunschzettel auf. Darauf stand: »Ich will an der Börse richtig Geld verlieren und mich in Schulden stürzen, so dass mich meine geliebte Frau verlässt!« – »Okay, den knöpfe ich mir mal vor«, sagte der Engel Sherlock und flog hinunter zu diesem Absender.

Klar, er konnte natürlich nicht mit dem Absender direkt sprechen, der hätte sich geängstigt, wenn ein leibhaftiger Engel vor ihm stehen würde, da das alle Überzeugungen über die Welt auf den Kopf gestellt hätte.

Also sprach er mit dem Höheren Bewusstsein dieser Person. »Warum schreibt der solche Wünsche?«, frage also Sherlock. »Tja, das kennt er eben nicht anders, das ist die Welt für ihn. Das ist besser als keine Welt, denkt er. Wenn seine Frau ihn nicht verlassen würde, wüsste er nicht, was real ist. Er glaubt, dass das Leben so ist und dass er ein Verlierer ist. Das haben ihm sein Eltern so eingebläut. Sein Vater fürchtete den Konkurrenten. Also hat er ihn immer klein gehalten!« – »Traurig, traurig«, dachte Sherlock und flog zu Petrus zurück.

»Es scheint so, dass die Menschen schlecht von sich selbst denken und deshalb dasselbe Denken an ihre Kinder weitergeben, damit diese nicht etwa besser werden als sie selbst. Das erklärt Einiges darüber, was sie aus dem größten Geschenk, diesem wunderbaren blauen Planeten machen«, sagte Petrus. »Die Glaubensevolution geht also nach hinten los. Was können wir nur tun?« Er dankte Sherlock und ging zu Gott, um ihn um Rat zu fragen.

Gott war das Problem natürlich schon bekannt. »Es gibt nur eines«, sagte er. »Die Menschen müssen Wege erfinden, die in der Kindheit entstandenen negativen Überzeugungen über sich selbst ablegen zu können. Lass uns eine Inspiration hinuntersenden!«

»Ja, und wie wollen wir die Inspiration nennen?«

»Lass uns einen vollkommen technischen Ausdruck nehmen, die Menschen glauben zurzeit an so etwas: Neurolinguistisches Programmieren!«

Diese Inspiration kam in den Dreißigerjahren bei einem sehr intelligenten Mann an, der aus Polen in die USA emigriert war: Alfred Korzybski. In seinem Buch »Science and Sanity« taucht der Begriff des Neurolinguistischen Programmierens erstmalig auf. Er beschreibt, wie die spezifische Form der Sprache unser Denken in bestimmte Bahnen lenkt. Weiterhin zeigt Korzybski, wie unser Denken durch die Sprache daran gehindert wird, die neuesten Erkenntnisse der Naturwissenschaften, wie Quantenphysik und Relativitätstheorie zu verstehen und in unser tägliches Leben einzubauen. Die Gedanken Korzybskis wurden später von verschiedenen Linguisten aufgegriffen und schließlich konnten Anfang der Siebzigerjahre Jahre zwei Männer in Kalifornien, Richard Bandler und John Grinder, ein Sprachmodell vorstellen, welches die Möglichkeit der Auflösung der durch die Sprache gegebenen Einengungen des Weltbildes bot, das Meta-Modell der Sprache des NLP. So entstand eine Möglichkeit, die unbewussten negativen Wünsche bewusst zu machen und in Wünsche zu verwandeln, die dem Wünschenden tatsächlich eine Verbesserung seines Lebens gestatten.

Verbesserung wozu und wohin?

Optimist oder Pessimist?

Wir reden ständig in unserem Inneren mit uns selbst. Die Sätze, die wir zu uns sagen, können rein sachliche Beobachtungen sein: Da fliegt ein Vogel. Die Sätze können auch etwas ausdrücken, worüber wir uns nicht so sicher sind: Da war eine Bewegung in der Luft (sachlich). Ich glaube, es war ein Vogel (geglaubt). Wir machen es genauso mit uns selbst. Es gibt Sätze, die wir über uns selbst sagen, die Beobachtungen enthalten: Ich habe zwei Hände. Und es gibt Sätze, die eine Interpretation enthalten: Meine Hände sind nicht sehr geschickt.

Wenn ich zu mir sage: »Meine Hände sind nicht sehr geschickt«, mache ich es mir sehr schwer, geschickt zu sein. Es wäre unterstützender, wenn ich von mir glauben würde, dass ich geschickte Hände hätte. Wir haben eine ganze Reihe derartiger interpretierender Sätze über uns in unserem Bewusstsein und besonders in unserem Unterbewusstsein. Wir denken sie irgendwann einmal, vielleicht haben wir sie über uns gehört und denken noch darüber nach. Irgendwann entscheiden wir uns dafür, dass sie zutreffen und stellen den Gedankengang auf »automatisch«. Ein derartiger Satz erzeugt eine Art Filter in unserer Wahrnehmung. Wir nehmen nur noch unsere Ungeschicktheit wahr und übersehen die Situationen, bei denen wir die Hände durchaus erfolgreich einsetzen. Es gibt derartige Glaubenssätze nicht nur über so konkrete Vorgänge. Wir glauben auch zu wissen, wer wir generell sind. Glaubenssätze über unsere Identität haben eine große Macht. Sie filtern unsere Wahrnehmung der Realität in großem Umfang. Weil sie in ihrem Unterbewusstsein an Glaubenssätze glauben, die entweder sagen: »Alles wird gut!« oder: »Alles wird schlecht!«, haben der Optimist und der Pessimist solche Wahrnehmungsfilter in sich erzeugt. So kommt es dazu, dass der Optimist das Glas als halb voll und der Pessimist das Glas als halb leer ansieht.

Wenn ich über mich glaube, ein Versager zu sein, werde ich mich auch so wahrnehmen und mich dementsprechend verhalten. Wenn ich über mich glaube, unfähig zu sein, wird mir wenig gelingen.

Zusätzlich wird die Sache dadurch kompliziert, dass wir es die Außenwelt möglichst nicht merken lassen wollen, dass wir das sind, was wir glauben. Wir kompensieren und überspielen. Statt die Energie auf die Überwindung unseres negativen Glaubens zu verwenden, strengen wir uns an, die Wahrheit über uns zu vertuschen.

Die Glaubenssätze sind zum größten Teil in der Kindheit entstanden. Wie hypnotische Suggestionen leben sie in uns fort und beeinträchtigen unser Leben. Zum Glück gibt es mittlerweile Techniken, einem diese Sätze bewusst zu machen und sie in positive Glaubenssätze umzuwandeln. Denn mit einem Glaubenssatz »Ich bin erfolgreich, ich bin gut!« der Welt zu begegnen ist besser und macht einen erfolgreicher.

Ist der Zen-Mensch ein Optimist oder ein Pessimist? Während in den rein psychologischen Vorgehensweisen die negativen Glaubenssätze in positive umgewandelt werden, ist die Sichtweise aus der Sicht des Zen etwas anders. Denn auch der positive Glaubenssatz schafft einen Filter, und wir wollen uns und die Realität möglichst wahrhaftig wahrnehmen. Daher werden wir die negativen Glaubenssätze einfach löschen und nicht ersetzen.

Brauchen wir Glaubenssätze über uns? Nein, nicht wirklich. Wir brauchen eine Wahrnehmung unseres Verhaltens und unserer Einstellungen, so dass wir diese eventuell verändern können. Wir wollen letztendlich zur Wahrheit gelangen. Der notorische Optimist ist von der Wahrheit genauso weit entfernt wie der Pessimist. Es könnte jedoch einfacher sein, zu einer realistischen Selbsteinschätzung zu kommen, wenn man positiv eingestellt ist und sich nicht selbst die Knüppel zwischen die Beine wirft. Ohne irgendeinen Glauben über sich zu leben, kann zunächst Angst erregend sein. Wir meinen eine Orientierung haben zu müssen; für viele Menschen ist die negative Orientierung die beste. Nichts darüber zu glauben, wer man ist, macht jedoch den Weg frei dafür, es zu erfahren. Denn wir sind nicht all das, was als Sätze über uns in uns herumschwirrt. Diese sind ja nachträglich hineingeflößt und kulturell bedingt. Wenn wir erfahren wollen, wer wir wirklich sind, was unsere Essenz ist, müssen wir die Sätze über uns loslassen. Es gibt eine Zeit des Übergangs und der Neuorientierung; manchmal ist man unsicher in dieser Zeit. Dann aber winkt der große Preis: Wir stellen fest, dass wir nichts abgetrennt vom Ganzen sind, dass wir so undefiniert und unglaublich sind wie das gesamte Sein.

Ist das Glas dann halb voll oder halb leer? Wenn wir weder Optimist noch Pessimist sind?

Ja, das ist es.

Die Welt der Glaubenssätze

Wie Sie bereits im vorherigen Kapitel erfahren haben, gibt es in jedem von uns unterbewusste Überzeugungen oder Glaubenssätze, die nicht nur unser Verhalten, sondern auch unseren Erfolg in der materiellen Welt erheblich beeinflussen.

In Übung 15, dem Belief-Assessment, haben Sie auch einen Glaubenssatz gefunden, den Sie loswerden möchten.

Das englische Wort »belief« beschreibt diese Sätze für mich am besten, die deutsche Übersetzung in »Glaubenssatz« hat einen religiösen Beigeschmack, das Wort »Überzeugung« einen politischen. Ich möchte dennoch im Weiteren das Wort »Glaubenssatz« verwenden und bitte Sie, dieses im Sinne von »auf einen selbst bezogene, unterbewusste, verallgemeinerte Einstellung« zu lesen.

Diese Glaubenssätze wollen wir aus unserem, uns selbst betreffenden Bewusstsein quasi »herausoperieren«. Genauer gesagt: Es ist ein Teil des Unterbewusstseins, das wir nicht direkt ansprechen können. Man könnte meinen: Ich stelle fest, dass der Satz »Ich habe ungeschickte Hände!« nur ein negativer Glaubenssatz ist und verändere ihn einfach kraft meines Willens. Versuchen Sie das einmal, es ist nicht möglich. Und das ist auch gut so, sonst würden wir uns nach jeder Werbesendung mit vier neuen Identitäten wieder finden und nicht mehr wissen, wer wir sind.

Wir wollen die einschränkenden Glaubenssätze auch nicht mit anderen »positiven« Glaubenssätzen übermalen, wie es mit Affirmationen oder dem Positiven Denken geschieht. Wir wollen von jeglichen Glaubenssätzen frei sein, denn das versetzt uns in die Lage, der Welt und vor allem uns selbst unvoreingenommen und offen zu begegnen. Die Freiheit von Glaubenssätzen ermöglicht uns, Leistungen zu vollbringen, die vorher für uns und unsere Mitmenschen unglaublich schienen. Es kann natürlich Situationen geben, in denen es sinnvoll ist, einen starken, positiven Glaubenssatz für eine Gelegenheit anzunehmen. Wenn ein Rennfahrer von sich glaubt: »Ich bin der Beste und Schnellste!«, ist das sicherlich während des Rennens unterstützend. Wenn das Rennen vorbei ist, ist es jedoch besser, diesen Glaubenssatz wieder abzulegen. ·

Diese Befreiung von Glaubenssätzen ist eine der zentralen Techniken auf meinem Weg zur ersten Million. Sie sollten eventuell ein wenig Übung investieren, denn manchmal sitzt so ein alter Belief doch recht fest und ist in einem Menschen tief verwurzelt.

Die Befreiung von negativen Glaubenssätzen

Machen Sie sich also einen Glaubenssatz bewusst. Welchen Glaubenssatz haben Sie in sich, der Ihre Sicht der Welt in einer bestimmten Form fixiert? Welchen Glaubenssatz haben Sie in sich, der verhindert, dass Sie Ihre Ressourcen zum Erreichen Ihres Zieles voll zum Einsatz bringen können?

Wie also lautet der Glaubenssatz? Wie haben Sie ihn unterbewusst für sich formuliert? Ich bin nicht gut genug? Ich bekomme keine Hilfe? Ich habe nicht den Raum, den ich brauche? Ich schaffe es nicht?

Glaubenssätze werden uns besonders bewusst, sobald wir ein Ziel erreichen möchten. Normalerweise haben wir unser Leben um unsere Begrenzungen herum so eingerichtet, dass wir diese nicht mehr spüren müssen. Das Leben wird dann nach und nach immer eingefahrener und langweiliger – das ist aber der Preis dafür, nicht immer gegen die eigenen inneren Wände zu rennen. Nun kommt jemand, der sagt: »Sie können Millionär werden und überhaupt alles, was Sie sein möchten. Sie haben das volle Potenzial wie jeder andere Mensch auch. Das Einzige, was Sie hindert, ist in Ihnen, und wir können es auflösen!«

»Das einzige Hindernis ist in mir? Das glaube ich nicht!«, werden Sie sagen. Es fallen Ihnen Einwände ein, zum Beispiel: »Ich habe doch nur den Hauptschulabschluss.« Na und, ist Schulbildung dem Erreichen einer Million förderlich oder eher hinderlich? Schauen Sie sich mal die Leute im zehnten Semester an der Universität an und schauen Sie sich einen gleichaltrigen Menschen an, der seit seinem 16. Lebensjahr gearbeitet hat. Wer weiß mehr vom Leben? Wer weiß eher, wie man zu Geld kommt? Es gibt keinen Zusammenhang zwischen Geld und Bildung.

Welcher Glaubenssatz lässt Sie diesen Einwand sagen? Ich bin nicht intelligent, nicht gut genug? Es kommt der nächste Einwand: Ich bin so ein Schlaffi, ich erreiche doch so ein großes Ziel nicht! Okay, es kann sein, dass Sie das Ziel etwas leichter erreichbar klingen lassen können, fangen Sie mit 100.000 an, und was glauben Sie über sich, warum Sie ein Schlaffi sind? Glauben Sie: »Ich erhalte keine Energie«? Beobachten Sie mal, wie Sie in einer Welt des Überflusses verhindern, dass Energie zu Ihnen kommt. Sie müssen noch nicht einmal anfangen, Sport zu treiben, Sie können einfach etwas tiefer einatmen. Sauerstoff ist für unseren Körper Energie. Wir werden in der folgenden Übung Ihren Glaubenssatz »Ich bekomme nicht genug!« umwandeln, so dass Sie tiefer einatmen. Wie wäre das? Wer tief einatmet, nimmt auch mehr Geld ein.

Machen Sie sich also den Sie eingrenzenden Glaubenssatz bewusst!

Wie ist er formuliert? Die meisten Glaubenssätze beinhalten Sätze der Wertlosigkeit, Unfähigkeit oder Hoffnungslosigkeit.

Seien Sie auf der Hut vor den eigenen Kompensationen. Wir wollen natürlich nicht unbedingt, dass jeder unsere eigenen negativen Einstellungen zu uns selbst bemerkt. Das würde unsere Chancen beim anderen Geschlecht, beim Arbeitgeber oder Kunden nicht fördern. Wir spielen eine Show, und manchmal glauben wir selbst an unsere Show.

Am einfachsten bemerken Sie einen behindernden Glaubenssatz, wenn Sie sich auf ihr Ziel zubewegen. Projizieren Sie einfach mal sich selbst als Millionär auf eine Wand und gehen Sie darauf zu. Auf dem Weg zu dem Bild von Ihnen selbst bemerken Sie vielleicht Ihre Einwände und inneren Hindernisse, die Sie stocken lassen. Wie lautet der Satz, den

Sie beim Stocken zu sich selbst sagen? Zum Beispiel: »Das schaffe ich doch nie!« Und was sagen Sie zu sich selbst, so dass Sie es nie schaffen würden? So etwas wie: »Ich bin nicht gut, nicht stark genug«? So finden Sie den Glaubenssatz, den Sie im weiteren Verlauf der nun folgenden Übung loslassen können.

Der Glaubenssatz ist in einer bestimmten Art formuliert, und er beinhaltet eine bestimmte innere Repräsentation. Die innere Repräsentation besteht aus einem inneren Bild, Stimmen oder Geräuschen und einem bestimmten Gefühl.

Was sehen Sie also vor Ihrem inneren Auge, wenn Sie zum Beispiel glauben: »Ich bin nicht gut genug«?

Was sagen Sie zu sich selbst, mit welcher Stimme?

Wie ist das Gefühl, nicht gut genug zu sein?

Wo in Ihrem Körper manifestiert es sich? Wenn Sie nicht gut genug sind, lassen Sie dann den Kopf eher hängen und ist Ihre Körperhaltung dann eher aufrecht oder eher zusammengefallen?

Glaubenssatz und Emotion

Beobachten Sie also ganz genau, wie sich der Glaubenssatz bei Ihnen heimisch gemacht hat.

Mit dem Glaubenssatz sind Emotionen verbunden, sie sind sozusagen der Treibstoff dafür, dass dieser Satz wirkt. Welche Emotionen also sind damit verbunden, von sich selbst zu glauben, nicht gut genug zu sein?

Das kann Wut sein, Wut auf sich selbst, die ursprünglich dem Vater galt.

Das kann Angst sein, Angst vor der eigenen Größe, weil man die Erfahrung machte, dass es »etwas auf den Deckel« gab, wenn man sich zeigte.

Es kann Schuld sein, denn wir alle haben in unserem Rahmen Größe und Macht missbraucht und einen anderen Menschen verletzt.

Es kann Scham sein, denn wenn wir groß sind, werden wir gesehen und vielleicht sind wir ausgelacht worden. Es kann sehr viel Trauer und Schmerz sein, denn es tut weh, das eigene Potenzial nicht leben zu können.

Welche Emotion ist der Treibstoff für diesen Glaubenssatz?

Und da Sie die Emotionen schon mit der Atisha-Transformation geklärt haben, wird der Treibstoff nicht mehr so stark sein. Stattdessen haben Sie mehr Treibstoff für gute Emotionen, wie Freude, Glück und Mut. Dennoch schadet es nicht, die Emotionen, die Ihnen im Zusammenhang mit dem zu klärenden Glaubenssatz bewusst werden, auch zu transformieren. Scham, mit dem wir uns bisher noch nicht beschäftigt haben, muss ebenfalls umgewandelt werden. Machen Sie sich also bewusst, wie Sie den Glaubenssatz denken, die Formulierung, Ihre inneren Repräsentation, die mit ihm verbundenen Emotionen.

Ihnen ist wohl klar, dass der Glaubenssatz nicht notwendigerweise der Realität entspricht. Vielmehr war er so machtvoll, dass er wie ein hypnotischer Befehl Ihr Unterbewusstsein dazu gebracht hat, die Realität dementsprechend zu sehen. Wie durch einen Filter haben Sie nur noch wahrgenommen, was dem Glaubenssatz entsprach, und ihn für sich dadurch bestätigt. So können alle Menschen das Lebensrecht nutzen, um ihr volles Potenzial zu entwickeln.

Den Glaubenssatz auflösen

Sie haben sich also entschieden, diesen Glaubenssatz anzunehmen. Der Zeitpunkt dieser Entscheidung könnte schon in Ihrer Kindheit gelegen haben. Aus irgendeinem Grund schien es Ihnen angeraten, sich an diesen Glaubenssatz zu halten, vielleicht weil Erwachsene Ihnen diesen fortwährend eingetrichtert haben. Sie haben angenommen, und Sie können auch wieder ablegen. Das wollen wir jetzt machen. Sind Sie dazu bereit?

Übung 17:

Einen behindernden Glaubenssatz auflösen

1. Stellen Sie fest, wie Ihre innere Repräsentation des Glaubenssatzes ist: Was sehen, hören, fühlen Sie, wenn Sie an ihn denken?
2. Machen Sie die Repräsentation vor Ihnen im Raum zu einer Kugel!
3. Sehen Sie, wie der Glaubenssatz auf der Kugel geschrieben steht!
4. Welche Emotion befindet sich unter dem Satz? Nehmen Sie die Emotion als Energie wahr!
5. Welcher Gewinn ist mit dem Satz verbunden? Anerkennung, Kontrolle?
6. Nehmen Sie auch den Gewinn als Energie wahr!
7. Die Kugel ist Energie, wie auch der Raum um sie herum.
8. Lassen Sie sich die Kugel im Raum auflösen.
9. Wie ist es, ohne diese innere Begrenzung zu leben?

Sie hatten einen Grund, warum Sie diesen Glaubenssatz damals angenommen haben. Sie hatten einen Gewinn dadurch. Vielleicht half Ihnen dieser Glaubenssatz, wenigstens etwas Anerkennung und nicht immer negative Emotionen von Ihrer Umwelt zu erhalten. Es war in einer Weise sinnvoll, Ihr Potenzial zu begrenzen. Das ist es, was wir als Kind meistens erleben – im traditionellen Sinn wird das auch noch

Erziehung genannt. Wir kommen als und mit einem sehr großes Potenzial auf die Erde und werden dazu erzogen dieses einzuschränken, anstatt zu lernen, dieses Potenzial in die Welt hineinzubringen und umzusetzen.

Das Potenzial eines Kindes macht dem Erwachsenen Angst, denn dort kommt ein Lebewesen auf die Welt, das ihm den eigenen Platz streitig machen könnte. Und dieser Mensch wird ihm tatsächlich auf jeden Fall den Platz streitig machen, denn wir werden älter. Es ist der natürliche Lauf der Zeit, für die Jüngeren Platz zu machen. Kinder erinnern die Eltern und Erwachsenen auch an die eigenen Begrenzungen, welche die Kinder noch nicht haben. Daher fühlen sich Erwachsene unterbewusst veranlasst, die eigenen Begrenzungen den Kindern beizubringen, denn sonst wäre ihr eigenes Weltbild fortwährend in Frage gestellt. Sie haben jetzt die Gelegenheit, einen begrenzenden Glaubenssatz loszuwerden.

Sie haben den Glaubenssatz angewandt, weil Ihnen das Gewinne gab. Diese Gewinne brauchen Sie jetzt aber nicht mehr. Die Gewinne waren eh keine realen Gewinne, sondern nur durch widrige Umstände erzwungene Kompromisse.

Sie wissen jetzt, wie Sie sich die Gewinne besser geben können. Sie wissen auch, wie Sie die alten Emotionen losgeworden sind. Erkennen Sie, dass dieser Glaubenssatz nichts anderes ist als Energie. Erkennen Sie, dass die Energie im Raum um den Glaubenssatz herum auch Energie ist. Erkennen Sie, dass die Energie in dem Raum um den Glaubenssatz herum aus derselben Energie ist wie der Glaubenssatz selbst.

Lassen Sie zu, dass sich die Energie des Gebildes »Glaubenssatz« mit der Energie im Raum um das Gebilde herum vermengt und immer mehr vermischt. Die Energie des Gebildes, das einmal ein Glaubenssatz war, und die Energie des Raumes drum herum unterscheidet sich nicht mehr voneinander. Der Glaubenssatz löst sich immer mehr und mehr auf – bis er schließlich in die Energie aufgeht.

Frei von einengenden Beliefs oder Glaubenssätzen können Sie flexibel wie ein kämpfender Samurai auf jede mögliche Situation optimal reagieren. Oder wollen Sie agieren?

Agieren oder reagieren?

Ja, genau.

Mein Zen-Meister sagte immer: »Glaube nichts. Zweifle alles an. Zen ist keine Religion, Zen ist die Suche nach der unumstößlichen erfahrenen Wahrheit jenseits der Worte!«

12. KAPITEL

Das Wertvollste auf der Welt

Motivationen – Herausforderungen im Zen – Arizona – Werte – Der Platz eines Wertes in der Hierarchie – Integration von inneren Werte-Konflikten – Das »Weg-von« in den Werten klären – Die Werte-Hierarchie verändern – Wie lernt man einen Hai kennen? – Der siebte Brief meines Meisters: Das Haus von unten bauen! – Das Wertvollste auf der Welt

Motivationen

Nach dem Debakel im Kaffeemarkt, dem verlorenen Kampf mit den Haien der Fonds, hatte ich wieder einmal eine Krise. Meine Motivation erschien mir sehr niedrig.

Meine Freundin war aus Deutschland gekommen und wohnte nun bei mir in Battery Park City, und ich hatte mehr Spaß daran, mit ihr in dieser wunderbaren Stadt herumzulaufen, als mich mit den Märkten herumzuplagen.

Ich sagte mir: »Das ist immer noch Kleinkram, was du hier machst. Ich brauche den Kontakt zu den Großen. Aber wie soll ich die kennen lernen?«

Der weltweit berühmteste dieser Großen an den Finanzmärkten ist George Soros. Er ist dadurch berühmt geworden, dass er einst die Bank of England angriff, da diese mit einer Wechselrate des britischen Pfunds im Europäischen Währungssystem war, die nicht mehr den ökonomischen Gegebenheiten entsprach. Die Bank of England versuchte das Pfund zu verteidigen, und Soros konnte einige Milliarden Dollar Gewinn einstreichen. Er hat mittlerweile aber auch wieder Milliarden verloren, da er sowohl als Finanzier wie auch als Spender in Russland engagiert war.

George Soros hat einige sehr interessante Bücher zu seiner

Theorie der Reflexivität geschrieben. In diesen beschreibt er, dass das entscheidende Moment an den Märkten das Wechselspiel zwischen der Wahrnehmung der Marktteilnehmer und dem Feedback, das sie von dem Markt in Bezug auf ihre Aktionen am Markt bekommen, ist.

Ich versuchte tatsächlich, George Soros zu treffen, seine Sekretärin wimmelte mich natürlich immer ab. Ich fühlte mich auf meinem Weg zur ersten Million mal wieder in einer Sackgasse.

Und wie gesagt: Ich genoss es viel mehr, mit meiner Freundin bei Dean and Deluca in Soho zu sitzen, mir im Metropolitan Museum of Art die Gemälde anzuschauen oder in unserem kleinen japanischen Restaurant Sushi und Tempura zu essen.

Nebenbei interessierte ich mich natürlich auch für die spirituelle Szene. Die Zen-Gemeinschaften in New York waren mir allerdings etwas zu konventionell. Ich war ein etwas chaotischeres Zen gewohnt. Hier achtete man mir zu sehr auf das Zeremoniell.

Herausforderungen im Zen

Zeremoniell hat eine besondere Funktion im Zen. Die alten Zen-Meister dachten sich irgendwelche Regeln aus, nach denen gelebt und meditiert werden musste. Dieses zwang die Schüler dazu, wach zu bleiben, denn wer die Regeln vergaß, bekam es mit dem Zen-Stock zu tun. Wenn alle die Regeln problemlos befolgten, wurden die Regeln geändert, um wieder Wachheit zu provozieren. Die Regeln und das Zeremoniell als solche waren ohne tieferen Sinn.

Ein weiterer Zweck der Regeln ist die Herausforderung des Egos. Unser Ego wird nämlich sagen: »Wieso soll ich diese Regeln befolgen? Das habe ich doch nicht nötig!« So ist es für einen Meister leicht, die Spreu vom Weizen zu trennen. Der ernsthaft Suchende wird bereit sein, jede unsinnige

Regel zu akzeptieren, denn er will wirklich über sein Ego hinauskommen. Derjenige, der mit dem Ego sucht, damit er mitreden kann und auch noch ein erfolgreicher Suchender ist, wird sich an den Regeln stoßen und sich bemerkbar machen. Diesen kann der Zen-Meister dann so sehr mit Regeln und Zeremoniell nerven, dass er das Weite sucht.

In Zen-Klöstern gibt es nicht nur derartige Regeln, sondern jeder Suchende selbst ist dem anderen eine Herausforderung. Die Zen-Sucher sind aufgefordert, dem anderen seine Begrenzungen durch das Ego aufzuzeigen. Besonders herausfordernde Menschen werden von den Meistern zum Beispiel zu Küchenchefs gemacht, da jeder Mönch periodisch mit Küchenarbeiten an der Reihe ist. Der Küchenchef stellt dann gerne Regeln auf, wie: Die Karotte muss in Stifte geschnitten werden. Wenn dann alle diese Regel mit den Karottenstiften akzeptiert haben, kommt der Küchenchef und faucht irgendeinen an: »Wieso schneidest du die Karotte in Stifte? Karotten werde natürlich in Scheibchen geschnitten!« Der wahre Suchende kann darüber lachen, sein Ego beiseite stellen und zu dem Küchenchef sagen: »Danke, dass du mich darauf hinweist!« Denn es ist im Grunde ein Spiel. Der Mensch, der mit seinem Ego verhaftet ist, wird aufbrausen, dem Küchenchef seine Meinung sagen und, wenn er Glück hat, eine der Begrenzungen seines Egos beobachten können.

Das Ego ist es, was uns vom Zustand des Erleuchtetsein abhält, denn es besteht aus inneren Grenzen. Unser Verstand hat gelernt, die Welt zu strukturieren und in Gut und Böse einzuteilen. Dabei ist er auch bequem: Was einmal als böse erkannt ist, wird gemieden. Was als gut erkannt ist, wird weiterhin als Gutes wahrgenommen.

Dieses Verhalten, unser Ego, sicherte das Leben in der Savanne und in der Eiszeit-Höhle. Wer einmal eine Bärentatze gespürt hatte, mied tunlichst diese Tiere und sendete das auch dem Morphogenetischen Feld, so dass alle diese Gefahr mieden. Wer einmal eine Bärentatze »gekostet« hatte, suchte dann einen Weg, die Gefahr zu überlisten.

Für die Erleuchtung, für das Einssein mit unserem Universum, ist es dann notwendig, das Ego wieder loslassen zu können, denn wir leben nicht mehr in der Eiszeit. »Wir sind in einer weit gefährlicheren Zeit! Atomkrieg, Verbrechen, Umweltkatastrophe!«, werden Sie sagen. Das ist richtig. Und das Ego ist nicht wirklich in der Lage, uns davor zu schützen. Ohne Ego sind wir fähig, direkt mit dem Energiefeld in Verbindung zu treten. Dazu im nächsten Kapitel mehr.

Jedenfalls hatten die alten Zen-Meister Regeln und Zeremonielle benutzt, um eine herausfordernde Umgebung zu schaffen. Dann geschah es, dass unerleuchtete Nachfolger, Priester und Päpste sozusagen, das Zeremoniell zum Dogma erhoben. Da sie noch ein Ego hatten, wollten sie nicht selbst immer wieder von den eigenen Regelveränderungen herausgefordert werden. So wurden dann Regeln statt Herausforderungen weitergegeben. Es gibt viele Zen-Gemeinschaften, die eine andere Art Kirche sind und in denen jeder lernt, auf eine bestimmten Art zu gehen und zu sitzen. Hier muss man für alle Zeiten die Karotten in Würfel schneiden. Das ist dann eine Zen-Kirche, die leider tot ist.

Ich suchte und suche das lebendige, überraschende Zen und fand es eher in den fortwährenden Regelveränderungen der Börse als in manchen Zendos.

»Sei immer ein Beginnender, das ist rechte Zen-Art!«, sagte mein Meister.

Arizona

Da ich sowieso so wenig zum Börsenhandel motiviert war, beschloss ich, mit meiner Freundin ein wenig die USA kennen zu lernen. Ich fühlte mich besonders vom Südwesten angezogen. Es war Ostern, und wir beschlossen, zwei Wochen Urlaub in Arizona zu machen. Also flogen wir nach Phoenix, mieteten dort ein Auto und schauten uns dieses herrliche Indianerland an. Arizona ist besonders wegen des Grand Canyon berühmt. Dieser imposante Einschnitt in die

Hochebene ist jedoch bei weitem nicht die einzige Attraktion dieses US-Bundesstaates. Eine Gegend im Herzen des Staates hatte es mir angetan, zumal ich gelesen hatte, dass der zentrale Ort dort eine Hochburg der spirituellen Szene sein sollte. Der Ort heißt Sedona und liegt in einer Gegend roter, bizarrer Felsen.

Die roten Felsen in der Gegend von Sedona haben eine ganz besondere Ausstrahlung, der ganze Ort scheint auf eine Art hoher Schwingung zu vibrieren. Einige der heiligsten Plätze der Apachen befanden sich in dieser Gegend. Es gibt in Sedona alle Arten spiritueller Gruppen und Personen. Es gibt mehrere Supermärkte mit ökologisch angebautem Gemüse und anderem »health food«, in denen wiederum Werbezettel der Anbieter Sedonas auslagen. Als ich auf einem Zettel las: »Keine Motivation? Wollen Sie Ihre Ziele erreichen? Buchen Sie eine Beratung bei Ananda, Meister des psychokybernetischen Zen!«, wusste ich, warum mich meine Reise hier hingeführt hatte. Es würde mir etwas klar werden. Noch am selben Tag traf ich Ananda, der so aussah, als hätte er einiges Apachenblut in sich und mich mit seinen Augen tief »durchleuchtete«.

Ich erzählte ihm meine Problematik, und er sagte: »Das hört sich für mich nach einigen Unklarheiten in deinen Werten an. Wir sollten mal die Klarheit des Zen in deine Werte-Hierarchien bringen. Was ist dir am wichtigsten in Leben?«

Werte

Glaubenssätze bestimmen uns und unser Leben, und es ist gut, die Zahl der Glaubenssätze, besonders der negativen in uns, zu reduzieren. Auf derselben Ebene wie Glaubenssätze befinden sich unsere Werte. Sie bestimmen uns und unser Leben.

Werte sagen uns, ob etwas gut oder schlecht ist, wichtig oder unwichtig.

Jeder Mensch hat in sich seine ganz eigene Werte-Welt. Motiviert sind wir, wenn das, was wir vorhaben, mit einem uns wichtigen Wert einhergeht.

Wir wollen von einem Modell ausgehen, welches besagt, dass die Werte hierarchisch in uns angeordnet sind. Das heißt, dass der wichtigere Wert immer den nicht so wichtigen überstimmt. Welche Probleme in Bezug auf Werte gibt es, die uns an der ersten Million hindern könnten?

Zum einen gibt es Konflikte zwischen wichtigen Werten, die einen blockieren können. Wenn Liebe und Freiheit auf der Werte-Skala hoch angesiedelt sind, kann es Probleme in der Ehe geben, vor allem, wenn Freiheit der höhere Wert ist. Wenn ein spiritueller oder religiöser Wert ganz oben in der Hierarchie platziert ist, was zweifellos erstrebenswert ist, und dieser eine enthaltsame Komponente hat, kann er in Konflikt zu einem Wert »Reichtum« sein.

Wenn ein Wert in der Hierarchie der Werte unten angesiedelt ist, werden wir das, was er vertritt, in unserem Leben nicht so realisieren. Bei Rauchern zum Beispiel ist der Wert »Gesundheit« selten unter den ersten zehn Werten zu finden, sonst hätten sie es sich schon abgewöhnt. Bei Menschen ohne Geld ist der Wert »Geld« oder »materieller Reichtum« sicherlich an unterer Stelle vertreten und daher nicht so motivierend.

Probleme bereitet ein Wert, wenn er ein »Weg-von«-Wert ist. Die Probleme des »Weg-von« habe ich bereits dargestellt. Wir erreichen immer das, was wir uns negativ repräsentieren, das, wovon wir weg wollen also. Wenn »Geld« also »Nichtarmut« bedeutet, werden wir Armut erreichen.

Wir haben also drei Themen im Bereich Werte:

- Konflikte zwischen Werten
- Der Platz eines Wertes in der Hierarchie
- »Weg-von«-Werte

Wir wollen jedes dieser drei Themen näher betrachten und verändern können.

Der Platz eines Wertes in der Hierarchie

Die Werte sind in unserem Unterbewusstsein in einer Reihenfolge, in einer Hierarchie ihrer Wichtigkeit, angeordnet. Die Hierarchie ist ein Modell, mit dem wir gut arbeiten können, und es ist ein Modell, welches die Realität vereinfacht.

Lassen Sie uns damit beginnen, Ihre Hierarchie der Werte kennen zu lernen.

Es gibt Hierarchien für verschiedene Lebensgebiete, und es gibt eine übergeordnete, die für das gesamte Leben gilt und mit der wir uns beschäftigen wollen.

Werte haben ein umso größeres Gewicht, je abstrakter sie sind. Wir finden Werte heraus, wenn wir uns fragen: »Was ist mir wichtig?« Wenn die Antwort lautet: »Gummibärchen!«, ist das nicht ein so abstrakter Wert. Wir fragen dann also weiter: »Und wofür sind Gummibärchen wichtig? Was geben sie dir?«, so dass wir vielleicht zu einem Wert »Genuss« kommen.

Fragen Sie sich also: »Was ist mir wichtig?«

Oder: Erinnern Sie sich an Ereignisse in Ihrem Leben, bei denen Sie voll motiviert waren. Wer oder was war dabei, welcher Wert war erfüllt, weswegen Sie hoch motiviert waren? Was also ist Ihnen wichtig?

Zur Hilfe können Sie diese Liste möglicher Werte heranziehen:

Liebe, Wahrheit, Familie, Glück, Weisheit, Freiheit, Gesundheit, Reichtum, Beruf, Selbstverwirklichung, Erkenntnis, Bewusstsein, Leben als solches, Genuss, Ordnung, Freundschaft, Solidarität, Lernen, Kreativität, Gewinnen, Erfahrung, Gemeinschaft, Gerechtigkeit, Frieden (innerer oder äußerer), Macht, Mitgefühl, Wohlstand, Freude, Spaß, Humor und viele mehr.

Notieren Sie erst einmal ganz ungeordnet, was Ihnen wichtig ist.

Dann ordnen Sie diese Werte in eine Reihenfolge. Fragen Sie sich jetzt: Wenn ich nur eines von diesen beiden verwirklicht haben könnte, welches wäre mir dann wichtiger? Das ist dann der höhere Wert. Sie sollten eine Liste von zehn Werten erhalten.

Was ist Ihnen also am wichtigsten im Leben? Kennen Sie Menschen, denen »Geld« der wichtigste Wert ist? Sind die sympathisch? Nein, denn sie sind höchstwahrscheinlich kriminell, da diese für Geld alles tun würden. Und doch hat auch jeder Gangster seine schwache Stelle, das ist nämlich der höhere Wert. Zum Beispiel ist dem »Mafioso« die Familie das Wichtigste, und der kulinarische Genuss ist einem Italiener oft wichtiger als Geld. Der Großkapitalist, der für Geld alles handelt und an jeden verkauft und keine Rücksicht auf die Umwelt nimmt, tut dieses auch eher nicht, um den Wert »Geld« zu erfüllen, sondern um gesellschaftliches Renommee oder Macht oder Genuss zu erlangen.

Auf der anderen Seite gibt es Menschen, bei denen »Geld« oder ein ähnlicher Wert, zum Beispiel »Wohlstand«, »materieller Überfluss« oder »Reichtum« nicht vorkommen bzw. sehr weit unten auf der Hierarchie der Werte angesiedelt sind. Diese werden auch kein Geld haben oder zu den Glücklichen gehören, die sich darüber keine Gedanken mehr zu machen brauchen.

Auf dem Weg zur ersten Million jedenfalls muss der Wert »Geld« zu den obersten fünf Lebenswerten gehören. Nur an einer derart hervorragenden Position werden wir motiviert sein und den Einsatz zeigen, der nötig ist, um Reichtum zu schaffen.

Da wir den Weg zur ersten Million als einen spirituellen Weg auffassen wollen, haben wir mindestens einen höher gelagerten Wert als »Geld« in unserer Hierarchie: »Erleuchtung« oder »innere Befreiung« oder »Buddhaschaft«. Und es wäre auch schön, wenn wir einen Wert wie »Liebe« oder »Mitgefühl« höher ansiedeln als »Geld«. Und »Gesundheit«? Ohne Gesundheit nützt uns Geld nicht viel. Und mit Geld können wir besser für unsere Gesundheit sorgen. Für die Zeit bis zur Million ist es in Ordnung, »Geld« höher platziert zu haben.

Wie also können wir die Werte-Hierarchie verändern? Das geht sehr einfach. Und bevor wir das machen, wollen wir jedoch die Konflikte und »Weg-vons« beseitigen. Denn, wenn wir »Nichtarmut« nach oben rücken, könnte das große Probleme bereiten. Und wenn »Nichtarmut« in Konflikt mit »Gesundheit« oder »Freiheit« gerät, können noch größere entstehen.

Integration von inneren Werte-Konflikten

Innere Konflikte können sehr lähmen. Die Energie wird für den inneren Konflikt verbraucht, obwohl sie doch so sehr für das Erreichen eines Zieles gebraucht worden wäre. Ein innerer Konflikt liegt vor, wenn Sie einerseits etwas erreichen wollen und andererseits dann doch wieder nicht. Eine Stimme sagt: »Ja, lass uns reich werden!«, und eine andere kommt sofort: »Reich werden? Das führt uns vom spirituellen Weg ab!« Hier liegt also ein Konflikt zwischen den Werten »Reichtum« und »spiritueller Weg« vor.

Alle Nikotinsüchtigen haben innere Konflikte. Eine Seite sagt: »Ich möchte aufhören zu rauchen!«, und die andere sagt: »Oh, das Rauchen brauchen wir, um zu überleben!« Die Energie, die benötigt wird, einen Weg zur Gesundheit zu finden, geht für den inneren Kampf drauf.

Das Integrieren von inneren Konflikten ist also ein wichtiger Schritt. Wir führen es in folgenden sechs Schritten durch:

Übung 18:

Integration innerer Konflikte

1. Setzen Sie sich entspannt hin. Legen Sie Ihre beiden Hände mit den Handflächen nach oben auf Ihre Knie. Lassen Sie die Hände sich nicht berühren, bevor diese Übung beendet ist. Platzieren Sie jeweils einen der an dem Konflikt beteiligten Seiten auf eine der Hände. Lassen Sie diese beiden Seiten jeweils eine Repräsentation annehmen. In Ihrer Vorstellung also: Wie sehen die beiden Seiten aus, was sprechen sie, wie fühlen sie sich an?

2. Leihen Sie den beiden Seiten abwechselnd Ihre Stimme. Lassen Sie beide direkt sprechen. Was möchten sie gern sagen? Wie geht es ihnen? Was denken sie über die Seite auf der anderen Hand?

3. Fragen Sie die jeweilige Seite: Welchen Gewinn verschaffst du mir, indem du dafür sorgst, dass dieser Wert realisiert wird?

4. Lassen Sie die beiden Seiten den Gewinn, den die andere Seite verschafft, wertschätzen.

5. Lassen Sie beide miteinander verhandeln. Braucht der eine vom anderen etwas, um seinen Wert besser realisieren zu können, und was ist die Seite dafür bereit zu geben?

6. Wenn beide einverstanden sind, künftig kooperativ für die jeweiligen Gewinne zu sorgen, mögen Sie die beiden Hände zusammenbringen, um so auszudrücken, dass die beiden Seiten zusammenarbeiten wollen.

Das »Weg-von« in den Werten klären

Bei jedem der zehn oder mehr Werte, die Sie gefunden haben, sollten Sie überprüfen, inwieweit in diesem Wert eine Richtung, die von etwas weg will, enthalten ist. Reichtum kann also heißen, dass Sie weg von Armut wollen. Gesundheit kann heißen, dass Sie nicht krank sein wollen.

Ich habe bereits mehrfach geschildert, dass eine negative Motivation zu dem führt, wovon man weg will, da unser Unterbewusstsein nur positive Sinneswahrnehmungen verarbeiten kann und daher immer das vor dem inneren Auge, Ohr oder Gefühl erscheint, wovon sie weg wollen. Je mehr Leute mit ihrer Gesundheit als Nichtkranksein beschäftigt sind, desto höher wird die Krankenquote.

Wie genau denken Sie den jeweiligen Wert? Sehen Sie bei »Freiheit« eine weite Landschaft oder eine Enge, in der Sie nicht mehr sein wollen? Machen Sie sich bei jedem Wert bewusst, inwieweit etwas enthalten ist, wovon Sie weg wollen.

Was ist das genau? Wann und wo kann das entstanden sein?

Stellen Sie fest, welche Emotion mit diesem Zustand, von dem Sie weg wollen, verbunden ist. Klären Sie diese Emotion mit der Atisha-Meditation aus Kapitel 6. Verändern Sie die gesamte Repräsentation des Wertes derart, dass Sie ein attraktives, strahlendes Bild mit wohlklingenden Tönen und Stimmen sowie angenehmsten Gefühlen in Ihrem Inneren wahrnehmen.

Die Werte-Hierarchie verändern

Nun wollen wir die Reihenfolge in der Hierarchie der Werte verändern. Welche Wert wollen Sie an eine höhere Stelle bekommen? Es ist natürlich für die Million gut, einen hohen

Wert von »finanziellem Überfluss«, »Reichtum« oder einfach »Geld« zu haben. Stellen Sie fest, an welche Stelle der Hierarchie Sie diesen Wert anheben wollen.

Übung 19:

Einen Wert auf der Werte-Hierarchie anheben

1. Finden Sie die jeweiligen inneren Repräsentationen, also Bild(er), Töne, Gefühl(e) für den anzuhebenden Wert und den Wert, an dessen Stelle dieser soll.
2. Machen Sie den anzuhebenden Wert etwas heller, klarer, größer, lauter, angenehm klingender und stärker fühlender als den, der nach unten rücken soll.

Ob Sie mehr Geld verdienen, wenn der Wert »Geld« einen höheren Rang hat? Selbstverständlich, denn Sie sind dann viel motivierter, das Geld, oder wie auch immer Sie den Wert formulieren, zu erzeugen. Es ist allerdings unklug, ihn an allerhöchste Stelle zu platzieren. Da sollte ein spiritueller Wert stehen, denn wir wollen ja nicht unseren spirituellen Weg aus den Augen verlieren. Sonst zieht unser Höheres Bewusstsein eventuell die Notbremse.

Ananda stellte schnell fest, dass die eher ärmeren Verhältnisse meiner Kindheit noch in meinem »Reichtums«-Wert enthalten waren, der erst an zwölfter Stelle in meiner Hierarchie stand. Wir klärten also die Armut und meine Wut darauf und gestalteten meine innere Repräsentation des Wertes vollkommen positiv und attraktiv und so, dass von nun an der Wert an dritter Stelle meiner Werte-Hierarchie stehen würde, hinter Erleuchtung und Liebe. Und ich fühlte auch ganz stark, die Motivation Geld, sogar Millionen zu machen, um es den Börsenhaien zu zeigen.

Denn ich war ja bei dem Schritt, 64.000 auf 128.000 US-Dollar zu verdoppeln. Ich kam allmählich in Dimensionen, die aufregende Abenteuer versprachen, ähnlich wie weiße

Flecken auf einer afrikanischen Landkarte des 18. Jahrhunderts Abenteuer für Entdecker versprachen.

Wie lernt man einen Hai kennen?

Ich fragte Ananda.

»Ich verstehe«, antwortete er. »Wenn du jemand Großes an den Märkten kennst, könntest du lernen und deine Möglichkeiten erweitern, dein Ziel zu erreichen. Wenn du deine eigene Zen-Weisheit anwenden würdest: Wie würdest du es anstellen?«

»Hmm, ich glaube, ich würde vertrauen, dass, wenn ich reif bin für die Begegnung, diese stattfinden würde. Handeln verhindert es eher. Einladen wäre der richtige Weg.«

»Kommen Haie zu den Einladungen der kleinen Fische?«

»Nein, nur um sie zu fressen.«

»Vielleicht bist du schon größer, als du denkst. Du hast viel an dir gearbeitet. Du hast Glaubenssätze losgelassen, du hast deine Werte-Hierarchie optimiert. Wie wäre es, wenn du dich einfach mal als kleiner Hai siehst?«

»Ja, das könnte ich tun! Kleiner Hai, das ist interessant!«

»Weißt du, Claus David«, sagte Ananda. »Die Reichen und Großen haben ein besonders starkes Bedürfnis nach spiritueller Führung. Sie stehen oft im Brennpunkt des Geschehens und müssen wach sein. Viele von ihnen wissen, dass sie den Ansprüchen, die an sie gestellt werden, nur mit Meditation und dem Vertrauen in eine göttliche Existenz gerecht werden können. Ich denke, du findest sie genau auf deinem Weg, sobald du ihn konsequent gehst und dich nicht versteckst! Wenn du magst, komm heute Abend zu einer kleinen Teezeremonie hierher. Es sind ein paar Freunde eingeladen, vielleicht interessieren Sie dich!« Gerne sagte ich zu.

Es war eine eher amerikanische Teezeremonie. Nein, es war eine Kaffeezeremonie. In Arizona werden meist sehr milde mexikanische Kaffeesorten getrunken, rein und selbst geröstet. In der entspannten Atmosphäre in Anandas Haus kam ich also mit diesem oder jenem ins Gespräch. Die meisten waren Therapeuten oder Künstler. Dann stieß ich auf einen Mann, der sich als Chester vorstellte. Es stellte sich heraus, dass Chester von seinem Haus in Sedona aus einen größeren Fonds in Futures und Aktien handelte.

Ananda hatte ihn wohl schon auf mich hingewiesen, denn er kannte meine Geschichte ein wenig.

Als ich die Größenordnung seiner Fonds hörte, blieb mir die Spucke weg. Er war ein um einiges größerer Hai als ich. »Erzähl mir von deinem Meister und dem Zendo, wo du warst!«, bat er mich. Ananda hatte Recht gehabt: Gerade die Menschen in den höheren Rängen der Geschäftswelt suchen spirituellen Halt.

Chester war schnell Feuer und Flamme und bat mich, ihm einige Hinweise und Unterstützungen für seine Meditation zu geben. So besuchte ich Chester in seinem außerordentlich großen Haus in Sedona, wo er mit einigen Angestellten an den Märkten der Welt handelte. Ich konnte ihn für ein paar Tage coachen, und er war motiviert, dem jungen Hai einige der Tricks der größeren Haie zu zeigen.

Auch stellte ich schnell fest, dass bei Ananda Manager und Führungskräfte ein und aus gingen, um von ihm betreut zu werden. Er gab mir die Inspiration mit auf den Weg, die Einsichten des Zen und des NLP zu verbreiten, so dass die Qualität der Elite in der Welt weiter angehoben werden könne.

»Bleibe in Kontakt«, sagte mir Chester beim Abschied. »Ruf mich mal tagsüber an! Vielleicht kann ich dir Tipps geben. Kleine Haie nehmen wir gerne mal auf den Beutezügen mit!«

Es war einfach gewesen, Menschen, die mir weiterhelfen auf dem Weg zur ersten Million, kennen zu lernen: Ich brauchte einfach nur so zu sein, wie ich bin: offen für was oder wer immer des Weges kommt.

Als ich wieder in New York ankam, war ein Brief meines Meisters angekommen, auf eine Frage, die ich vor der Reise nach Arizona an ihn gestellt hatte. Seine Antwort gab mir einen zusätzlichen Motivationsschub.

»Meister, warum hast du mir diese Aufgabe mit dem Geld gegeben?«

DER SIEBTE BRIEF MEINES MEISTERS:

DAS HAUS VON UNTEN BAUEN!

»Lieber Doi«, schrieb er.

»Weil du gefährlich nahe an tatsächliche höhere Ebenen gelangt bist, ohne die nötige Stabilität in den unteren Regionen zu haben.

Das kann sehr kritisch werden: Ein Haus mit großen Stockwerken in den höheren Etagen und kleinem Keller und dünnen Wänden in den ersten Etagen. Da genügt ein Windstoß, und alles kracht zusammen.

Du musst noch einmal den Boden kennen lernen und lernen, stabil auf zwei Beinen zu stehen.

Im Osten haben wir eine natürliche Entwicklung zum spirituellen Leben. Bis zum 49. Lebensjahr baut man die Firma, die Familie, so dass das eigene Haus wohl bestellt ist. Dann kann man beginnen, sich um die Spiritualität zu kümmern und sich von der Welt zurückzuziehen. Das ist der natürliche Weg.

Und es gibt eine Evolution der Seelen. Es gibt Menschen, für die es gar nicht ansteht, einen spirituellen Weg zu gehen, die erst einmal die Anfangslektionen lernen müssen (zu denen gehört, hier auf der Erde für das Fundament sorgen zu können, sich und eine Familie zu ernähren).

Für die älteren Seelen aber ist es natürlich, ab dem 49. Lebensjahr den Weg nach innen zu suchen. Das Einkommen ist gesichert, die Firma an die Kinder weitergegeben, Sex ist nicht mehr so interessant, der Status nicht mehr so wichtig. Da ist es ganz natürlich, nach Selbsterkenntnis, Weisheit und Transzendenz zu suchen.

Mit euch Westlern ist das anders. Natürliche Ordnung kennt ihr nicht. Den spirituellen Weg suchen junge Leute, die desorientiert und unglücklich sind. Sie suchen einen Ausweg, eine Flucht.

Da die Religion und Philosophie im Westen ihnen korrupt erscheint, suchen sie die im Osten. Zum Beispiel bei den Deutschen, zu denen du ja gehörst, sehe ich die Ursache darin, dass ihr vor tausend Jahren eure natürliche Spiritualität zwangsweise verloren habt, als ihr christianisiert wurdet.

So sind also junge Europäer und Amerikaner verwirrt und fühlen sich verloren und suchen Meister wie mich im Osten. Als Buddhist habe ich Mitgefühl mit jeder Seele und lehne niemanden ab. Und ich habe auch eine Sorgfaltspflicht zu erfüllen.

Wer den spirituellen Weg sucht und geht, um die eigene Minderwertigkeit, dem inneren Schmerz, zu entgehen, wird genau dort landen, wovon er weg will. Die inneren Dämonen werden zuschlagen, wenn er unvorbereitet und offen ist. Es ist sehr gefährlich, mit Wunden und ohne gesunde Vorbereitung auf den inneren Weg zu gehen.

Deshalb habe ich dich erst einmal stabilisiert, dein Hara gestärkt und dir einen Geschmack davon gegeben, wohin der Weg führt.

Wenn ich ein Meister im Westen wäre, würde ich einen Neuankömmling erst einmal fragen: ›Wie ist dein Sexualleben? Wie ist deine finanzielle Situation? Was macht deine Karriere?‹ Die Regionen der unteren Chakren eben. Wenn dort Mängel sind und diese durch Spiritualität kompensiert werden sollen, würde ich ihn erst einmal wegschicken, diese Regionen in Ordnung zu bringen und zu Lehrern zu gehen, die ihm das nötige Rüstzeug in diesen Gebieten vermitteln können. Wenn jemand sagen kann: ›Sex war gut, Geld habe ich gemacht, Erfolg und Karriere hatte ich, Liebe habe ich auch gegeben, jetzt suche ich noch meine Wahrheit!‹, den würde ich zur Meditation willkommen heißen.

Bei denen, die durch Meditation aus dem Leben flüchten wollen, fühle ich mich veranlasst, diese erst ein wenig zu heilen, um sie dann in die Welt zurückzuschicken, damit sie die Basis für einen gesunden Aufstieg bauen können. Bei jemandem wie dir kann der dann sehr schnell erfolgen. Mach aber erst einmal die Million.«

Gendai Roshi, Ushkawa Zendo, September 1997

So war ich etwas ernüchtert, aber auch glücklich wieder auf dem Boden der Realität. Ich war kein besonderer Schüler, sondern ein Problem. Und ich war meinem Meister auch dankbar für seine Sorgfalt und Ehrlichkeit.

Das Wertvollste auf der Welt

Sozan, ein chinesischer Zen-Meister, wurde einst von einem Schüler gefragt: »Was ist das wertvollste Ding der Welt?«

Der Meister antwortete: »Der Kopf einer toten Katze.«

»Warum ist der Kopf einer toten Katze das wertvollste Ding der Welt?«, wollte der Schüler wissen.

Sozan antwortete: »Weil niemand seinen Preis nennen kann.«

Kennen Sie Ihren Preis?

Ja?

Dann sind Sie nicht das Wertvollste auf der Welt!

Oder kennen Sie Ihren Preis nicht?

Dann sind Sie so wertvoll wie das Wertvollste auf der Welt, der Kopf einer toten Katze!

13. KAPITEL

Meister Ihrer Welt

Jenseits von Opfer und Täter – Vom Opfer zum Schöpfer – Beginnen, Verändern, Beenden: Sein, Machen, Haben – Zen und Haben im täglichen Leben – Beenden und Haben beim Börsenhandel – Misten Sie aus! – Zwei Arten der Zeitorganisation – Der achte Brief meines Meisters: Mach das zuerst, was zuerst kommt – Optionen-Spreads

Jenseits von Opfer und Täter

Menschen möchten gerne Opfer sein, dann haben Sie eine Entschuldigung für ihre Kreation. Denn die Welt eines jeden Menschen ist seine Kreation.

Die tatsächliche Welt beinhaltet nach den Erkenntnissen der Physik des 20. Jahrhunderts nichts als Leere, die wir mit sehr viel Potenzial zu sehr viel Energie kondensieren.

Jeder erschafft und erzeugt sich seine Welt – und ist kein Opfer der Welt. Das mag zuerst radikal oder »asozial« klingen. Eine Sichtweise, in der alles von einem jeden selbst erschaffen ist, beinhaltet aber die Chance, es anders zu gestalten. Als Opfer kann man nur auf das Lottoglück hoffen, um Millionär zu werden, und die Chance ist bekanntlich eher gering.

Wenn wir fragen: »Warum?«, fragen wir nach außerhalb unseres Einflussbereiches liegenden Ursachen.

Wenn wir fragen: »Wie genau machst du das, dass es so und so ist?«, fragen wir nach der individuellen Strategie der eigenen Schöpfung, die veränderbar ist.

Das »Wie?«-Fragen wollen wir lernen. Es ist sehr wichtig. Es eröffnet neue Sichtweisen und Möglichkeiten. Erst einmal wollen wir uns noch einmal anschauen, wohin die »Warum?«-Fragen führen. Also:

»Ich habe kein Geld!«

»Warum hast du kein Geld?«

»Ich verdiene nicht genug, die Ausgaben wachsen mir über den Kopf, die Regierung ist schlecht, die Wirtschaftslage, ich habe es nicht gelernt, Geld zu machen ...«

»Warum hast du es nicht gelernt?«

Das Opfer-Universum, in dem der traditionelle Therapeut oder Sozialarbeiter seinen Helferjob ausübt, bestätigt wiederum die Opfer-Rolle. Daher stellt der traditionelle Therapeut gerne »Warum?«-Fragen.

Die Frage »Warum?« führt einen immer tiefer in die Opfer-Haltung. Dafür gibt es zwar Sozialhilfe, aber wollen wir nicht alle den Ausweg finden, der uns in die Lage versetzt, das Leben als Schöpfer einer glücklichen, genussvollen Welt zu finden? Die Fragen nach dem »Wie?« ist erst ungewohnt und eröffnet dann doch neue Perspektiven und Möglichkeiten. Also:

»Ich habe kein Geld!«

»Wie hast du kein Geld?«

»Na, Tasche leer, pleite!«

»Also es besteht eine Diskrepanz zwischen dem Geld, welches du brauchst oder dir erwünscht, und dem tatsächlichen finanziellen Besitzstand!«

»Willst du mich vergackeiern?«

»Nein, ich möchte wissen, wie es für dich genau ist, kein Geld zu haben. Ich könnte mir vorstellen, dass, sobald du verstehst, wie du es unterbewusst bisher gemacht hast, kein Geld zu haben, Wege finden könntest, dieses zu haben!«

»Ja, es besteht eine Diskrepanz!«

»Wie genau ist die?«

»Ich verdiene 4.000 DM im Monat und gebe 5.000 DM aus!«

»Okay, also möchtest du es schaffen, dass du mindestens 2.000 DM im Monat mehr hast?«

»Ja, aber ich will nicht zusätzlich schuften müssen!«

»Das wirst du nicht brauchen, sobald du verstehst, wie du dich bisher begrenzt hast! Wie also machst du es, kein Geld zu haben?«

»Na, ich nehme soundso viel ein und gebe soundso viel aus.«

Es ist nicht so leicht, aus der Opfer-Rolle herauszukommen. Sie ist gut in unserer Sozialgesellschaft einprogrammiert und weit verbreitet. Viele Menschen sind in ihrer angeborenen Kraft, ein Universum zu schaffen, geschwächt und merken das meist nicht einmal, denn sie haben ja nie ein anderes Universum kennen gelernt.

Einige Menschen haben ihre Kraft vielleicht im Sportstadion kennen gelernt, wo sie erfahren haben, dass sie ihre Mannschaft gemeinsam mit anderen zum Sieg brüllen können. Tatsächlich ist der Sportplatz ein Feld, in dem man die magische Kraft, die uns innewohnt, erfahren kann. Am besten ist es natürlich, selbst sportlich und im Wettbewerb tätig zu sein, um diese Kraft noch mehr zu erleben. Also weiter:

»Wie genau machst du es, soundso viel einzunehmen?«

»Na, das ist der Lohn, tariflich, so viel gibt es!«

»Wie könntest du es schaffen, mehr zu bekommen?«

»Ja, ich könnte natürlich eine Weiterbildung machen. Eigentlich wäre ich schon scharf darauf, einen besseren Job zu machen. Ich habe auch Lust, noch etwas zu lernen. Ich weiß nur nicht, ob ich es schaffe!«

»Wie könntest du es schaffen?«

»Ich frag mal ...«

Ah, da sind wir aus dem Opfer-Universum raus. Es gibt Möglichkeiten aktiv zu werden, ein neues Universum zu gestalten. Ein paar behindernde Glaubenssätze noch, die können wir ja klären. Nun zur Ausgabenseite:

»Wie machst du es, so viel auszugeben?«

»Na ja, ich habe Festkosten, Miete und so, dann die täglichen Ausgaben.«

»Wie könntest du es machen, dass deine Ausgaben geringer sind als deine Einnahmen?«

»Na ja, es geht natürlich Geld drauf für Zigaretten und Bier, da kommen im Monat schon 500 DM zusammen!«

»Wie willst du den Zigaretten- und Bierkonsum reduzieren?«

»Wenn ich die Weiterbildung mache, würde mich das reizen. Dann bin ich nicht immer mit meinen Kumpels zusammen. Dann könnte ich vielleicht aufhören, so rumzuhängen. Eigentlich rauche und trinke ich gar nicht so gerne. Ich hätte lieber eine Freundin!«

»Wie kannst du es machen, eine Freundin zu haben?« (Fantasieren Sie jetzt mal, in welch andere Einstellung ihn die Frage »Warum hast du keine Freundin?« gebracht hätte!)

»Na ja, wenn ich 'n bisschen Geld über habe und mich gut kleide und sportlich bin und beruflich weiter bin, wüsste ich schon die eine oder andere, die mehr von mir wollte!«

»Wie motiviert dich das alles, den Hintern hochzukriegen, deine Fähigkeiten zu entwickeln und ein glückliches Leben zu führen?«

»Ja, du hast Recht. Ich bekomme richtig Lust, was aus meinem Leben zu machen!«

Vom Opfer zum Schöpfer

Wir sind ja nun schon recht weit in unserem mentalen Weg zur ersten Million. Lassen Sie mich rekapitulieren:

- Sie hatten einen Entschluss gefasst.
- Sie hatten ein Ziel formuliert.
- Sie haben Ressourcen gesammelt, die Sie zum Erreichen des Zieles haben oder benötigen.
- Sie haben die Ökologie überprüft und für die Gewinne, die Sie verlieren könnten, neue Strategien gefunden.
- Sie haben Emotionen geklärt, die Sie am Erreichen des Zieles hindern könnten.

- Sie haben gelernt, sich von Suchtverhalten zu entfernen, indem Sie sich die Bedürfnisse, die Sie haben, erfüllen.
- Sie haben innere Hindernisse in Form von begrenzenden Überzeugungen beseitigt.
- Sie haben Ihre Werte-Hierarchie optimiert.

Sie haben also die wesentlichen inneren Schritte unternommen, um aus dem Universum eines Opfers in das eines Schöpfers zu treten. Dazu möchte ich Ihnen folgende kleine Übung vorstellen, die wie ein Ritual Ihrem Unterbewusstsein eindeutig signalisiert, dass eine neue Lebensphase angebrochen ist:

Übung 20:

Vom Opfer zum Schöpfer

1. Markieren Sie zwei Kreise von etwa zwei Meter Durchmesser auf dem Boden. Gut ist es, wenn die Kreise sich unterscheiden, zum Beispiel in der Farbe. Der eine Kreis ist der Kreis des Opfer-Universums, in den Sie sich gleich zum endgültigen Abschied noch einmal begeben.
2. Der andere Kreis ist der Kreis des Universums, in dem Sie der Schöpfer, der Meister Ihrer eigenen Welt sind.
3. Die Kreise sollten etwa zwei bis drei Meter voneinander entfernt sein.
4. Und es gibt wie immer eine dritte Position: Die Beobachter- oder Meta-Position, in der Sie ganz neutral beobachten können, wie Sie und Ihre Universen sich gestalten.
5. Treten Sie nun also bitte in das Opfer-Universum. Dieses ist die Welt der Sachzwänge, in der Sie nicht genug Möglichkeiten haben, die Welt des Mangels. Wie ist es darin?

Halt, Sie mögen sagen: »Schrecklich!«, und das ist zutreffend, und doch: Alles, absolut alles in der Welt ist Buddha, also auch dieses Universum. Sie haben sich dieses geschaffen, weil es das Optimale war, welches Ihnen oder Ihrem Unterbewusstsein möglich erschien. Gehen Sie nicht aus diesem Universum der Opfer, bevor Sie nicht alle die Gewinne, die es mit sich bringt, sicher auch in dem anderen Universum haben können. Wir wollen nichts Wertvolles zurücklassen. Also: Was gibt es Ihnen, in der Opfer-Haltung zu sein? Sicherheit, Kontrolle, Aufmerksamkeit anderer? Was noch?

Nehmen Sie einen dieser Gewinne. Wir wollen ihn uns näher anschauen. Wofür haben Sie es also gebraucht, in dem »Ich kann ja nicht besser können!« zu leben? Es ist nichts verkehrt daran, so haben Sie sich Gewinne gegeben. Die Frageabfolge ist einfach, und in jeder Situation im Leben, in der Sie an eine Grenze stoßen, können Sie sich entsprechend fragen:

- Was gibt es mir, diese Begrenzung, diese Opfer-Haltung, diese negative Erfahrung zu haben?
- Wie kann ich mir diesen Gewinn so auf andere Weise geben, dass ich mein Ziel erreiche, dass ich meine Welt so erschaffen kann, wie ich es möchte?

Das ist die entscheidende Frage: Wie kann ich mir Gewinne anders geben? Wie kann ich das Ziel auf eine andere Weise erreichen? Denn die Gewinne sind ja erhaltenswert, und es gibt immer mehrere Möglichkeiten.

Sie stehen also im Kreis und haben einen Gewinn herausgefunden. Es ist vielleicht nicht einfach, andere Wege zu finden. Vertrauen Sie Ihrem Unterbewusstsein, denn dieses ist ein riesiger »Bio-Computer« mit unendlich vielen Möglichkeiten. Übergeben Sie die Aufgabe, neue Wege für die Gewinne zu finden, Ihrem Unterbewusstsein. Entspannen Sie sich, schließen Sie die Augen, und suchen Sie den Kontakt mit Ihrer Innenwelt. Lassen Sie Bilder kommen, wie Sie sich den Gewinn anders geben, lassen Sie Gefühle dazukommen und eine Stimme, die zu Ihnen sagt: »Mach es doch so, dann kannst du auch zu diesem Gewinn kommen!«

So sollten Sie mindestens drei neue Wege erfahren, auf denen Sie für den Gewinn sorgen können.

Fortsetzung Übung 20:

6. Sie finden für die bisherigen Gewinne, die Sie in dem Opfer-Kreis hielten, drei neue Wege.
7. Sie sehen sich in dem anderen, dem Schöpfer-Universum.
8. Sie treten den Weg in den anderen Kreis an.
9. Nehmen Sie Einwände wahr.

Wenn Sie nun auf dem Weg in den anderen Kreis sind, kann es sein, dass Einwände auftauchen. Eine Stimme in Ihnen sagt vielleicht: »Das wird doch nie etwas!« Identifizieren Sie die Einwände. Ordnen Sie die Einwände ein:

- Ist der Einwand ein begrenzender Glaubenssatz?
- Ist der Einwand eine Emotion, wie Angst, Trauer oder Schuld oder andere?
- Ist der Einwand durch einen Werte-Konflikt ausgelöst? Ein Wert, der sagt: »Wenn wir das Ziel erreichen, sind wir aber nicht mehr ein Mensch des Sozialen!«, zum Beispiel.

Bei jedem Einwand gehen Sie zurück in den Kreis, in dem Sie gestartet sind, und klären den Einwand gemäß den in den vorhergegangenen Kapiteln vorgestellten Techniken und Übungen.

Schluss Übung 20:

10. Sie gehen von dem einen Kreis in den anderen, sobald kein Einwand mehr Ihren Schritt hemmt.
11. Dann stellen Sie sich in den Kreis, indem Sie Meister Ihrer Welt sind. Dort genießen Sie die Energie, den positiven Ausblick, das gute Gefühl. Sie hören Ihre Musik, Sie riechen den Duft, den Sie lieben, und es schmeckt vorzüglich, nicht wahr?!

Dieses ist Ihre Welt, denn jeder lebt in seiner eigenen Welt. Sie haben in jeder Nuance die Verantwortung für Ihre Welt. Seien Sie sich dieser Verantwortung bewusst. Sie sind so etwas wie ein Gott, und alle anderen sind es auch. Die Universen von mehreren Milliarden Göttern können nur harmonisch miteinander existieren, wenn Sie in Resonanz, in Harmonie durch die Welt schweben. Die Grundlage dafür ist, dass jeder sein Steuer in die Hand nimmt. Es ist Ihre Welt. Was immer darin vorkommt, es ist Ihres. Haben Sie Spaß, und vergessen Sie nicht, dass Sie die Verantwortung in Ihre eigene Hand nehmen.

Die Zen-Haltung ist sehr hilfreich, um mit dieser Aufgabe Erfolg zu haben. Regeln Sie Ihr Leben, wie es ein Zen-Mensch tut. Ich beschreibe das im folgenden Abschnitt genauer.

Beginnen, Verändern, Beenden: Sein, Machen, Haben

»Mach eine Sache zu einer Zeit, aber dann diese auch vollständig!«, ist für mich eine der wichtigsten Zen-Maximen. Neigen Sie auch dazu, mehrere Sachen gleichzeitig zu tun und keine davon richtig und keine zu Ende? Mein Arbeitszimmer sah meist wie kunterbuntes Durcheinander aus. Viele kreative Menschen sind so, und viele Kreative bleiben der Welt verborgen, weil sie nie etwas zu Ende bekommen.

Es gibt: etwas beginnen, etwas verändern, etwas beenden. Also:

- Beginnen
- Verändern
- Beenden

Worin sind Sie am besten? Was können Sie von den dreien am besten? Und worin sind Sie am wenigsten gut?

- Können Sie am wenigsten gut etwas anfangen oder beginnen oder starten?
- Können Sie am wenigsten gut etwas verändern, durchführen?
- Oder können Sie am wenigsten gut etwas beenden, fertig stellen, aufhören?

Wenn Ihre Antwort lautet: »Beginnen kann ich am wenigsten«, habe ich eine weitere Frage an Sie:

Was ist es, das Sie gerne sein wollen und nicht sind?

Denn Beginnen und Sein sind verbunden.

Wenn Ihre Antwort lautet: »Verändern kann ich am wenigsten«, habe ich eine weitere Frage an Sie:

Was ist es, das Sie gerne machen oder tun wollen und nicht machen?

Denn Verändern und Machen sind verbunden.

Wenn Ihre Antwort lautet: »Beenden kann ich schlecht«, stelle ich Ihnen die letzte Frage:

Was ist es, das Sie gerne haben würden und nicht haben?

Denn Beenden und Haben sind verbunden.

Mit den Fragen nach Beginnen, Verändern oder Beenden wird schnell ein Lebensthema deutlich. Für mich war ja das Haben das Problem, und ich habe Schwierigkeiten, Dinge zu beenden oder zu einem Abschluss zu bringen. Daher ist die Zen-Disziplin für mich sehr hilfreich. Und für alle Menschen, die zu Besitz und äußerem Überfluss kommen wollen. Denn:

Wenn Sie Millionär werden wollen, und das hängt besonders mit dem Haben zusammen, ist es wichtig, Dinge bis zur Vollendung zu führen. Jedes Ding in jeder Minute an jedem Tag!

Wenn Sie das Beenden bewusst in Ihr Leben bringen, kommt das Haben fast von selbst!

Zen und Haben im täglichen Leben

Die Zen-Disziplin beginnt morgens beim Aufwachen. Sie schließen die Handlung »Nachtruhe« ab. Bevor Sie jetzt also aus dem Bett springen und die zweite Handlung des Tages, »Morgentoilette«, beginnen: Beenden Sie erst einmal Nachtruhe. Wie haben Sie geschlafen? Hatten Sie Träume, die Sie erinnern? Wenn Sie das Bett verlassen, ordnen Sie das Bett. Entweder Sie hängen die Bettwäsche zum Lüften aus, oder Sie machen das Bett. »Aber ich mache mein Bett immer erst nach dem Frühstück!« Eben darum.

Während des Frühstücks haben Sie dann schon vier oder fünf Handlungsstränge laufen, keinen zu Ende gebracht und wundern sich, dass Sie nichts haben.

Also: Nachtruhe wird abgeschlossen mit Bettmachen, Nachtruhe beendet. Nächster Schritt: Morgentoilette. Mit allem, was für Sie dazugehört.

Dann »Ankleiden«. Okay, Ankleiden werden Sie hoffentlich meistens vollständig machen. Wäre peinlich, wenn Sie ohne Hose durch die Stadt laufen. Oder sind Sie jemand, der sich im Schlafanzug oder Morgenmantel an den Frühstückstisch setzt? Vergessen Sie es, das ist nicht Zen-Art. Also, noch einmal: Nachtruhe wird beendet mit dem Aufwachen, dem Bettmachen, dem Schlafanzugfalten und -verstauen. Morgentoilette wird beendet mit dem Trocknen des Körpers, dann ziehen Sie sich an, so als ob Sie Besuch empfangen könnten, dann frühstücken Sie.

Beim Frühstück können Sie erst einmal überprüfen, ob noch Reste anderer Tätigkeiten vorhanden sind. Sitzen Sie unrasiert beim Frühstück? Das gehörte zur Morgentoilette, also zurück. Beenden Sie erst diesen Teil.

Frühstück beginnt mit Frühstückbereiten. Sieht die Küche danach aus wie ein Schlachtfeld, ein kleines Schlachtfeld? Bevor Sie sich an den Tisch setzen, um das Frühstück zu sich zu nehmen, wird Frühstückbereiten beendet, indem die Küche aufgeräumt und gereinigt ist.

Darf ich während des Frühstücks Zeitung lesen, Radio hören, Telefonate führen? Dumme Frage, natürlich nicht.

Frühstücken ist Frühstücken und nichts anders. Ihre Verdauung wird es Ihnen danken, wenn Sie während des Frühstücks nicht über die Unglücke der Welt lesen oder plappernden Radiokommentatoren zuhören. Sie konzentrieren sich auf das sorgfältige Kauen und den Geschmack des Frühstücks. Auch ich musste erst lernen, dass das Frühstück die wichtigste Mahlzeit des Tages ist. Ernährungswissenschaftler sagen: Iss morgens wie ein Kaiser, mittags wie ein König und abends wie ein Bettelmann, denn morgens ist unser Verdauungssystem am meisten ausgeruht und am aktivsten, denn wir brauchen die Energie aus der Nahrung.

Wenn Sie vor dem Frühstück eine halbe Stunde meditieren, ist das natürlich eine gute Sache. Meditation ist eine Handlung, bei der man nichts anderes machen kann.

Aber auch Aufwachen, Morgentoilette und Ankleiden und Frühstücken können als Meditation durchgeführt werden. Machen Sie jeden Bestandteil dieser Aktionen mit voller Wachheit, machen Sie jede vollständig und bis zum Ende.

Es wird sich Widerstand in Ihnen regen. Das ist bekannt, das ging mir nicht anders. Wollen Sie Millionär sein? Gut, dann lernen Sie, eine Sache zur Zeit mit voller Wachheit zu machen und diese zu beenden.

Sieht es im Zen-Kloster ordentlich aus? Sie werden selten woanders einen so sauberen und ordentlichen Platz finden. Ganz Japan ist so sauber und ordentlich. Das ist dort nicht immer so gewesen, das ist ein Ergebnis der Zen-Erziehung. Wenn Sie lernen, Vorgänge zu beenden und keine offenen Punkte zu hinterlassen, werden Sie überrascht sein, wie »Haben« lautlos und doch präsent in Ihr Leben kommt.

Der Tag beginnt also auf diese Art und wird so fortgesetzt. Sind Sie ein Mensch wie ich, der am liebsten drei Bücher gleichzeitig schreibt und auf seinem Schreibtisch nicht mehr durchblickt, welche Gliederung zu welchem Buch gehört? Glauben Sie mir, es war nicht leicht für mich zu lernen, die Unterlagen der verschiedenen Bücher in verschiedene Fächer abzulegen und meinen Schreibtisch immer nur für ein Projekt zur Zeit zur Verfügung zu haben. »Multi-Tasking«, die Fähigkeit mehrere Sachen gleichzeitig machen zu können, ist heute gefordert und scheint der Zen-Strategie fremd zu sein. »Zenniges Multi-Tasking« würde folgendermaßen aussehen: Unterteilen Sie jede der Aufgaben in kleine Schritte. Machen Sie jeden der kleinen Schritte vollständig und die kleinen Schritte hintereinander. Wichtig ist, jeden der kleinen Schritte beendet zu haben, bevor der nächste angegangen wird.

Seitdem ich meine Unterlagen im jeweiligen Fach immer wieder finde und mich konzentriere, bin ich in der Lage, Buchprojekte zu Ende zu bringen. Hätte ich das nicht gelernt, würden Sie dieses Buch jetzt nicht in der Hand halten und ich nicht meinen Anteil am Verkaufspreis besitzen. Der Zen-Weg des vollständigen Durchführens hat mich letztendlich zum Beenden von Projekten und damit zum Haben gebracht und letztendlich zum Besitz einer Million.

Beenden und Haben beim Börsenhandel

Denn auch beim Traden an der Börse ist es wichtig, eins zur Zeit und das vollständig zu machen. Besonders wichtig ist es auch für Trader, das Trading während der Essenspausen zu beenden und nach der Essenspause neu zu beginnen. Ich habe viele Trader an der Wall Street gesehen, die sich ihre Lunchsandwiches mit starrem Blick auf dem Bildschirm und dem Ohr am Telefon reinziehen und sich wundern, dass Sie Stress und Verdauungsprobleme bekommen.

Schließen Sie Trades ab, das ist wichtig. Sie können nur das Haben aufbauen, wenn Sie Ihre Börsenhandlungen abschließen können. Ich halte grundsätzlich keine Verlustpositionen über Nacht. Am liebsten halte ich gar keine Positionen über Nacht, ich bin ein Day-Trader. Es gibt allerdings Situationen, wo ein Markt über Tage in eine Richtung läuft und man im Markt bleiben kann und seine Positionen ausbaut. Dann ist es wichtig, zum Feierabend hin mental abzuschließen.

Es ist wichtig, bei jedem Trade zu wissen: Was ist mein Ziel? Wie viel Gewinn will ich machen, wie viel bin ich bereit zu riskieren? Dann weiß man, wann er abgeschlossen ist.

Für den Anfang können Sie sich einen Ihrer täglichen Handlungsabläufe suchen, bei dem Sie heute beginnen können, Ihre normalen Verhaltensmuster zu durchbrechen. Denn das ist nicht so einfach und sollte Schritt für Schritt durchgeführt werden.

Also wie wäre es, wenn Sie heute und von heute an das Geschirr und alle Utensilien nach dem Frühstück sofort abwaschen und im Geschirrschrank oder im Regal verstauen, abgetrocknet, so dass die Handlung Frühstück vollkommen abgeschlossen ist, wenn Sie sich an Ihr Tagwerk begeben?

Misten Sie aus!

Je weniger man macht und je weniger man hat, desto leichter fällt es natürlich, die Zen-Lebensweise aufrechtzuerhalten. Deshalb ist der nächste Schritt: Misten Sie aus!

Ein Zen-Kloster ist leer. Wenn Sie innerlich leer und still werden wollen: Misten Sie aus!

All die Erinnerungsstücke können weg, sie erinnern Sie an ein Leben, das Sie hinter sich lassen wollen. Die Erinnerungsstücke programmieren Sie auf das Leben, das vorbei ist. Sie aber wollen etwas Neues beginnen, Sie wollen neue

Ziele erreichen. Dazu ist es hilfreich, das Alte wegzugeben. Sie können es eines Tages eh nicht mitnehmen. »Aber es könnte sein, das es noch einmal gebraucht wird!«, rufen Sie? Dann sind Sie Millionär und können es sich neu und besser kaufen. Weg damit. Bringen sie Einfachheit und Klarheit in Ihr Leben.

Wie viele Funktionen füllen Sie aus? Ehepartner, Direktor, Elternteil, Golfkamerad ... Reduzieren Sie Funktionen. Es sollten nicht mehr als sieben sein, so dass Sie den Überblick behalten und sich nicht überfordern.

Noch einmal: Haben kann nur, wer das Alte weggibt. Schaffen Sie Platz für Neues. Beenden Sie alte und vergangene Perioden Ihres Lebens. Wozu brauchen Sie ein Erinnerungsstück an den Urlaub damals? Sie sind nicht mehr dort, hier ist der beste Platz auf der Erde, immer da, wo Sie sind.

Zwei Arten der Zeitorganisation

Es gibt zwei Arten von Menschen: Die In-Timer und die Through-Timer: Diese Unterscheidungen hängen mit der individuellen Zeitorganisation zusammen. Der In-Timer lebt eher im Moment, kommt leichter mal zu spät und hat eine orientalische Auffassung des Zeitablaufs. Der Through-Timer hingegen ist zeitlich sehr organisiert, hält seine Termine ein und hat es manchmal schwer, im Urlaub einfach nur dazusitzen.

Sachen beenden, Ziele erreichen ist eine Qualität des Through-Timers. Als In-Timer werden Sie sagen: »Was soll das Ganze?« Deshalb haben In-Timer es schwieriger, Ziele zu erreichen. In gewisser Weise ist der Zen-Weg zur ersten Million ein Ratgeber für In-Timer, zu Geld zu kommen, denn die meisten an Spiritualität interessierten Menschen sind In-Timer. Als In-Timer müssen Sie sich immer vor Augen halten, dass Ihnen das Erreichen eines Zieles, zum Beispiel der Besitz einer Million DM, die Möglichkeit eröffnet, eine große Zahl weiterer Ziele in Angriff zu nehmen. Ihr Spektrum der Möglichkeiten erweitert sich mit dem Erreichen eines jeden Ziels.

Wenn Sie Through-Timer sind, also zeitlich wohl organisiert sind, haben Sie das eben gar nicht gelesen, denn Sie wissen, es gibt einen, den richtigen Weg, zur ersten Million, den Sie erfolgreich und in der richtigen Art beenden werden.

Weiterhin sollten Sie bei der Planung Ihres Tagesablaufs bedenken, dass es gewisse Tageszyklen gibt. Wir sind in der Lage, 90 Minuten lang konzentriert zu sein, um dann eine 20-minütige Pause einlegen zu müssen. Pause heißt Pause: Entspannen, Hinlegen, die Augen schließen.

Wenn Sie also in Ihrem Leben aufräumen, alle Schulden bezahlen, alle Rechnungen immer sofort begleichen, alle Briefe gleich beantworten usw., so dass keinerlei offene Energien dieselbe von Ihnen abziehen, können Sie sich vorstellen, wie befreit Sie sich dann fühlen und wie viel Energie Sie dann frei haben, das zu machen, worauf Ihre kreative Energie wirklich Lust verspürt?

Setzen Sie sich also Ziele, und erreichen Sie sie, entweder weil Sie es lieben, Dinge abzuschließen, oder weil Sie es lieben, neue Möglichkeiten zu eröffnen. Setzen Sie am Anfang des Tages Tagesziele, und überprüfen Sie am Ende des Tages, ob Sie diese erreicht haben. Bringen Sie die Zen-Haltung in Ihr gesamtes Leben, so dass es eine Meditation wird.

Welche Tagesziele wollen Sie heute erreichen? Parallel oder nacheinander?

Inzwischen war wieder eine Antwort meines Meisters auf eine meiner Fragen angekommen, die lautete:

»Die Orientierung auf materielle Ziele hält mich davon ab, den spirituellen Weg zu gehen. Ich meditiere kaum noch und befürchte ein materialistischer oder genusssüchtiger Mensch zu werden. Geld macht doch nicht glücklich. Warum hast du mich hierher geschickt, ich habe doch die Begierde nach Geld schon lange losgelassen?«

DER ACHTE BRIEF MEINES MEISTERS:

MACH DAS ZUERST, WAS ZUERST KOMMT!

»Lieber Doi«, antwortete er.

»Wenn du es gehabt hast, kannst du es loslassen.

Wenn du etwas loslässt, bevor du es hast, belügst du dich selbst. Du missbrauchst die Spiritualität, um deine Armut und deine Unfähigkeit des Geldverdienens zu verbrämen.

Schau dir Indien an: Nahezu eine Milliarde Menschen leben in menschenunwürdigen, katastrophalen hygienischen Verhältnissen und haben kaum genug zu essen. Mehr als eine halbe Milliarde Menschen sind als Unberührbare oder Kastenlose jeder Chance des sozialen Aufstiegs beraubt. Jeder Inder ist religiös und spirituell und sollte doch erst einmal die notwendigsten Dinge vernünftig regeln.

First things first, der Anfang zuerst. Erst muss man seinen Lebensunterhalt und die Basis des Lebens sicherstellen. Dann kann man vom Erarbeiteten leben und die Gedanken an das Geld loslassen, um sich einen Luxus zu gönnen: die Meditation, der spirituelle Weg.

First things first. Vergiss das nicht. Wenn du bei den ersten Schritten in der Welt des Geldes dein spirituelles Ziel verlierst, warst du für dieses noch nicht reif.

Es kann vorkommen, dass ein Mensch in der materiellen Welt vollkommen von seinem spirituellen Weg abkommt. Und doch: Der Tag wird kommen, an dem sich diese Person erinnert und bereit für den nächsten Schritt ist. ›Genug des Reichtums! Jetzt ist der Zeitpunkt gekommen, diesen loszulassen und den Weg weiterzugehen!‹

Wenn du für die Spiritualität einen Teil der Welt ignorieren, ablehnen oder unterdrücken musst, kann dich dieser Weg nicht zur Erleuchtung führen, denn diese beinhaltet, dass du eins wirst mit allem. Allem!

Schau dir also besonders die Dinge in der Welt an, die du ablehnst oder die dich vom Weg zur Wahrheit abhalten. Sie verbergen die Göttlichkeit nur besser und haben besondere Schätze für dich parat.

Geh Schritt für Schritt und mache den ersten vor dem zweiten, sonst kommst du ins Stolpern.«

Gendai Roshi, Ushkawa Zendo, April 1998

Optionen-Spreads

Niemand kann wirklich wissen, ob ein Marktpreis steigen wird oder fallen. Was aber passiert, wenn ich auf Steigen und Fallen gleichzeitig setze?

Das machen die so genannten »Marketmaker«. Sie kaufen und verkaufen gleichzeitig und »machen« so einen Markt. Sie bieten natürlich die Möglichkeit, zu einem höheren Preis zu kaufen als zu verkaufen, so dass sie selbst immer einen Gewinn machen. Dafür bieten sie die Gewähr, dass es einen Markt gibt.

Jeder, der seine Devisen bei der Bank tauscht, kennt das, denn die Bank ist ein Marktmacher im Devisentausch. Wenn ich Schweizer Franken kaufe, bezahle ich einiges mehr, als wenn ich sie der Bank zurückverkaufe. Ich überlegte, wie ich mir dieses Prinzip zu Nutze machen könnte, um Gewinne machen zu können, was immer der Markt auch macht.

Ich eröffnete also jeweils einen Kontrakt oder eine Option sowohl auf den steigenden als auch auf den fallenden Preis. Sobald sich der Markt eindeutig in eine Richtung bewegte, schloss ich die verlierende Seite und ließ die gewinnende weiterlaufen. Ich musste nicht mehr den Markt vorhersagen, ich war auf jeden Fall dabei.

Diese Strategie wird tatsächlich von Profis angewendet und sie ist dementsprechend lukrativ. Das Instrument, dessen man sich bedient, sind Optionen. Die Technik, bei der man sowohl einen Call als auch einen Put kauft, heißt Options-Spread. Optionen bieten einen großen Vorteil: Es kann nämlich sogar passieren, dass beide Seiten gewinnen. Also: Ich kaufe einen Schweizer-Franken-Call und kaufe einen

Schweizer-Franken-Put. Der Call gewinnt Geld, wenn der Schweizer Franken eine gewisse Strecke im Preis steigt, der Put, wenn er fällt. Da beide Optionen eine Prämie kosten, besteht mein Risiko darin, dass der Franken sich in der Laufzeit der Option nicht bewegt und beide Optionen wertlos verfallen. Ich nehme also einen Markt, bei dem ich Bewegung in irgendeine Richtung erwarten kann.

Wenn dann der Markt sich bewegt, läuft die eine Option ins Geld. Ich setze mir ein Ziel: So viel Gewinn will ich realisieren. Der Gewinn muss größer sein als die beiden Optionsprämien, die ich bezahlt habe. Die Option, die nun im Verlust liegt, verfällt also am Stichtag wertlos. Ich habe diesen Verlust aber gerne getragen, denn er war ja meine Versicherung dafür, dass die andere Seite einen größeren Gewinn gebracht hat. Es gibt auch den Glücksfall: Ich realisiere meinen Gewinn auf der einen Seite, und der Markt dreht vor dem Verfallstag der Optionen noch so gewaltig, dass auch noch die andere Option in die Gewinnzone kommt. Das gibt es, und es ist, wie gesagt, Glück.

Da die Optionsprämien begrenzt sind und ich nicht mehr als diese verlieren kann, sind sie ein sehr gutes Mittel, einfach nur darauf zu spekulieren, dass ein Markt sich bewegen wird, ganz egal in welche Richtung. Denn die Märkte sind nichtlineare Systeme, Chaos also. Niemand kann wissen, wohin der Markt läuft. Darüber im nächsten Kapitel mehr.

Ich konnte jetzt mehrere Ansätze ausnutzen, um an den Börsenplätzen erfolgreich zu sein. Je breiter das Instrumentarium gefächert ist, desto leichter fällt es, mit diesem Gewinne zu erzielen. Ich gelangte mit meinem eigenen Kapital von 128.000 auf 256.000 und erweiterte täglich meine Möglichkeiten.

Steigt der Aktienmarkt, oder fällt er?

Ja, genau das macht er!

14. KAPITEL
Chaos-Cowboys

Chaostheorie des Börsenhandels – Cowboys und ihre Hunde – Die Welt als Chaos – Verhalten Sie sich wie ein Millionär, und Sie werden einer! – Charisma – Leben Sie reich! – Was ist die Welt? – Der neunte Brief meines Meisters: Achtsamkeit

Chaostheorie des Börsenhandels

Chester hatte mich auf zwei Bücher aufmerksam gemacht, die meine Sicht zu den Märkten und meinen Handelsansatz erheblich erweitern sollten. Die Bücher behandeln die Anwendung der Chaostheorie beim Börsenhandel.

Die Chaostheorie, eine mathematische Wissenschaft nonlinearer Systeme, haben wir bereits in Kapitel 8 kurz kennen gelernt. Das bisher bekannteste Ergebnis der Chaostheorie sind die hübsch anzuschauenden grafischen Darstellungen der Fraktale einer so genannten Mandelbrot-Menge, die der Mathematiker Benoit Mandelbrot gefunden hat. Die herkömmliche Mathematik beschreibt lineare Gegebenheiten, die es in der wirklichen Welt aber so gut wie gar nicht gibt. Die Welt ist nonlinear, chaotisch.

Die Anwendung der Chaostheorie auf den Börsenhandel, wie es Bill Williams in »Chaos-Trading« und Edgar Peters in »Chaos and Order in the Capital Markets« beschreiben, schien mir über alles hinauszugehen, was ich bisher über die Märkte gelesen hatte. Die alte Frage der Börsianer, ob fundamentale oder technische Analyse zu einer besseren Wahrnehmung des Marktverlaufes führen, wurde durch die Chaostheorie überwunden.

Sowohl Fundamentalisten als auch Techniker hatten keine

wirklich eindeutigen Ergebnisse erbracht. Die Märkte haben ein Eigenleben, da sehr viele Faktoren zusammenkommen. Ein fundamentaler Faktor hat manchmal einen Einfluss und manchmal den entgegengesetzten. Technische Analyse würde davon ausgehen, dass es an der Börse einen Verlauf zweimal gibt. Die Techniker versuchen typische Formationen zu sehen. Diese gibt es aber nicht wirklich, es gibt keine zwei identischen Verläufe an der Börse, denn sie verläuft nonlinear, chaotisch.

Wie kann da die Chaostheorie helfen? Die Chaostheorie fragt sich zum Beispiel, wie und unter welchen Bedingungen wo Ordnung aus dem Chaos entsteht. Denn jedes System findet zeitweise eine Balance. Diese Punkte werden Attraktoren genannt. Bei der Analyse eines Kursverlaufs an der Börse möchte ich wissen, wo der Attraktorpunkt liegt, an dem der Verlauf eine Verschnaufpause einlegt. Als wertvolle Unterstützung hat sich dabei die Elliot-Wave-Theorie gezeigt, welche die Wellenbewegung der Börsenkurven auf den in der Natur vorkommenden goldenen Schnitt, der durch die Zahl Phi ausgedrückten Proportion, analysiert. Tatsächlich bilden sich oft Attraktoren an den Punkten, die sich im Phi-Verhältnis zu vorhergegangenen Höchst- oder Tiefstkursen befinden.

Ein weiteres Modell der Chaostheorie, welches wir gut benützen können, sind die Fraktale. In den Mandelbrot-Mengen ist jedes kleine Bild identisch mit dem Gesamtbild, oder anders ausgedrückt: Das Gesamtbild setzt sich aus vielen Einzelbildern zusammen, die dem Gesamtbild identisch sind. Das Einzelbild heißt Fraktal. Wenn wir also davon ausgehen, dass der Markt in Fraktalen verläuft, können wir aus einer kleinen Bewegung Rückschlüsse darauf ziehen, wie das Gesamtbild ist.

Die Chaostheorie ist eine junge Wissenschaft und findet täglich neue Anwendungsgebiete und Erkenntnisse. Die Berechnung der Börsenkurse mittels der Chaostheorie benötigt indes Computer-Programme, die noch entwickelt und geschrieben werden.

Chaos ist für uns ein Thema – auch unser Leben verläuft

nonlinear, wenn es interessant sein soll. Und viele Menschen verbringen einen großen Teil ihres Lebens mit dem vergeblichen Versuch, das Chaos des Lebens in geordnete Bahnen zu lenken.

Cowboys und ihre Hunde

»Die Chaostheorie, das ist es«, sagte ich zu Chester.

»Na ja, warte mal«, sagte er. »Vergiss nicht, wer und wo du bist. Die Märkte sind ein Chaos. Warum? Zum einen, weil sie ein Ergebnis der Entscheidungen von sehr vielen Menschen sind. Bei jedem dieser Menschen sind unterschiedliche Faktoren zum Tragen gekommen, um diese Entscheidungen, also kaufen oder verkaufen, zu fällen. Right?

Alle diese Menschen sind Teil einer Herde, wie eine der großen Kuhherden des Westens auf dem Chisholm-Trail von Texas nach Dodge City. Die Herde läuft hierhin, die Herde läuft dahin, manchmal erschreckt sie etwas, dann gibt es eine Stampede. So ähnlich sind auch die Märkte.

Du hast schon gelernt, dich an den Rand der Herde zu bewegen, das ist gut. Denn dort hast du mehr Möglichkeiten. Du kannst auch mal vorpreschen, um zu sehen, wo es hingeht und dementsprechend positionieren.

Aber es gibt noch mehr, es gibt nicht nur die Herde!«

»Wie meinst du das?«

»Überlege mal, was gibt es außer der Herde von Kühen im Wilden Westen?«

»Pferde, Mustangs!«

»Genau, und was macht man mit ihnen?«

»Man reitet sie!«

»Genau, und wer reitet sie?«

»Die Cowboys!«

»Yeah, die Cowboys. ›Kuhjungs‹, also. Es gibt Cowboys, Schakale und Hunde. Diese sind außerhalb der großen Herde und treiben diese möglichst in die Richtung von

Dodge City, wo sich der Verladebahnhof zu den Schlachthöfen befindet.

So ist es auch an den Märkten. Es gibt ein paar Jungs, das sind die Cowboys. Die Herde ist zwar groß und unübersichtlich, aber sie kann auch gelenkt werden.

Warum fällt ein Markt, wenn alle im Wallstreet Journal lesen, dass er jetzt steigt?«

»Ich verstehe nicht.«

»Na, wenn im Journal steht, der Markt steigt, und alle denken, der Markt steigt, kaufen doch alle, und wie oft hast du es erlebt, dass der Markt stattdessen fällt? Oft, nicht wahr?

Das ist, weil die Cowboys dann verkaufen. Und glaub mir, es ist nicht die Herde, die von den Märkten profitiert, sondern es sind die Cowboys, die Steaks essen!

Daher ist es wichtig, dass du mit der Chaostheorie und der Psychologie die Herde verstehst und dass du dich – solange du kein ganz Großer bist – in die Cowboys und die Wölfe hineindenken kannst, denn so kannst du wie ein Hütehund sein, der von dem, was die Herde abwirft, mit profitiert.

Weißt du, und du hast es ja auch schon erfahren, es gibt Fondsmanager, die verwalten eine gewaltige Kriegskasse, mehr Geld als ganze Staaten als Bruttosozialprodukt haben. Die wissen sehr genau, wie sie dieses Geld vermehren, denn das ist ihr Job. Um wessen Geld vermehren sie ihre Fonds? Um das Geld der Kühe und Rinder, genau. You got it?«

»Wie weiß ich, was die Cowboys vorhaben?«

»Am besten ist, du kennst einen, der bereit ist, mit dir zu reden, so wie ich, wenn ich auch eher ein kleiner Cowboy bin.

Und lies die Reports der Börsen, die etwas über das Engagement der großen Trader aussagen. Das sind zwar Rückschauen, aber einige Hinweise, wie die Großen gestimmt sind, kann man daraus ziehen.«

Vielleicht haben Sie den Film »Wall Street« mit Michael Douglas gesehen, der darin einen der Cowboys mit dem Fantasienamen Gordon Gecko anschaulich spielt. So ähnlich sind die Großen an den Märkten aktiv. Sie haben es allerdings selten nötig, mit gezinkten Karten zu spielen wie der Gordon Gecko in dem Film.

Tatsächlich gab mir Chester einen Einblick in die Strategie der Cowboys. Er rief mich morgens an und sagte: »Heute wirst du sehen, wie der Aktienmarkt erst stark anzieht, so dass alle Kleinanleger und kleineren Trader denken: ›Jetzt geht es los, der Markt ist stark‹. Das heißt, die Cowboys kaufen, machen den Markt stark, locken die Kleinen mit hinein. Heute Abend spricht Greenspan vor dem Senatsausschuss. Was er sagt, ist vollkommen egal. Die Interpretation ist wichtig. Die Interpretation wird sich danach richten, was der Markt macht. Der Markt wird rasant fallen, denn die Cowboys haben schon jetzt den Plan, oben ihre Gewinne mitzunehmen und zusätzlich stark zu verkaufen, so dass der Markt schneller fällt, als die Kleinen reagieren und begreifen können. Sie denken dann: ›Oh, Greenspan hat den Markt hinuntergeredet.‹ Das ist aber Unsinn. Wenn die Cowboys anders gestimmt wären, würde die gleiche Rede den Markt nach oben treiben. Also wirst du nachher sehen, wie der Markt fällt. Dann sind alle Kleinen unter Druck, haben offene Verlustpositionen. Wenn der Markt dann noch weiter fällt, liquidieren sie mit Verlust, da es ihnen zu heiß wird. Da kaufen die Cowboys dann wieder ein und zusätzlich neu dazu, damit der Markt wieder steigt und der Tanz von vorne beginnt. Achte mal drauf!«

Ich beobachtete den Verlauf der Aktienmärkte natürlich ganz genau und stellte fest, wie Recht er hatte.

»Dann ist das ja ein manipulierter Markt!«, sagte ich ihm vorwurfsvoll am nächsten Tag. »Nicht ganz«, sagte er. »Jeder will sein Geld machen, das ist normal. Interessant wird es, und das passiert eigentlich meistens, wenn sich die Cowboys nicht einig sind – sie gehören halt zu verschiedenen Farmen. Dann nivellieren Sie sich, und der Markt verläuft so chaotisch, wie du es in den Büchern, die ich dir empfohlen habe, gelesen hast. Vergiss aber nicht, auf der Hut, auf der ›Cowboyhut‹, zu sein. Sei ein Hütehund, der das chaotische Verhalten der Herde kennt und seine Cowboys beobachtet.«

Börse ist wie ein Pokerspiel. Wichtig sind nicht die Karten, die man bekommt, sondern die Kenntnisse über die anderen Spieler, die man durch Beobachtung gewonnen hat. Wer kann viel riskieren, wer wenig? Wer blufft? Wer geht nur hoch ran, wenn er sicher ist? Viele Menschen und auch viele technische Analysten meinen, der Markt sei die Kurven der Charts oder flimmernde Zahlen auf einem Bildschirm. Sie nehmen die Pelle für die Wurst. Wer nicht weiß, wessen Geld er auf dem Schlachtfeld ergattern will, läuft wie ein aufgescheuchtes Kaninchen den Kuhfladen nach.

Mit Chesters Tipps und den neuen Sichtweisen konnte ich in den kommenden Monaten mein Vermögen weiteraufbauen, von 256.000 auf 512.000 US-Dollar.

Die Welt als Chaos

Die Erkenntnisse der Chaostheorie sind auch für uns als suchende Menschen, als Zen-Adepten, von Bedeutung.

Die Welt ist ein Chaos. Wir suchen ständig nach dem Sinn der Welt und des Lebens. Wir wollen der Welt Konzepte aufstülpen, um sie zu verstehen und zu beherrschen. Wir zeichnen Landkarten, die wir mit der eigentlichen chaotischen Landschaft verwechseln. Der Zen-Mensch sagt: »Es ist ein Chaos. Akzeptiere das, versuche es nicht anders zu haben, und du wirst deinen Spaß damit haben.«

Das Leben ist so unvorhersehbar wie das Wetter. Es kommen sehr viele Faktoren zusammen. Alles ist mit allem in Verbindung. Eines der bekanntesten Statements der Chaostheorie besagt, dass durch diese Vernetzung des Ganzen der Flügelschlag eines Schmetterlings im Amazonas einen Gletscherfluss in Grönland auslösen kann.

Wie ist man zu dieser Auffassung gekommen? Wetterforscher haben in einem Riesencomputer Simulationen der Wetterentwicklung erschaffen und mit ihnen experimentiert. Sie haben immer kleiner werdende Impulse in das System gegeben, um zu schauen, ob diese Einflüsse auf die Entwicklung des großen Gebildes hätten. Die Impulse wurden kleiner und kleiner, und immer noch war das Wetter bei jedem kleinen Impuls vollkommen anders. Bei einer Größenordnung vom Flügelschlag eines Schmetterlings war die Grenze. Kleinere individuelle Bewegungen haben auf das gesamte Wetter nicht mehr total verändernde Effekte. Der Flügelschlag aber bewirkt noch ein total anderes Szenario.

So ist es auch mit unserem Leben. Eine winzige Veränderung in unserer Einstellung verändert potenziell das gesamte System, verändert unser ganzes Universum. Wenn Sie also wie ein Millionär auftreten, wird Ihr Universum anders aussehen, als wenn Sie wie ein Nichtmillionär auftreten. Welches Universum gefällt Ihnen besser, bzw. bei welcher Größe gefällt es Ihnen am besten? 100 Euro im Monat? 1.000 Euro im Monat? 10.000 Euro im Monat? 100.000 Euro im Monat? Nehmen Sie einfach die Summe, die Ihnen momentan am besten zusagt, und lassen Sie dem chaotischen System der Welt ein wenig Zeit, sich anzugleichen.

Verhalten Sie sich wie ein Millionär, und Sie werden einer!

Verhalten Sie sich wie ein Millionär, und Sie werden einer. Gehen Sie wie ein Millionär, kleiden Sie sich wie einer, speisen Sie die besten Speisen.

Und vergessen Sie nicht: Wahre Millionäre haben es nicht nötig zu protzen. Der Protzer ist ein Mensch, der die Minderwertigkeitskomplexe kompensiert. Dadurch springen sie dem Kenner erst so richtig ins Auge. Der Millionär liebt dezente Eleganz, hohe Qualität und Zurückhaltung. Wenn Sie das Charisma eines Millionärs haben, kommt das dazugehörige Geld auf einfache Art und Weise.

»Und wie bekomme ich dieses Charisma, wenn ich es doch nicht habe und das Geld eben auch nicht?« Das ist das Dilemma und führte zu dem Sprichwort: »Der Teufel macht immer auf den größten Haufen!« Sie haben das Charisma nicht und wissen nicht, wo sie es hernehmen sollen.

Einer der reichsten Männer Englands kommt aus sehr einfachen Liverpooler Verhältnissen. Sein Charisma war so groß, dass ihm, obwohl er eher schüchtern ist, schon in jungen Jahren die Menschen zu Füßen lagen. Das Geld folgte dem Charisma, so dass er heute in der Lage ist, jungen Künstlern mit Stipendien in der von ihm gegründeten Kunsthochschule zu helfen. Dabei ist Paul McCartney eher bescheiden geblieben, und jeder Mensch gönnt ihm seinen Erfolg.

Wenn die anderen Menschen Ihnen den Erfolg gönnen und wünschen, ist das sicher eine große Unterstützung. Werden Protzern ihre Erfolge gegönnt? Ja, von denen, die Minderwertigkeitskomplexe kompensieren wollen. Von den Menschen, die Geld haben, und von den vielen Menschen, die Geld geben, werden Sie abgelehnt, so dass der Erfolg meist auf kriminelle Weise ergaunert werden muss und schon deshalb nicht von Dauer ist.

Für viele dieser »Protzer« ist die Mafia das Vorbild. Mafiabosse kamen in den USA während der Prohibition und danach zu großem Reichtum, den sie zur Schau stellen mussten. Wo sind die Mafiosi heute? Sie dienen nur noch als Witzfiguren in Hollywood-Filmen.

Das Charisma, das Sie brauchen, kann man erschaffen, Sie müssen nicht damit geboren sein. In jedem steckt ein Fünkchen davon, und dieses Fünkchen wollen wir mit der folgenden Übung entfachen, so dass ein Feuerschein um Sie herum entsteht, der Menschen veranlasst, Ihnen Aufträge, Geld, Unterstützung und Sympathie zu geben.

Charisma

Das Chaos ist nicht nur außerhalb, es ist nicht nur die äußere Welt, die ein Chaos ist, es ist in Ihnen, und das macht besonders Angst. Genau gesehen: Die Angst ist das Chaos. Fühlt sich das Kribbeln im Bauch, das mulmige Gefühl und auch die innere Leere nicht wie Chaos an? Das Chaos ist in uns, und wir sind fortwährend bemüht, es im Zaume zu halten, es zu unterdrücken, es nicht zu fühlen.

Das ist der falsche Weg, denn das Chaos enthält ungeheuer viel Energie. Energie, die Sie brauchen, um Ziele zu erreichen, um charismatisch auftreten zu können.

Diese Energie ist das Charisma, das Leute haben, die das Chaos und die damit verbundenen emotionalen Energien zulassen und leben können. Sie sind größer als die Angst. Sie müssen sie nicht unterdrücken. Sie können sie zulassen als reine Energie.

Wo also in Ihnen ist das Chaos? Wo kribbelt es?

Manchmal hilft ein wenig tieferes Atem, um das Kribbeln zu bemerken. Wir haben gelernt, auf einem Energielevel zu leben, an dem wir das Kribbeln nicht bemerken.

Legen Sie eine Hand auf den Körperbereich, atmen Sie hinein! Lassen Sie es wachsen und größer werden! Benennen Sie es als Energie!

Machen Sie diese kleine Übung immer mal wieder zwischendurch. Lassen Sie so viel Kribbeln zu, wie es angenehm ist. Lassen Sie zu, dass es sich in Ihrem gesamten Körper ausbreitet. Wo möchten Sie Charisma haben? In den Augen? In den Händen? Lassen Sie zu, dass die Energie dorthin fließen kann. Senden Sie die Energie mental dorthin.

Für das Charisma ist das Herz besonders wichtig, denn ein großes Herz zieht andere Menschen an. Und das Herz haben wir ja schon mit der Atisha-Übung gestärkt.

Leben Sie reich!

Wie werden Sie Millionär?

Millionär sein ist der natürliche Zustand. Millionär sein ist Ihr Geburtsrecht.

Diese Erde ist Überfluss, besonders in der heutigen Zeit um die Jahrtausendwende. Die Überbevölkerung bietet ein riesiges Reservoir an Kunden, Klienten, Partnern, Geldgebern, Freunden. Es gab noch nie so viel Geld, und es ist kein Inflationsgeld, es hat Wert. Das Internet schafft einen weltweiten Informationsaustausch. Der Mittelwesten der USA allein könnte die gesamte Menschheit ernähren. Wir schicken uns an, den Weltraum zu erobern.

Millionär zu sein oder zu werden war noch nie so einfach.

Die Frage »Wie werde ich Millionär?« ist daher nicht so erhellend wie die Frage »Wie verhindere ich es, Millionär zu sein?«

Unsere Tricks, uns von Moment zu Moment zu überzeugen, dass wir kein Millionär sind, sind mannigfaltig. Es beginnt, sobald wir aus dem Schlaf erwachen. Ein Millionär sagt: »Klasse, wieder ein Tag für interessante Unternehmungen, für aufregenden Börsenhandel, eine Partie Golf!«

Der Millionär-Verhinderer sagt: »Oh, schon Zeit aufzustehen. Ich muss zur Arbeit. Ach, wäre ich doch Millionär!« So beginnt der Tag mit dem ersten Schritt in die falsche Richtung.

Zuerst wäre es einmal hilfreich, auf »muss« und »sollte« zu achten. Motiviert Sie »muss« und »sollte« auf dem Weg zur ersten Million? Die Stimme, mit der Sie zu sich selbst sprechen, hört sich eventuell auch nicht so anziehend an. Und »wäre« und »würde« sind auch Wörter, die geeignet sind, Frustration zu schaffen.

Was ist, das ist, und es ist absolut perfekt so.

Sie schlagen die Augen auf. Ist das ein Millionärs-Bett, in dem Sie die Nacht verbracht haben? Liegt neben Ihnen der oder die Geliebte eines Millionärs? Jedes Bett ist ein Millionärs-Bett, wenn ein solcher darin nächtigt. Jeder Mensch ist der potenzielle Gefährte eines Millionärs, wenn dieser es zulässt, einer zu sein. Und wenn der andere Mensch die Augen öffnet und das Gesicht verzieht und murmelt: »Gott, warum hast du mein Gebet wieder nicht erhört!?«, wäre es vielleicht Zeit für eine Trennung, denn diesen Menschen davon zu überzeugen, dass Sie ein Millionär sind, wird eventuell schwer. Dafür meint er oder sie, Sie zu gut zu kennen. Wenn Sie sich verändern, wird dieser Mensch das nicht wahrnehmen können und wollen und an den Haken ziehen, die in Ihrem Fleisch sitzen, damit Sie sich daran erinnern, dass Sie mit ihm oder ihr in einem Boot sitzen, und das Boot heißt nicht »Millionärs-Leben«. Also: Es ist Zeit, zu registrieren, mit welchen Ankern in Ihrer Umgebung Sie sich einzureden versuchen, dass Sie kein Millionär sind. Es ist Zeit, sie zu registrieren und sich von diesen zu trennen. Sie sollten all das aus Ihrem Leben werfen, das Sie daran erinnert, kein Gewinner zu sein: alle Kleidungsstücke, alle alten Schallplatten mit Weltschmerz-Blues, aller Nippes, alles ohne Höchstqualität. Ich hoffe, Sie haben das »Sollten« am Anfang dieses Satzes bemerkt.

Was ist die Welt?

Wie können wir mit dem Chaos umgehen?

Was ist die Welt? Und wer bin ich darin?

Warum ist sie nicht so, wie ich sie gerne hätte? Was kann ich machen, um sie zu verändern?

Die Welt ist erst einmal eine Schule, in der jeder seine Erfahrungen sammeln kann. Die Erfahrungen sind sehr unterschiedlich, denn die Lektionen sind individuell. Die Welt bietet ein sehr breites Spektrum möglicher Erfahrungen.

Glücklich ist der in der Welt, der nicht mit dem Platz, den sie oder er in der Welt einnimmt, hadert. Der Einklang, die Harmonie, das gibt die größte Energie und Freude. Es gibt zwei Wege, diese Harmonie herzustellen: den magischen und den mystischen.

Der Mystiker wird feststellen, dass er mit der Welt uneins ist, und dann das in sich, was ihn von der Welt trennt, erkennen und loslassen. Die mystische Erleuchtung ist dann der Moment, an dem alle Grenzen weggefallen sind und die Welt, die ja eigentlich nichts als Energie und Potenzial ist, direkt erlebt wird, und das ist sehr, sehr kraftvoll und ekstatisch.

Der Magier beschreitet den komplementären Weg: Er versucht die Welt so zu verändern, dass sie ihm entspricht. Das Endresultat ist dasselbe: Die Grenze zur Welt wird überwunden und die Energie zugänglich.

Welcher Weg ist richtig: der magische oder der mystische?

Ist das wichtig? Ja, auf unserem Weg zur Million ist das wichtig. Denn wenn wir sagen: »Ich habe das Ziel und nun gehe ich dafür und suche Ressourcen und kreiere die Welt so, dass ich Millionär werde«, bin ich dann ein Magier oder ein Mystiker?

Der magische Weg hat seine Risiken. Eventuell erreicht man etwas und stellt dann fest, dass es nicht das war, was man wollte. Oder man kommt nach diesem Leben in die Zwischenwelt, wo Bilanz gezogen wird, und man stellt fest, dass die Lebensaufgabe ignoriert wurde und alles für die Katz war. Der magische Weg kostet mitunter auch sehr viel Kraft und Willensstärke. Aber auch der mystische Weg ist auch nicht ohne Nachteile. Der Mystiker kann leicht fatalistisch oder phlegmatisch werden.

Warum sind beide Wege im Endeffekt identisch? Weil jeder von uns sich sein eigenes Universum erschafft. Das heißt, wir sind quasi fortwährend magisch tätig. Und bevor wir diese magische Kraft dafür einsetzen, gegen unsere eigene Kreation vorzugehen, sollten wir sie erst wie ein guter Mystiker verstehen und lieben.

Wir kreieren unser Universum? Wie denn das?

Es begann mit dem Problem der Physiker: Ist das Licht nun eine Welle oder ein Teilchen? Manchmal verhält es sich so und manchmal anscheinend so. Sich überlagernde Lichtstrahlen bilden Interferenzmuster, wie man es von anderen Wellen auch kennt, also muss es eine Welle sein. Aber eine Welle braucht ein tragendes Medium. Wie kommen dann die Lichtwellen von fernen Sternen zu uns durch den leeren Raum?

Die Quantenphysiker nahmen sich der Natur des Photons, des Lichtteilchens oder Lichtwellchens, also genauer an und stellten zu ihrer Verblüffung fest, dass es sich unterschiedlich verhielt. Je nachdem, was der Versuch beweisen sollte, verhielt sich das Photon wie eine Welle oder ein Teilchen. Eines schließt aber das andere aus.

Schließlich verstanden die Quantenphysiker, dass das Photon einfach nur ein Potenzial ist, welches sich gemäß der menschlichen Beobachtung verhält. Sie stellten fest, dass das für alle Teilchen galt und alles, was aus diesen Teilchen gebildet wurde. Das gilt dann also auch für das gesamte Universum. Dieses Universum ist von seinem Beobachter geschaffen.

Weiterhin wurde mathematisch errechnet, dass es unendlich viele Paralleluniversen geben müsse, so dass die Idee der Parallelwelten entstand. Nun, es gibt unendlich viele Paralleluniversen, denn jeder lebt in seinem eigenen Universum.

Einen weiteren Baustein in dieser Welterkenntnis lieferten die Kybernetiker. Kybernetiker sind Menschen, die sich fragen: Was ist eigentlich menschliches Bewusstsein? Der ursprüngliche Zweck dieser Frage war es, Roboter mit Intelligenz zu bauen. Heute weiß man, dass die menschliche Intelligenz so gewaltig ist, dass das mit der Produktion eines »menschlichen« Roboters etwas schwieriger ist, als früher gedacht.

Die Kybernetiker fanden sehr viele wertvolle Erkenntnisse über den Menschen. Es entwickelte sich die Kybernetik der zweiten Ordnung, die ähnlich den Quantenphysikern feststellte, dass eine wissenschaftliche Untersuchung nur unter Berücksichtigung des die Untersuchung durchführenden Menschen gesehen werden kann. Es kann niemals objektive Wissenschaft geben, sie ist immer subjektiv, denn der jeweilige Mensch untersucht seine eigene Kreation, sein Paralleluniversum.

Daraus wiederum entstand der radikale Konstruktivismus, dessen Hauptaussage ist, dass die Welt etwas in unserer Neurologie, in unserem »Bio-Computer«, ist, das wir gebildet haben und mit dem wir interagieren.

Sicherlich stellen all die Forschungen nicht die absolute Wahrheit dar. Sie führen aber zu einigen Erkenntnissen, die mit uralten Weisheiten der Mystiker und Magier übereinstimmen.

Wenn also diese Welt in mir ist und ich für sie verantwortlich bin, dann frage ich mich doch erst einmal wie ein Mystiker: Warum genau habe ich sie mir so erschaffen, wie sie ist? Ich versuche zu verstehen, um diese Welt als meine eigene anzunehmen und meinen Konflikt mit ihr fallen zu lassen. Denn unsere Kreation kann nur die bestmögliche Version sein, die wir schaffen konnten. Dann jedoch haben wir die Freiheit, magisch tätig zu werden und sie zu verändern.

Für unser Vorhaben der ersten Million heißt das konkret: Zuallererst wollen wir verstehen, warum wir da sind, wo wir sind, um dann unsere magische Kraft darauf zu richten, ein Universum zu schaffen, in dem wir Millionär sind.

Als Erstes kommen wir mit unserer Welt ins Reine.

Nun wollen wir in diesem neuen Universum noch Ihre magische Kraft, welche bewirkt, dass dieses Universum so ist, wie Sie es wollen, entwickeln. Die Kraft haben Sie schon kennen gelernt, sie ist identisch mit der charismatischen Kraft.

Übung 21:

Die »charismagische« Kraft

1. Sie stellen sich in einen imaginären Kreis, der Ihr Universum darstellt.
2. Sie atmen in Ihr Herz und lassen die charismatische Energie anwachsen.
3. Sie stellen sich vor, wie Ihr Universum sein möge. Oder: Sie formulieren ein Ziel oder lesen ein bereits formuliertes laut vor.
4. Sie beginnen, in Ihrem Inneren ein Bild vom Ziel zu sehen, dabei hören Sie Stimmen und Töne und empfinden Gefühle, Geschmack und Düfte.
5. Sie beginnen, die Stimmen und Töne, die Gefühle und Düfte sowie das Bild und den Geschmack auszusenden.

Es ist zunächst nur eine Vorstellung, aber Vorstellungen sind sehr mächtig. Mittels dieser energetisierten Vorstellung schaffen Sie ein Muster, welches das Potenzial von kondensierter Leere um Sie herum in ein Muster zu formen beginnt. Das, was Sie gerade in dieser Übung machten, führen wir unterbewusst ohnehin die ganze Zeit durch. Sie können es also auch bewusst machen, um das Universum um Sie herum zu erschaffen, welches Sie am besten unterstützt.

Ich hatte meinem Meister geschrieben, wie gut alles lief, und war schon auf einen Zen-Stock vorbereitet. So sind die Meister: Wenn du dich unfähig fühlst, unterstützen sie dich, und wenn du dich als Könner begreifst, gibt es den Zen-Stock.

DER NEUNTE BRIEF MEINES MEISTERS:

ACHTSAMKEIT

»Lieber Doi«, schrieb er.

»Es ist gut, dass du die Aufgabe, die ich dir gestellt habe, mit Ernsthaftigkeit durchführst.

Aber es geht nicht wirklich um die Million. Das ist nur eine Aufgabe, um deine Achtsamkeit zu schulen.

Ich könnte dir auch die Aufgabe geben, Seiltänzer zu werden oder ohne einen Pfennig quer durch Amerika zu reisen. Was immer die Achtsamkeit schult.

Für dich habe ich die Aufgabe, ein Millionär zu werden, gewählt, da du in Bezug auf Geld die größte Ablehnung in dir hattest, so dass du hier Gelegenheit hast, dir über viele deiner inneren Begrenzungen bewusst zu werden.

Warum diese Betonung auf Achtsamkeit, Wachsamkeit, sich etwas gewahr werden?

Die Instanz in dir, die Achtsamkeit ausübt, mit der du dich urteilsfrei beobachten kannst, ist das, was du eigentlich bist. Die Freiheit der Erleuchtung ist die Rückerinnerung auf das, was du eigentlich bist.

Das, was du eigentlich bist, ist so etwas wie ein Funke aus dem großen Feuer des Bewusstseins. Oder ein Tropfen des Ozeans, ein Körnchen Erde, ein Hauch. Dieser Funke wird vom Bewusstsein eingesetzt, um in der materiellen Welt eine Erfahrung zu machen. Der eine Funke geht in einen Baum und macht Erfahrungen, der andere in ein Tier. Das Bewusstsein beobachtet durch diesen Funken im Baum, wie es ist. Es ist wie ein Spiel. Die Aufgabe, in einem Menschen als Funke des Bewusstseins zu sein, hat sich als schwieriger herausgestellt. Der Funken verliert sich im menschlichen Gehirn. Das menschliche Gehirn ist ein riesiger ›Bio-Computer‹ mit sehr viel Macht. Das Bewusstsein wird darin gefangen. Das Bewusstsein verliert die Erinnerung an die eigentliche Natur.

Es geschehen traumatische Ereignisse, vor allem in der Kindheit, der Schmerz ist groß, das Bewusstsein flüchtet sich in die Träume, die das Gehirn fortwährend produziert. Das Leben wird zu einer Art gigantischem Computerspiel – wir verlieren uns in einer Simulation.

Das ist für das Bewusstsein sehr unbefriedigend, die Erfahrungen, die gemacht werden, sind nicht das, warum der Funken in diesen Körper ging. Es entsteht der Wunsch wieder zum Feuer, zum Ozean, zur Masse, zur Leere zurückzukehren. Menschliche Körper müssten, rein physikalisch gesehen, nicht sterben. Sie bestehen zum größten Teil aus Wasser. Wasser stirbt nicht. Zellen erneuern sich fortwährend. Das Todesprogramm ist in erster Linie mental, denn das Bewusstsein, gefangen im ›Bio-Computer‹, sehnt sich nach Freiheit und kann dieses vermeintlich nur durch Tötung des ›Bio-Computers‹ und den ihn unterstützenden Körper erreichen.

Das Bewusstsein kann sich aber auch im Leben vom Körper distanzieren und befreien. Das geschieht durch Achtsamkeit, denn das ist eine Fähigkeit des Bewusstseins. Das Gehirn kann nur Beurteilungen in »Gut« und »Schlecht« machen, es kann nicht urteilsfrei beobachten. Das Bewusstsein muss als Erstes wie in einer Sportschule gekräftigt werden. Übungen, die Achtsamkeit erfordern, sind das ideale Werkzeug. Denn Achtsamkeit ist eine Qualität des Bewusstseins. Der Bio-Computer schickt immer wieder Träume und Ideen, um die Achtsamkeit zu stören.

Dieses ist nur ein metaphorisches Modell, vielleicht aber hilft es dir, zu erkennen, worauf es ankommt. Wenn du scheiterst und dabei achtsam bist, ist das Scheitern wertvoller als das Gelingen ohne Achtsamkeit.

Wenn du so achtsam bist und dein Bewusstsein so wach, dass du nachts deinen Körper und deinen Geist schlafen lassen kannst, ohne dabei deine innere Wachheit und Bewusstheit zu verlieren, hast du die Lösung vom ›Bio-Computer‹ geschafft.

Du kannst dann Körper und Geist verlassen, wann du willst, und in ihm sein, wann du willst. Du kannst ihn sterben lassen und leben lassen.

Ein erwachter Mensch ist der Mensch, der würdevoll sterben kann. Er setzt sich in Meditation und verlässt einfach in Würde den Körper, den Tempel, in dem er das Leben verbracht hat. Der Körper kann dann verbrannt werden.

Mir steht die Zeit bevor, diesen Körper zu verlassen. Es ist mir ein wenig anstrengend geworden, ich möchte wieder frei im unendlichen Meer des Bewusstseins fließen. Mögest du auch eines Tages einen Tod in Freiheit und Bewusstheit erlangen!«

Gendai Roshi, Ushkawa Zendo, Oktober 1998

15. KAPITEL
Das kosmische Spiel

Eins mit den Märkten – Der Fischer und der Millionär – Das Prinzip der Roten Königin – Die soziale und spirituelle Evolution – Die Religion des Informationszeitalters – Es geht los! – Das Zen des Zinses – Das Börsen-Satori – Pirsig, Korzybski, Kybernetik, Quantenlogik

Eins mit den Märkten

Die Märkte waren für mich zu einer großen Energie geworden; die ganze Welt war ein Markt und eine große Energie. Ich konnte in dieser Energie schwimmen, ich war nicht getrennt von ihr. Und doch war ich auch ein waches beobachtendes Teilchen in der großen Masse des Marktes, das genau aufpasste, um Entscheidungen treffen zu können. Die Entscheidungen waren nötig, um dahin zu gehen, wo die Energie hinfließen wollte, um da zu sein, wo die größte Energie war. Denn dort gab es am meisten zu gewinnen.

Ich saß wieder in der Wall Street vor dem Monitor mit den Kurszahlen und Agenturmeldungen und handelte meine Konten. Ich schaute mir einen Markt an und wurde eins mit ihm. Dann wusste ich, was dieser Markt wollte, und konnte dem folgen und meine Positionen dementsprechend gestalten. Mein persönliches Vermögen war auf über eine halbe Million Dollar angewachsen, und ich war dabei, es zu verdoppeln.

Von meiner Börsenhandels-Meditation so absorbiert, hatte ich gar nicht gehört, als Terry mich fragte, ob ich zum Lunch mit hinauskommen würde. Erst als er mich an der Schulter tippte, bemerkte ich ihn.

»Wie läuft's?«, fragte er.

»Very well!«, antwortete ich. In den Märkten zu sein war

wie in einem riesigen Meer von Energie zu schwimmen. Es war ein prickelndes, angenehmes Meer.

Ja, es würde gut sein, für den Körper zu sorgen und etwas zu essen und einen Kaffee zu mir zu nehmen. Wir gingen zum Broadway, um etwas Sushi zu essen.

Die Konversation fiel mir schwer, mein Gehirn war irgendwie leer und still. Terry kannte das schon und konnte auch still sein. Für einen Amerikaner ist es eher ungewöhnlich, still zu sein, aber die Amerikaner sind ja zum größten Teil auch noch ein wenig Europäer, Afrikaner oder Asiaten. Terrys Vorfahren waren von einer Insel in der Ägäis gekommen, und Terry hatte immer noch den stillen Fischer in sich.

Als wir zurückkamen, hatten sich meine Devisenpositionen gut entwickelt. Der Dollar war im Begriff gegenüber der DM zu steigen, ich hatte DM und Schweizer Franken leer verkauft. Es sah sogar sehr gut aus.

War das spirituell in Ordnung, was ich hier machte, war das politisch sauber?

Der Fischer und der Millionär

Während meines Weges zur ersten Million bekam ich bisweilen heftige Opposition oder Kritik von zwei Arten von Menschen: den Spirituellen, die Reichtum für eine Ablenkung halten, und den Sozialpolitischen, die Reichtum für Raub an den Armen halten.

Zuerst zu den Spirituellen: Die Vorstellung, dass Besitzlosigkeit dem spirituellen Wachstum förderlich ist, bzw. Besitz diesen hindert, kommt vermutlich aus dem Mönchswesen in verschiedenen Kulturen. Der christliche Mönch des frühen Mittelalters verzichtet auf persönlichen Besitz und arbeitet für das Kloster oder die Bruderschaft. Tatsächlich waren diese Klöster die reichsten Grundbesitzer im 11. und 12. Jahrhundert und bauten ihre Position aus. Der Verzicht auf individuellen Besitz schaffte den Reichtum der Gemeinschaft.

Also ist letztendlich auch hier wieder Geld und Besitz der Spiritualität förderlich.

Bei den Hindus und Buddhisten gibt es das Konzept des Saddhus, der vollkommen besitzlos umherwandernd der Erleuchtung zustrebt. Das setzt aber eine Gesellschaft voraus, die dieses Verhalten fördert und unterstützt. Denn sonst wird die Zeit und Energie für den Überlebenskampf verbraucht, die man zur Suche nach der Erleuchtung benutzen wollte.

Eine beliebte Geschichte ist die von dem Fischer an irgendeinem Strand und dem Millionär. Der Fischer kommt mit seinem Fisch morgens zurück und macht Siesta am Strand. Der Millionär fragt: »Und nun? Willst du nicht mehr fangen?« Der Fischer fragt: »Wofür?« Und der Millionär erklärt, wie er mit ein bisschen mehr Arbeit Überschüsse ansammeln könnte, sich mehr Schiffe leisten könnte, Leute einstellen, eine Flotte aufbauen, reich werden, um letztendlich was machen zu können? Richtig, Siesta am Strand, und der Fischer macht ihm klar, dass er das ja auch jetzt schon haben und sich die ganze Mühe sparen kann.

Diese Geschichte klingt überzeugend, sie ist mir von Spirituellen und Althippies hundertmal erzählt worden, und sie ist doch vollkommen neben der Realität. Wie auch die Konzepte der Saddhus und Enthaltsamen in der Welt des dritten Jahrtausends: Die Welt ist in einem stetigen Wandel. Wer die Konzepte einer historischen Epoche auf eine andere anwendet, zeigt nur, dass er unfähig ist zu lernen.

Das Prinzip der Roten Königin

Die Widerlegung dieser Geschichte findet sich in einem der Grundprinzipien der Kybernetik: dem Prinzip der »Roten Königin« (Red-Queen-Principle). Dieses Prinzip ist nach einer Geschichte von Lewis Caroll benannt, in der Alice eine Unterhaltung mit der Roten Königin hat, in der diese ihr erklärt, warum sie immer rennen muss. Sie rennt nämlich, um auf der Stelle bleiben zu können.

Genau so verhält es sich nämlich in Systemen, in denen Wettbewerb herrscht. Da die Konkurrenten immer bestrebt sind, etwaige Vorteile, die wir erlangt haben, aufzuholen oder uns zu überholen, müssen wir fortwährend rennen, um einen Vorteil zu ergattern oder zu behaupten. So ist das in evolutionären Systemen, und wir leben in solchen, ob wir wollen oder nicht.

Wenn also die Hasen lernen, schneller zu laufen, müssen die Füchse wieder schneller werden, was die Hasen dazu bringt, wieder schneller zu werden oder neue Kniffe zu lernen usw. Manchmal muss man nach zwei Nahrungsquellen rennen, und das kann ein Dilemma mit sich bringen, wie bei den Bäumen im Urwald, die immer höher wachsen müssen, um zu der Sonne zu gelangen, die der Nachbar ihnen wegzunehmen versucht, wobei der Weg der Mineralien aus dem Boden eventuell sehr lang wird, so dass sie nicht genug Nahrung von unten bekommen und der ganze Wettlauf zum allgemeinen Stillstand führt.

Die Geschichte vom Fischer und vom Millionär hört sich plausibel an. Sie ist allerdings völlig unrealistisch. Der Fischer versucht, aus dem Prinzip der fortwährend rennenden Roten Königin auszusteigen, was nicht geht, denn er hat Konkurrenten und äußere Umstände, die sich fortwährend verändern.

Ein weiteres Prinzip der Kybernetik ist das Prinzip der Requisite Variety. Der mit der größten Flexibilität in seinen Möglichkeiten ist derjenige, der das System kontrolliert. Der Fischer ist sehr beschränkt in seiner Variety und wird von kleinen Unwägbarkeiten schnell um seine Lebensgrundlage gebracht: Er wird alt und krank, die Fische ziehen einen anderen Weg, die Meere sind verseucht und leer gefischt, sein Boot leckt. Wir wissen alle, dass es auf der Welt keinen derartig glücklichen Fischer mehr gibt, und wissen auch nicht, ob es je einen gegeben hat.

Der Lebensweise der Sammler und Jäger trauern wir nach und versuchen immer gerne, dieses lang verlorene Leben als Camping- oder Trekkingurlaub wieder zu erleben. Wir verherrlichen Indianer und Aborigines. Und übersehen, dass sie wegen der Missachtung der Regeln der Evolution ins Hintertreffen geraten sind. Die amerikanischen Ureinwohner haben ihre Lektion mittlerweile gelernt: Sie errichten auf ihren von der Gesetzgebung des Staates, in dem sie leben, unabhängigen Reservaten Spielkasinos und machen viel Geld. Das Spielkasino der Mohikaner im Staat Connecticut ist das meistbesuchte der Welt und die Pequot-Mohikaner der reichste Indianerstamm der Welt. Sie haben nach einigen schweren Zeiten gelernt, im Kampf der sozialen und ökonomischen Evolution zu überleben.

Die europäischen Völker sind in den letzten Jahrhunderten überlegen gewesen, weil durch die Enge der europäischen Halbinsel der Konkurrenzdruck besonders hoch war. Als die Römer, die sich weit überlegen wähnten, aufhörten, zu rennen und sich zu entwickeln, wurden sie von barbarischen Stämmen, die gelernt hatten, schneller zu sein, überrollt. Heute müssen die europäischen Völker darauf achten, Schritt zu halten mit Ostasiaten und Afrikanern.

Darwins Erkenntnis, dass der Fitteste überlebt, kann man betrauern – es ist aber die Realität. Wenn diese harte Realität der Evolution nicht bestehen würde, lebten wir dann noch in der Höhle? Nein, wir wären noch nicht einmal in der Höhle, wir wären mit etwas Glück ein Pantoffeltierchen.

Der Fischer beginnt also tunlichst zu rennen, wie es ihm der Millionär empfiehlt, der die spiralförmige Dynamik der Evolution begriffen hat: Man kommt auf einer höheren Stufe immer wieder an ähnliche Positionen, immer wieder kann man Siesta machen, wenn auch auf verschiedenen Stufen der Evolution.

Die soziale und spirituelle Evolution

Die menschliche Gesellschaft, sozial und ökonomisch, entwickelt sich, unterliegt einer Evolution. Es begann mit jagenden und sammelnden Stämmen, dann wurden diese sesshaft, um Getreide anzubauen und Vieh zu züchten, es entstanden feudale Gesellschaften mit Aristokratie und Landbesitzern. Dann wurden Handel und Industrieproduktion bestimmend, so dass die bürgerliche, demokratische Gesellschaft entstand.

Als Jäger und Sammler kommt man heute nicht weit, es sei denn man lebt in sibirischen oder kanadischen Wäldern und kann die Kälte ertragen. Auch den Farmern geht es nicht nur blendend. Es gibt zwar noch Feudalherrscher und Aristokraten, aber eher in den Klatschmagazinen.

Wer die ökonomische Unterstützung seines spirituellen Weges in Armut von der Unterstützung der Bauern und Könige abhängig macht, denn das war das angemessene Verhalten in der Zeit des Feudalismus, wird heute damit etwas antiquiert wirken oder Hunger leiden. Meditiert ein knurrender Magen besser? Ich bezweifle das.

In der Zeit der Industriegesellschaft erscheint es schwerer, ein spirituell Suchender zu sein. Es erscheint nur schwieriger, wenn man an dem überholten Konzept vergangener Zeiten festhält. Die nach Wahrheit suchenden Menschen des Industriezeitalters sind die Wissenschaftler. Die Naturwissenschaft ist ja aus der Alchemie des Mittelalters hervorgegangen. Die Psychologie ist die Religion des Industriemenschen. Die Religionen des Feudalzeitalters verlieren in der Industriegesellschaft immer mehr ihre Anhänger. Warum sind die Kirchen in Südamerika gefüllt, während in Deutschland die christlichen Kirchen den Mitgliederschwund beklagen?

Und auch die Industriegesellschaft ist nur eine Episode. In dem Moment, in dem die natürlichen Ressourcen leicht in die benötige Technologie umgewandelt werden können, um Energie und Waren herzustellen, kann der nächste Schritt beschritten werden, den wir heute zur Zeit der Jahrtausendwende erleben: der Schritt in die globale Informationsgesellschaft.

Alle Utopien der Menschheit werden wahr: eine geeinte Menschheit, in der jedem alle Information zur Verfügung steht, in der jeder Zugang zu allen Ressourcen hat, eine Menschheit, die gemeinsam einen lebenswerten Platz schafft und in den Weltraum aufbricht.

Klingt nach Sciencefiction? Das braucht sicherlich noch hundert Jahre. Wenn Sie sich die Entwicklungen und die Geschwindigkeit der Entwicklungen im 20. Jahrhundert anschauen, können Sie sich vorstellen, dass in hundert Jahren gewaltige Veränderungen eingetreten sind. Denn das Wissen der Menschheit vermehrt sich exponentiell. Und heutzutage sind Information und Wissen gleichbedeutend mit ökonomischer Macht.

In dieser Zeit ist wiederum eine andere Form der Religiosität angemessen und innerhalb dieser Form der Religiosität eine andere Form der Spiritualität als im Feudalismus oder im Industriezeitalter.

Die moderne Religion ist global, ein Mischmasch aus allen möglichen Richtungen: ein wenig Engel und Heilige des Christentums, sinnesfroher Tantrismus, stoischer Taoismus und Zen, wissenschaftlicher Buddhismus, Psychologie, Quantenphysik, Chaostheorie, Kybernetik.

Das Problem der Menschheit ist, dass wir fortwährend moderne Welten erschaffen und versuchen, diese mit den Konzepten der vorherigen Welt zu verstehen. Mit dem erleichterten Informationsaustausch der Gesellschaft im 21. Jahrhundert wird die Menschheit hoffentlich in der Lage sein, die Spiritualität, Politik und Ökonomie zu erschaffen, die damit Schritt halten kann.

Die Religion des Informationszeitalters

Die Religion des globalen Informationszeitalters macht keine Unterschiede in Rasse, Geschlecht, Nation. Jeder hat wertvolle Informationen zu geben. Jeder ist ein potenzieller Shareholder, Kunde, Partner. Wenn ich meine Informationen weggebe, habe ich nicht weniger, sondern mehr, sofern es ein Austausch war und ich die Information des anderen auch bekomme.

Das Internet macht den globalen Austausch möglich. Ein

Quantensprung in der menschlichen Evolution: »die Globalmenschheit«. Einige Kulturen werden sich sehr beeilen müssen, um mitzuhalten. Jede Form des Versuchs, den Bürgern Informationen vorzuenthalten oder sie zu kanalisieren, wird scheitern.

Die Gefahr liegt in der Überflutung von Reizen und Gedanken. Menschen werden lernen müssen (müssen!) zu meditieren, um nicht in der Flut verrückt zu werden und um den Platz außerhalb der Reize und Informationen zu finden.

Der Mensch der Informationsgesellschaft ist nicht an religiösem Brimborium und sektenmäßigen Suggestionen interessiert, er möchte einen schnellen, effektiven Weg finden, um sich von der Informationsflut zu entspannen.

Der Weg heißt Zen-Meditation. Sie lässt sich außerdem gut verbinden mit modernen Mitteln der Unterstützung, wie zum Beispiel den Audiosystemen, die so genannte Binaural Beats anwenden. Wenn in das eine Ohr eine Frequenz eingegeben wird und in das andere eine leicht unterschiedliche, bildet das Gehirn eine Schwingung der Differenz. Da das Gehirn den Frequenzen folgt und Meditationszustände mit niedrigen Frequenzen einhergehen, können wir über einfache, auf binauralen Beats basierende Tonquellen, das Gehirn in einen niederfrequenten, meditativen Zustand bringen. Durch die wissenschaftliche Untersuchung der Unterstützung, die Kulturen seit Jahrhunderten benutzen, wie Tibeter, Ägypter oder andere, können weitere Unterstützungen für den modernen Menschen gewonnen werden. Vielleicht erleben wir noch das Meditations-Fernsehen!

Es geht los!

Ich saß in dem Büro in der Wall Street. Auf den Bildschirmen vor mir flimmerten die Kurse. Es war so weit. Die Aktienkurse sackten ein. Die Cowboys, Wölfe oder Haie begannen zu verkaufen.

In den Tagen zuvor war ich zum Zeitungsstand in der Passage unter dem World Trade Center gegangen, um deutsche Wirtschaftsnachrichten zu lesen. Wenn dort stand: »Kaufen, kaufen, kaufen!«, war ja die Zeit gekommen, den Schafen aus der Nachhut das zu verkaufen, was man als Wolf in den Tagen zuvor gekauft hatte, als »Die Kurse gehen jetzt ganz runter!« in den Zeitungen gestanden hatte. Die Wölfe begannen zu verkaufen, die Schafe rissen ihnen begierig die Aktien aus den Händen und merkten nicht, dass sie gerade geschert wurden.

Ich schaute auf den Bildschirm und begann short zu gehen in Futures auf Aktien-Indices, Standard and Poors 500 und NYFE-Index.

Ich war short bei Höchstpreisen, und der Kurs fiel und fiel. Ich machte Gewinne. Mein Konto stieg. Mein Gesamtbesitzstand lag bei 600.000 US-Dollar. Er stieg jede Viertelstunde um 10.000 US-Dollar. Ich verkaufte weitere Kontrakte leer. Mein Besitzstand stieg nun jede Viertelstunde um 25.000 US-Dollar. Es war ein Mini-Crash. An der Aktienbörse gegenüber hatte eine Verkaufswelle eingesetzt. Die Wölfe realisierten ihre Gewinne, und die schlauen Füchse wie ich liefen mit.

Ich beobachtete mich: Mein Glaube an mich war intakt, ich war im Einklang mit der Welt und mit der Börse im Besonderen, emotional ausgeglichen, weder euphorisch noch ängstlich. Ich begann die vorhandenen Gewinne durch Stopp-Orders, die ich der Entwicklung gemäß nachzog, zu sichern. Ich begann aus den Gewinnen weitere Kontrakte nachzukaufen und zu pyramidisieren.

Mein Kontostand betrug jetzt 750.000 US-Dollar. »Bist du dabei?«, fragte Terry. Ich nickte bedächtig. War ich dabei, dann waren die Grenzen zwischen mir und der Welt dünn geworden. Meine Stopps waren platziert. Ich konnte mich entspannen, denn ich konnte nicht mehr verlieren.

Da waren doch noch die Einwände der Politischen. Dass ich durch meinen Reichtum andere arm machen würde.

Diese hatten etwas Wesentliches nicht verstanden: das Zen des Zinses.

War die Einführung des Geldes zur Erleichterung des Warenaustauschs schon eine geniale Erfindung, so wurde sie durch die Erfindung des Zins noch gesteigert.

Zins ist der Preis des Geldes, das Meta-Geld sozusagen. Es begann wohl damit, dass einer, der eine gewisse Summe Geld angehäuft hatte, von einem, der keines hatte (es wird ein Politiker gewesen sein), gebeten wurde, ob er ihm vorübergehend etwas geben würde. Der Reiche war dazu grundsätzlich bereit, hatte aber den Verdacht, dass er es nicht wiederbekommen und eventuell einige schlaflose Nächte oder ein Magengeschwür riskieren würde. Also sagte er dem Bittsteller, dass er bereit sei, ihm etwas zu geben, wenn der andere einen Zins bezahlen würde, das heißt ihm statt 1.000 Taler 1.100 zurückgeben würde. So konnte er sich motivieren, das Geld aus der Hand zu geben, und der Zins war geboren.

Letztendlich führte der Zins dazu, dass Geld zu einer Ware wurde und es einen Vorteil bringen konnte, mit Geld zu handeln und Geld zu verleihen, ja, heutzutage ist die Ware Geld, die ja eigentlich abstrakt ist, das meistgehandelte Gut auf der Welt bzw. der Zins.

Die Gesellschaften und Religionen in der menschlichen Geschichte hatten ihre Probleme damit, das Prinzip des Zinses anzuerkennen. Es führt zweifellos dazu, dass die Reichen reicher werden. Werden auch die Armen automatisch ärmer? Die Politiker, die man der Linken zurechnet, sind der Meinung und wollen daher eine Umverteilung.

In den Religionen des Vorderen Orients, also im Christentum, im Islam und im Judaismus, wurde der Zins verboten. Noch heute gibt es einen Staat auf der Erde, in dem das Nehmen von Zinsen untersagt ist: im Iran.

Im frühen Mittelalter war es untersagt, Geld für Zinsen zu verleihen, und doch brauchten die Potentaten Geld, um ihren Hof und ihre Kreuzzüge zu finanzieren. Denn irgendeinen

Ausgleich für ihre Mühen wollten die Ritter schon haben. Also mussten die Herrscher Geld leihen. Aber niemand wollte es ihnen leihen, denn es war bekannt, dass sie nicht gelernt hatten, Geld zu vermehren. Es war ein Risiko damit verbunden, dennoch hatten Kaiser, Könige und Fürsten große Ländereien, die einen Wert hatten, und Bauern, die sie ausbeuten konnten.

Die Könige gewährten also nach Absprache mit dem Papst den Juden das Recht, Geld für Zins zu verleihen. Die Juden brachte das in ein Dilemma, denn gerade in ihrer Religion ist das Erheben von Zins nicht koscher. Mit einigen Spitzfindigkeiten und Tricks erlaubten sie es sich dann doch, denn ihre Lage als versprengtes und missachtetes Volk war in Europa nicht einfach. So hatten sie eine Möglichkeit, ökonomischen Reichtum anzuhäufen und eine Stellung in der Gesellschaft zu behaupten. Der Neid und Hass, die allgemeine Animosität, die sie dadurch ernteten, war, wie man heute weiß, allerdings sehr hoch.

Also konnten die Juden Geld gegen Zins verleihen, und ihr Reichtum mehrte sich – sofern sie ihr Geld plus Zins erhielten. Nach und nach lockerte sich das allgemeine Zinsverbot, und es entstanden Banken und Handelshäuser, wie die bekanntesten: die Fugger und die Welser. Die Fugger gingen letztendlich Pleite, weil ihr Hauptschuldner, der deutsche Kaiser, zahlungsunfähig war. Der Kaiser hatte immer einen großen Vorteil: Er konnte das Privileg, Geld zu drucken, an sich nehmen und so irgendetwas zu Geld erklären, auf das er letztendlich mit einem Stück bedrucktem Papier seine Schulden beglich.

Die Zeit von 1500 bis zur derzeitigen Jahrtausendwende ist ein Ringen um eine ökonomische Ordnung, die allen Seiten gerecht werden kann. Denn die Inflationen führten immer wieder zur Vernichtung von gesellschaftlichem Reichtum. Ein Staat, der sich so seiner Schulden entledigte, brachte auch seine Bürger um die Kraft und Bereitschaft, Steuern zu zahlen.

Durch den Zins wächst die Geldmenge kontinuierlich. Wenn mehr Geld vorhanden ist als Ware, verliert das Geld an

Wert, eine inflationäre Entwicklung. Daher lenken heutzutage in den entwickelten Gesellschaften unabhängige Zentralbanken das Wachstum der Geldmenge und der Zinsen, so dass die Geldmenge wachsen kann, ohne dass es zu inflationären Entwicklungen kommt, das heißt, das Wachstum der Geldmenge wird dem Wachstum der Warenproduktion angeglichen. Das ist ein fantastische Errungenschaft. Die einzigen, die noch damit Probleme haben, sind die Politiker und die Staaten, denn seitdem ihnen wie in den USA oder der Bundesrepublik Deutschland die Möglichkeit genommen ist, die Währung zu inflationieren, um ihre Schulden zu begleichen, müssen sie entweder Haus halten oder bankrott gehen. Haus halten kann man nur mit einem schlanken Staat. Das Beispiel der USA zeigt, dass das möglich ist, es bestehen sogar Haushaltsüberschüsse. In Europa sieht es ganz anders aus, die Staaten sind hoch verschuldet und haben nicht mehr die Möglichkeit zu inflationieren, glücklicherweise. Diese Entwicklung wird dazu führen, dass der Staat zwangsweise immer mehr ausgedünnt und privatisiert werden muss, was ich für eine positive Entwicklung halte. Es wird sehr viel Zeit sparen, wenn ich meinen neuen Ausweis online bekomme.

Die Verschuldung der Staaten führt tatsächlich dazu, dass die Reichen immer reicher und die Gesamtheit der Staatsbürger immer ärmer wird. Daher sollte die Staatsverschuldung untersagt werden. Meine Heimatstadt Hamburg zum Beispiel gibt mittlerweile 40 Prozent der Steuereinnahmen für Zinszahlungen aus und hat nicht mehr das Geld für vernünftige Ausstattungen der Schulen, der Polizei und der Straßen.

Bei wem ist der Staat oder eine Stadt wie Hamburg verschuldet? Bei den Banken, Versicherungen und reichen Bürgern, denjenigen nämlich, die Zins- oder Rentenpapiere des Staates gekauft haben. Am Ende wird der Staat den Banken gehören, was ich für eine fantastische Entwicklung halte, denn diese können Geld vermehren.

Der Staat sollte eine oder mehrere Banken sein. So wird es in der globalen Welt auch sein. Ich kann mich dann entscheiden, zu welcher Bank ich gehöre, und bekomme entweder einen Pass von der einen Bank oder von einer anderen. Die Bank sorgt dafür, dass Schulen gebaut werden und die Polizei die Besitzrechte der Bank und aller Bürger schützt und was sonst für die Produktivität benötigt wird. Denn die Bank ist ja daran interessiert, dass die Produktivität gesteigert wird. Weiterhin hat jeder Bürger die Möglichkeit, Shareholder seiner Bank zu sein, so dass der von den Leuten, welche die ökonomische Entwicklung nicht verstehen, beklagte Shareholder-Value genau das global demokratische Prinzip sein wird, denn jeder hat damit das Recht und die Möglichkeit von seinem Staat, seiner Bank, zu profitieren und Mitsprache auszuüben.

Was die Staaten und Schuldner überhaupt in solch eine Bedrängnis treibt, ist der Zinseszins, denn er führt in die geometrische Welt, die ich ja schon beschrieben habe. Man sollte überlegen, den Zinseszins, also das Zinsennehmen auf Zinsen, zu untersagen.

Die Armen werden jedenfalls nicht dadurch ärmer, dass die Reichen reicher werden, da die Geldmenge und die Produktivität steigen und der Topf kontinuierlich wächst. Die Ärmeren bekommen eher mehr Möglichkeiten, Geld zu verdienen, je wohlhabender die Gesellschaft ist, in der sie leben.

Notwendig ist allerdings ein Staat, bzw. eine Bank, die jedem die bestmögliche Ausbildung garantiert, um in der Welt der Roten Königin und des Gesetzes der Requisite Variety zu bestehen.

Das Börsen-Satori

Satori heißt es im Zen, wenn plötzlich der Verstand aufgibt und die direkte Erfahrung der Existenz aufblitzt.

Durch mich summte eine gewaltige Energie. Wie ein Surfer auf einer Riesenwelle in der hawaiianischen Hochbrandung ließ ich mich von dieser Börsenbewegung tragen. Mein Konto hatte die Million erreicht, ich hatte es geschafft. In mir war die Welt sehr groß und sehr energievoll. Sie wurde gespeist von der unendlichen Energie um mich herum. Mein Verstand arbeitete auf einem neuen Niveau. Er nahm die Daten auf und verarbeitete sie kommentarlos. Die Welt war sehr still, die Geräusche schienen von weit her zu kommen. Ich achtete darauf, auf dem Boden zu bleiben. Denn ich wusste von Pirsig, wie wichtig es ist, sich ist in diesen Momenten, in denen die Trennung von der Welt nicht besteht, durch konkrete, genaue Handlungen vor dem vorzeitigen Abflug ins All zu schützen.

Pirsig, Korzybski, Kybernetik, Quantenlogik

Eines der meistverkauften Bücher der letzten zwanzig Jahre ist der Roman »Zen und die Kunst ein Motorrad zu warten« von Robert M. Pirsig. Es ist ein wunderbares Buch und eine meiner Inspirationen, die Prinzipien des Zen auf die Börse und das Geldverdienen anzuwenden.

»Zen und die Kunst ein Motorrad zu warten« beinhaltet eigentlich mehrere Bücher. Vordergründig sieht es aus wie ein Roman, in dem die Geschichte eines Mannes erzählt wird, der mit seinem etwas schwierigen Jungen auf einem Motorrad von Minnesota nach Kalifornien fährt. Dabei besucht er Stätten, an denen er als Philosophieprofessor gearbeitet haben muss. Er erinnert sich nicht so genau, da er einen größeren psychischen Zusammenbruch erlebt hatte. In dem Roman beschreibt er, wie er sich selbst (wieder-)findet – durch die Liebe seines Sohnes und die Schönheit der grandiosen Natur.

Das eigentliche Buch ist jedoch eine innere Suche nach Wahrheiten, die er vor dem Zusammenbruch gefunden hatte. Hierin setzt sich Pirsig mit der abendländischen Philosophie auseinander und benutzt die Geisteshaltung des Zen als Einstellung, nachdem das alte Denken zusammengebrochen war.

Bei seiner Diskussion der Philosophie beschäftigt sich Pirsig besonders mit der Frage der Qualität. Er vertritt die Meinung, dass die Qualität etwas ist, was von allen Menschen letztendlich geteilt wird. Qualität ist also kein relativer, subjektiver Wert, sondern ein absoluter, objektiver.

Er vergleicht die Qualität mit dem Dharma des Buddhismus oder dem Tao. Qualität ist dort vorhanden, wo der universalen Ordnung Ausdruck gegeben wird. So hat Pirsig eine neue Metaphysik der Qualität begründet, welche eine zunehmende Gruppe von Anhängern findet und deren Weiterentwicklung im Internet verfolgt werden kann. Pirsig verbindet sozusagen abendländische Philosophie und östliche Mystik.

Als Urheber der Verwirrung des Westens macht er Aristoteles aus, dem es nicht um Qualität, sondern um formale Logik und starre Systeme ging. Das westliche Denken beruht weit gehend auf der Philosophie des Aristoteles.

Nachdem die Denkkonzepte des mechanistischen Weltbildes, das ein aristotelisches Weltbild ist, durch Relativitätstheorie und Quantenphysik ad absurdum geführt wurden, ist es die schwierige Aufgabe der Menschheit, sich vom aristotelischen Denken zu befreien. Das aristotelische Denken ist tief in uns verwurzelt, und die besondere Struktur unserer Sprache verstärkt das Denken in Kategorien von Ursache und Wirkung sowie »dieses ist identisch mit diesem«. Dabei ist in der Qualität, also in der Wirklichkeit, das Prinzip des Lebens: Sowohl-als-auch oder Weder-noch, Synchronizität statt Kausalität.

Pirsigs Metaphysik der Qualität ist damit eine Verbindung des Zen mit westlicher Philosophie und überwindet das aristotelische Denken. Diese Aufgabe hatte sich auch der Mann gesetzt, der das Wort NLP als Erster in einem Buch benutzte: Alfred Korzybski. Schon in den Dreißigerjahren setzte er sich in seinem Standardwerk »Science and Sanity« damit auseinander, wie die Struktur unserer Sprache bestimmt, was für uns denkbar ist. Die Diskrepanz zwischen dem für uns Denkbaren und der physikalisch nachweisbaren Realität ist eben spätestens zu der Zeit offenbar geworden.

Die Befreiung vom aristotelischen Denken ist auch das Ansinnen der verschiedenen Richtungen der Kybernetik.

Wir leben in einer aufregenden Zeit, in der sich neue Möglichkeiten des Lebens mit unserem Gehirn auftun. Wie aber können wir uns vom aristotelischen Denken befreien? Das wichtigste Instrument haben Sie in diesem Buch mehrfach kennen gelernt: nichturteilende bewusste Achtsamkeit. Eines der wichtigsten Postulate der aristotelischen Logik besagt, dass wo etwas ist, nicht auch noch etwas anderes sein kann. Und das ist unzutreffend. Am selben Ort zur selben Zeit kann ein Photon sowohl eine Welle als auch ein Teilchen sein.

SCHLUSS

Der Besucher

Zurück im Zendo – Alles ist göttlich, nichts heilig! – Der Abschied des Meisters – Der Weg zur nächsten Million

Zurück im Zendo

So hatte ich es geschafft, die Million zu erreichen. Ich konnte mit gutem Gewissen zu meinem Meister zurückfahren. Ich wusste nicht, ob ich wieder im Kloster leben wollte. Ich genoss mittlerweile das Leben in der Welt und konnte mir durchaus vorstellen, mit meiner Freundin eine Familie zu gründen und ein »normales« Leben zu führen.

Ich hatte länger keine Briefe von meinem Meister erhalten. In seinem letzten Brief hatte er über den Tod gesprochen. Ich fürchtete, dass er nicht mehr am Leben war. In der Tasche hatte ich eine Scheck über eine Million, den ich meinem Meister überreichen wollte. Meine Freundin hatte ich eingeladen mitzukommen. So stapften wir gemeinsam den Pfad hinauf, der durch den Kiefernwald und den Rhododendron auf den Hügel zum Zen-Kloster führte.

Der erste Mönch begrüßte uns. »Ja der Meister lebt noch, er ist aber körperlich schon sehr schwach und bereitet sich auf das Verlassen seines Körpers vor! Gut, dass du gekommen bist, er hat nach dir gefragt.«

»Konnichiwa, Doi!«, sagte er, als ich seinen Raum betrat. Er sah irgendwie sehr durchsichtig und leuchtend aus.

»Meister, ich habe die Aufgabe erfüllt!«, verkündete ich und überreichte ihm den Scheck.

Er nahm ihn in die Hand und sagte: »Die Aufgabe war, dass du wach bist in der Welt. Dieses Stück Papier ist mir eigentlich gleichgültig. Bist du wach?«

Das war jetzt die entscheidende Frage. Ich wusste, dass eine derartige Frage die alte Zen-Tradition war, und eine profane Antwort hätte alles zunichte gemacht. Eine profane Antwort würde nur aus dem Verstand kommen können, ich ließ also meine mittlerweile erlangte Größe zu. Der Verstand war nur noch mein Übersetzungscomputer.

Ich sagte laut: »Weder wach noch nichtwach, ich entscheide nicht!«

Er schaute mich lange an. »Das war eine wohl überlegte Antwort, und ich spüre, dass da noch ein wenig zu viel von deiner Schlauheit darin ist!«

»Schreibe bitte bis morgen zwei, drei Seiten für mich zu dem Thema ›Alles ist göttlich, nichts heilig!‹ auf. Und schreibe keine Zen-Sprüche, sondern etwas, was auch der Leser in Europa verstehen kann!«

Dann fügt er noch augenzwinkernd hinzu: »Und wenn du mir das Geschriebene morgen vorlegst, stellst du mir deine Freundin vor!«

Ich verbeugte mich und schrieb.

Alles ist göttlich, nichts heilig!

In allem, was ist, drückt sich eine tiefere Ordnung aus. Der Quantenphysiker David Bohm sprach von einer »impliziten« Ordnung, die durch das, was wir wahrnehmen, die »explizite« Ordnung, dargestellt wird. Die implizite Ordnung der Welt ist göttlich. Sie ist das Dharma im Buddhismus, das Tao der Taoisten, der Shiva der Tantriker, die Qualität des Robert Pirsig. Sie ist göttlich, denn es ist nichts außer ihr. La illaha il Allah: Es gibt keinen Gott außer Gott.

Zen ist keine Religion im herkömmlichen Sinn. Es gibt keine Götter und keinen einzigen Gott. Es gibt keine Aufspaltung der Welt in Gut und Böse. Zen ist eine der so genannten »pantheistischen« Religionen, in denen *alles* göttlich ist.

Was trennt uns von der Wahrnehmung dieser Göttlichkeit? Denn Sie werden zu Recht sagen: »Alles ist göttlich? So ein Unsinn! Die Welt ist Dreck, Krieg, Zerstörung, Krankheit. Ich sehe nur Göttliches bei einem Sonnenuntergang oder bei meinen Liebsten!«

Was uns trennt, ist unser bewertender, urteilender Verstand. Der Verstand muss in Kategorien einteilen: Gut und Böse, Sicher und Gefährlich. Der Verstand ist nicht das geeignete Instrument, um die Göttlichkeit zu erfahren. Oder? Oder ist er nur so programmiert? Können wir ihn neu programmieren?

Kommt es nicht lediglich auf die Sichtweise an?

Wenn *alles* Göttlichkeit ist, denn es kann nicht anders sein, dann sind auch Dreck, Krieg und Krankheit göttlich. Was wir Europäer besonders fürchten und ablehnen ist der Tod. Ist der Tod göttlich? Im Osten stehen die Menschen dem Tod nicht so ablehnend gegenüber. Ja, im Japan der Samurais und des Zen bestand fast eine Art Todessehnsucht. Jeder kleine Anlass wurde als willkommene Gelegenheit zum Seppuku oder Harakiri, zur Selbsttötung, genommen, welche hoch in Ehre stand. Der Tod im Schwertkampf oder in der Schlacht war ebenso gesucht.

Der Mensch, der den Tod ablehnt, ist süchtig nach dem Leben geworden und versteht nicht, dass dieses nur eine Schule ist. Das wahre Leben findet nicht in der expliziten Ordnung, sondern in der impliziten statt. Der Tod ist eine Befreiung und das Signal: »Die Schule ist aus! Ferien!«

Dieser Planet bietet sehr viele Szenarien des Lebens. Vor diesem Leben, am Übergang von der impliziten in die explizite Welt, ist eine Art Buchungsbüro. Wir können das Szenario wählen, in dem wir eine Bewusstseinserfahrung machen möchten. Die Wahlmöglichkeiten auf der Erde sind sehr groß. Gleichzeitig gibt es sehr friedliche und sehr kriegerische Leben. Gleichzeitig gibt es steinzeitliche Stämme, Feudalherrscher und kapitalistische Demokratien. Wollen Sie sehr liebevolle Eltern, oder wollen Sie prügelnde Alkoholiker? Der Bewusstseinsschritt, für den Sie das Leben gebucht haben, kann unter schwierigen Umständen vielleicht einfacher bewerkstelligt werden als bei förderlichen. Die Menschen, die in der Kindheit gelernt haben, mit großen Schwierigkeiten fertig zu werden, sind oft wacher und willensstärker als die Millionärszöglinge.

Wer also etwas ablehnt, schafft sich unnötig eine Distanz oder Entfremdung von der Göttlichkeit. Denn alles ist so, wie es ist, und das vollkommen. Das Gegenteil der Ablehnung, die Verherrlichung, schafft genau so eine Trennung, deshalb: Alles göttlich, nichts heilig! Stellen Sie nichts auf ein Podest, überhöhen Sie nichts. Alles ist so gut wie alles andere.

Ablehnung wie Verherrlichung sind Mittel des Verstandes, eine Trennung aufrechtzuerhalten. Die Göttlichkeit ist nicht gut und nicht schlecht, sie ist nicht bewertbar. In der Essenz ist sie chaotische Leere, die wir durch unsere unterbewusste Beobachtung fortwährend zu Potenzial, zu Energie, zu Schwerkraft und zu Masse verdichten, so dass wir etwas haben, was wir sinnlich wahrnehmen können.

Wir wissen nichts über die wahre Beschaffenheit der Welt, wir können nur wissen, was unser neurologisches System aus den Sinneswahrnehmungen für ein Modell gebaut hat, und mit diesem können wir interagieren. Jeder Mensch hat sein eigenes Modell gebaut und lebt somit in seiner eigenen Welt.

Wir können von diesem Modell in uns nicht durch Denken und Sinneswahrnehmung zur wahren Realität durchdringen, sondern nur durch Meditation, in der wir in unsere chaotische Leere eintauchen, die gleichzeitig die Leere und das Schweigen außerhalb von uns ist, erhaben, ewig und groß.

Alles ist göttlich, nichts heilig.

Der Abschied des Meisters

Still las der Meister am nächsten Tag meinen Text.

»Gut«, sagte er schließlich. »Ich sehe, dass du schreiben kannst, das habe ich auch erwartet. Ich habe eine Bitte an dich. Heute Nacht werde ich diesen Körper für immer verlassen und mich in der Essenz auflösen, heimkehren. Deine Million nehme ich an und werde meinen treuen Schülern ein eigenständiges Leben ermöglichen. Dieses Kloster wird geschlossen. Ich möchte vergessen werden. Ich bin nicht geboren und nicht gestorben, ich war ein Besucher. Du bekommst die Aufgabe, weiterhin Millionen zu machen. Schreibe ein Buch über deine Erfahrungen, damit die Menschen verstehen, dass die Welt, in der sie leben, göttlich ist und dass es Zen ist, Geld zu machen und zu vermehren, ohne vom Geld beherrscht zu sein. Du wirst mit dem Erfolg und mit dem Geld viele Menschen erreichen, du wirst im Fernsehen auftreten und damit helfen, das Rad des Dharma am Leben zu halten. In sieben Jahren von heute magst du dein eigenes Zendo aufmachen und Meditation lehren. Vorher aber bringe Menschen bei, Millionäre zu sein!«

Dann wandte er sich an meine Freundin: »Es tut mir Leid, dass du mich nur am letzten Tag meines Besuches kennen lernst. Wie ist dein Name?«

Meine Freundin schwieg, und der Meister lächelte und nickte mit dem Kopf: »Gut! Es gibt nur zwei Sachen, die wirklich wichtig sind in dieser Welt, in dieser Schule: Die Bewusstheit durch achtsame Meditation und die Liebe. Erinnere ihn immer daran, dass das Geld nur dazu da ist, mehr Bewusstheit und mehr Liebe leben zu können! Und, Doi, vielleicht kannst du auch das Zen und die Liebe in Verbindung bringen und darüber dann ein anderes Buch schreiben!«

Wir verneigten uns alle voreinander und bereiteten uns auf den endgültigen Abschied des Meisters vor, der am Abend in der großen Meditationshalle stattfand. Nach guter Zen-Art würde der Meister in Meditation den schwach gewordenen Körper verlassen. All die Schüler, die sich versammelt hatten, würden spüren, wenn der Meister sich in die Essenz und damit in jeden und alles auflösen würde. Und so war es. Wir blieben alle die Nacht über in der Halle in Zazen sitzen und waren erfüllt von der Präsenz dieser großartigen Energie in uns und in allem.

Vor mir und der Fahrt nach Europa lagen einige Aufgaben; ich machte mir einige Gedanken darüber, mit welchen Einwänden ich zu kämpfen haben würde und wie es wohl in der Fernsehshow sein würde.

Der Weg zur nächsten Million

Ich beschloss, neben meinem Standbein in New York ein weiteres in Europa aufzubauen.

Ich begann, dieses Buch zu schreiben.

Ich bereitete mich innerlich auf Talkshows vor, in denen ich das Verdoppeln von Tausendmarkscheinen praktisch demonstrieren würde.

Ich begann, ein Trainingsinstitut zu gründen, in dem junge Menschen das Zen der ersten Million durch die »Ausbildung zum Millionär« praktisch erlernen konnten.

Ich begann, Menschen aus allen sozialen Schichten, und besonders gestressten Managern, die Zen- und die Atisha-Meditation zu lehren.

Und ich vermehrte weiter und von neuem mein eigenes Geld und das der Menschen, die mir etwas von ihrem Ersparten anvertrauten, an den Börsen der Welt.

Ja, mir stand ein Leben der aufregenden Stille bevor.

Liebe und Bewusstheit wünsche ich Ihnen.

Und viel, viel Geld!

»Gott, wie lang dauert für dich eine Million Jahre!«

»So lang wie eine Sekunde!«

»Und ist eine Million für dich so viel wie ein Pfennig?«

»Ja!«

»Gibst du mir dann so einen Pfennig?«

»Ja gerne, warte eine Sekunde!«

Warten Sie nicht auf Gott, starten Sie heute!

ANHANG

Was ist Zen? – Was ist NLP? – Was sind Futures und Optionen? – Der mentale Weg, Schritt für Schritt zur ersten Million – Der pragmatische Weg zur ersten Million – Verzeichnis der im Buch enthaltenen Übungen – Danksagung

Was ist Zen?

Zen ist eine Richtung des Buddhismus, die infolge des Aufenthalts des 28. Patriarchen des Buddhismus, Bodhidharma, im 6. Jahrhundert in China entstand und in Japan seine Blüte erlebte.

Heute gibt es Meditationszentren der Zen-Anhänger in allen größeren Städten Westeuropas und Nordamerikas. Es existieren ununterbrochene auf Buddha bzw. Bodhidharma zurückgehende Übertragungslinien des Zen-Buddhismus in China, Japan, Korea und Vietnam.

Zen ist die Japanisierung des indischen Wortes »Dhyan«, welches Meditation bedeutet. Im Chinesischen ist die Bezeichnung »Chan«. Zen ist aus dem Kontakt des Buddhismus mit dem chinesischen Taoismus entstanden. Zen ist der konsequente »Nein«-Weg. Der Zen-Mensch sucht die absolute Leere und Stille und verwirft alles als nicht essenziell zu seiner Existenz gehörend, was nicht Leere und Stille ist. Zen ist eine der modernen Naturwissenschaften, wie auch die Chaostheorie oder die Quantenphysik, eine adäquate spirituelle Weisheit. Der Zen-Mensch verneint das aristotelische logische Ursache-Wirkung-Weltbild und sucht die unmittelbare Erfahrung des Chaos der Existenz. Wahres Zen ist chaotisch, unberechenbar, ohne Regeln.

Die zentrale Übung des Zen ist das Zazen, das Sitzen vor der weißen Wand. Diese Übung geht auf das neun Jahre währende Sitzen des Bodhidharma vor einer Höhlenwand nahe des Shaolin-Klosters zurück.

Die meditative Haltung des Zen fließt in die täglichen Handlungen ein, wie auch in der Kampfkunst (Budo), der japanischen Architektur usw.

Die wichtigste Qualität ist nichturteilende, nichtwählende Achtsamkeit (engl. awareness). Weiterhin: Totalität – mach das, was du machst, vollständig und mit vollem Einsatz. Dies ist alles, was ist!

Zen ist die spirituelle Schule in der Menschheitsgeschichte, welche die meisten Erleuchteten hervorgebracht hat.

Interessante Web-Links zu Zen:

Friends of Buddhism:
http://www.isis.infinet/rinpoche

Zen-Buddhismus Virtual Library:
http://www.ciolek.com/wwwVL-zen.html

Zen in Chicago:
http://www.math.uic.edu/~dturk/zen.html

San Francisco Soto-Zen:
http://www.zendo.com

Deutsche Zen-Vereinigung e. V:
http://www.zazen.de

Was ist NLP?

Die drei Buchstaben stehen für Neurolinguistisches Programmieren.

In den Siebzigerjahren entstand NLP im Umfeld des bekannten Professors für Kybernetik, Gregory Bateson, an der University of California.

Die Begründer des NLP, Richard Bandler und John Grinder, nahmen an, dass herausragendes menschliches Verhalten auf messbaren, erfassbaren und strukturierbaren Größen beruht und somit lehrbar und lernbar ist. Sie begannen ihre Forschungen damit, hervorragende Kommunikatoren zu suchen, um deren Sprachverhalten zu analysieren. Die von ihnen untersuchten Menschen waren die herausragenden Psychotherapeuten Virginia Satir, Fritz Perls und Milton Erickson. Die Therapieformen dieser drei Persönlichkeiten, nämlich systemische Familientherapie, Gestaltungstherapie und Hypnosetherapie, prägen die Anwendung des NLP bis heute, gleichwohl es eine gewaltige Ausweitung auf alle Gebiete des menschlichen Verhaltens und Könnens erfahren hat.

Tatsächlich fanden Bandler und Grinder Strukturen und Fähigkeiten, mit denen sie ähnliche Erfolge erzielen konnten wie ihre Modelle. Diese Strukturen bestehen besonders in bewussten und unterbewussten Sprachmustern sowie einer gekonnten Verwendung der Sprache. Daher wird hier das Gewicht besonders auf Linguistik gelegt.

In den folgenden Jahren entwickelten die NLP-Forscher ständig neue erfolgreiche Interventionen, was NLP zu einem der erfolgreichsten Ansätze der kurzen, effektiven Therapie machte. Nach wie vor liegt das Schwergewicht auf der Sprache, so dass NLP auch eine Lehre für elegante, effektive Kommunikation ist.

Also: Was ist NLP?

Das Wissen von und die Anwendung der Software unseres »Bio-Computers«, nämlich:

Neuro: das neuronale System (Gehirn und Nervensystem), mit dem wir unsere Erfahrungen unter Benutzung der fünf Sinne wahrnehmen. Das sind

- die Augen, also der visuelle Sinn,
- die Ohren, also der auditive Sinn,

- das Tasten, also der kinästhetische Sinn,
- das Riechen, also der olfaktorische Sinn,
- das Schmecken, der gustatorische Sinn.

Linguistik: Sprache und nichtverbale Kommunikation, durch die wir unsere Sinneswahrnehmungen kodieren, ordnen und ihnen Sinn geben. Also:

- Bilder
- Töne
- Gefühle
- Gerüche
- Geschmäcker
- Worte (der innere Dialog)

Programmieren: die Fähigkeit, die in unserem neurologischen System laufenden Programme, unsere innere und äußere Kommunikation, zu erkennen und so zu nutzen, dass wir spezifische und erwünschte Ergebnisse erzielen. Die Zahl der Anwender und Entwickler im NLP ist mittlerweile enorm, und es gibt eine Anzahl sehr interessanter Weiterentwicklungen, wie

- die Timeline-Therapy, entwickelt von Tad James,
- die Core-Transformation von Connirae Andreas,
- die Arbeit mit Beliefs und die Modellierungsansätze von Robert Dilts,
- das Meta-States-Training von Michael Hall,
- das DHE (Design Human Engineering) von Richard Bandler.

Grundannahmen, also die Ausgangssituation des NLP:

- Die Worte, die wir benutzen, sind nicht das Ereignis oder die Sache, die sie repräsentieren.
- Oder: Die Landkarte ist nicht die Landschaft.
- Die Bedeutung einer Mitteilung ist die Reaktion auf die Mitteilung.

- Es gibt keine Fehler in der Kommunikation, nur Rückmeldungen (Feedback).
- Die Person mit der größeren Flexibilität und Variation in ihrer Kommunikation hat die Kontrolle über das interaktive System.
- Es gibt keinen Widerstand, nur unflexible Kommunikatoren.
- Das jeweilige Verhalten ist die beste Wahlmöglichkeit, die die Person zur Verfügung hat.
- Das Verhalten ist getrennt von der Absicht, die hinter dem Verhalten steht.
- Die Absicht ist immer positiv für den Benutzer des Verhaltens.

Ein Charakteristikum des NLP, das besonders hilfreich für die »ernsten« Deutschen sein kann: Es ist nicht am Problem oder an einem Zustand orientiert, sondern am Ziel und am Entwicklungsprozess, das Ziel zu erreichen.

Unsere Wahrnehmung der Welt ist die Wahrnehmung der Simulation der Welt durch unser Bewusstsein, die mit konditionierten Tilgungen, Verzerrungen und Verallgemeinerungen entstanden ist. Die Programme in unserem riesigen »Bio-Computer« basieren auf Sprache und sinnlichen Wahrnehmungen. Da die Programmierer, nämlich Eltern, Lehrer oder andere Kinder, Amateurprogrammierer waren, gibt es in unserer Simulation »bugs«, das heißt innere Konflikte. Eine Erweiterung und Integration dieser Simulation befähigt uns zu einer Wahrnehmung der realen Welt sowie der darin vorhandenen Liebe und Freude.

NLP bewirkt effektiv und elegant Veränderungen auf den logischen Ebenen (in aufsteigender Folge):

1. Umgebung
2. Verhalten
3. Fähigkeiten
4. Werte und Überzeugungen, Glaubenssätze
5. Identität
6. Spiritualität

Je höher die Ebene der Veränderung, desto weit reichender ist der Effekt der Veränderung.

Deshalb ist das heutige NLP an spirituellen und die Identität erweiternden Erfahrungen orientiert. Es sucht Verbindungen zu Religionen und spirituellen Schulen aller Art, wie eben auch dem Zen-Buddhismus.

Interessante Web-Links zu NLP:

NLP-Universität und Robert Dilts:
http://www.nlpu.com

Advanced Neurodynamics:
http://www.nlp.org

Neurosemantics
http://www.neurosemantics.com

Deutscher NLP-Server:
http://www.nlp.de

Österreichischer NLP-Server:
http://www.nlp.at

Österreichisches Trainingszentrum für NLP
http://www.nlpzentrum.at

Was sind Futures und Optionen?

Der deutsche Ausdruck für Futures-Börsen ist »Terminbörsen«.

An diesen Börsen werden unterschiedliche Produkte in der Form von genormten Kontrakten auf Termin gehandelt. Die Produkte können Finanzinstrumente, Rohstoffe oder auch mehr oder weniger abstrakte Indizes sein.

Auf Termin handeln heißt, dass ein Käufer und ein Verkäufer per Kontrakt ein Produkt für einen Zeitpunkt miteinander handeln, der in der Zukunft liegt. Dabei vereinbaren sie einen Preis, zu dem dieses Produkt in der besagten Zukunft den Besitzer wechseln wird. Dieses Instrument der Terminkontrakte und Terminbörsen wurde geschaffen, um Produzenten, Verarbeitern und Händlern bestimmter Waren eine von Preisschwankungen freie Planung zu ermöglichen. Ein Weizenfarmer und ein Müller können also im Mai vereinbaren, dass sie eine bestimmte Menge Weizen miteinander zu einem bestimmten Preis handeln, obwohl der Preis in der Zwischenzeit sehr schwanken könnte.

Die Produzenten und Händler allein könnten allerdings nicht die Liquidität, die ein funktionierendes Marktgeschehen braucht, aufrechterhalten. Daher sind die Börsen offen für die Spekulation. Im Gegensatz zu denen, die mit diesen Börsen ihre Preise absichern, wollen Spekulanten in den allermeisten Fällen ihre Kontrakte nicht wahrnehmen, sondern gehen vor dem letzten Handelstag des Kontrakts die Gegenposition ein, so dass sich beide ausschließen und sie alle Positionen glatt stellen.

Den Teilnehmern an den Futures-Börsen wird der Handel dadurch sehr erleichtert, weil sie nicht den vollen Kontraktwert bezahlen müssen, sondern während des Handels nur eine Sicherheitsleistung, die so genannte Margin, vorweisen müssen, so dass etwaige Verluste gedeckt sind. Diese erzeugt den so genannten Hebeleffekt, in der Fachsprache Leverage-Effekt, denn mit einem relativ geringen Einschuss können so prozentual hohe Gewinne erzielt werden.

Es gibt Futures-Börsen an allen wichtigen Finanzplätzen der Welt. Die größten Futures-Börsen befinden sich in Chicago, die CME und die CBoT. Die an diesen Börsen gehandelten Waren sind sowohl Agrarprodukte und Rohstoffe als auch Finanzmittel und Devisen. Weitere bedeutende Futures-Börsen befinden sich in New York. In Europa sind die bedeutendsten Futures-Börsen, an denen vornehmlich Aktienindizes und Zinspapiere gehandelt werden, die Eurex in Frankfurt und die Liffe in London.

Optionen sind eine Art Wettscheine auf die Entwicklung der Futures-Kontrakte. Es gibt Call-Optionen und Put-Optionen. Call-Optionen gewinnen an Wert, wenn der Kurs der zugrunde liegenden Ware steigt, Puts sobald diese fallen. Die Optionen kosten eine Prämie, die verloren geht, wenn der Kontrakt den Strike-Preis der Option nicht erreicht oder die Option nicht vor dem Auslaufen glatt gestellt wird. Optionen können gekauft und verkauft werden. Der Verkäufer muss, sollte die Option ihren Strike-Preis erreichen, in der Lage sein, den der Option zugrunde liegenden Kontrakt anzuliefern, so dass sein Risiko im Gegensatz zu dem des Käufers unbegrenzt ist. Die Optionsbörsen sind den Futures-Börsen zumeist angegliedert.

Die Börse als Clearing-Organisation sorgt für den geordneten Ablauf und garantiert, dass die Kontrakte jederzeit durch Gegenpositionen oder Anlieferungen erfüllt werden können. Das bedeutet: Wenn ich einen Futures-Kontrakt von A kaufe, kann ich ihn bei B wieder verkaufen, um meine Position zu schließen. Der Börsenhandel wird entweder auf Präsenzparketts mit offenem Ausruf gehandelt oder seit einiger Zeit zunehmend auf elektronischen Börsen. Die Floor-Broker sind zumeist unabhängige Händler auf eigene Rechnung. Die Clearing-Broker sorgen für die Verwaltung der Konten und haben meist Verträge mit Floor-Broker, die auf ihre Rechnung handeln. Berater sind meist mit einem Broker vertraglich verbunden.

Die Website der EUREX:
http://www.exchange.de

Weitere Informationen zum privaten Handel mit Futures gebe ich auf der zu diesem Buch zugehörigen Website:
http://www.grube-trainings.com

Der mentale Weg, Schritt für Schritt zur ersten Million

1. Entschluss: Sie fassen einen Entschluss.
2. Ziel: Sie formulieren ein Ziel gemäß den »Z.U.G.«-Kriterien.
3. Sie gehen in die Zielhaltung und nehmen wahr, was Sie in dem Ziel wahrnehmen.
4. Sie werden sich der vorhandenen, benötigten Ressourcen bewusst und sammeln weitere Ressourcen.
5. Sie überprüfen die Auswirkungen und die Ökologie Ihres Zieles.
6. Sie überprüfen, ob Sie etwaige Verluste hätten, wenn Sie das Ziel erreichen, und Formulieren entweder das Ziel um oder suchen neue Wege für die Gewinne, die Sie verlieren könnten.
7. Sie fassen den Weg zu Ihrem Ziel mit einer »Zielbahnung« genauer.
8. Sie klären Emotionen, die Sie am Erreichen des Zieles hindern könnten.
9. Sie klären Glaubenssätze oder Überzeugungen, die Sie am Erreichen des Zieles hindern könnten.
10. Sie optimieren Ihre Werte-Hierarchie und klären eventuelle Werte-Konflikte, die Sie am Erreichen des Zieles hindern könnten.
11. Sie gehen vom Opfer-Universum in das Schöpfer-Universum.
12. Sie strahlen Ihr Ziel mittels der »charismagischen« Kraft aus.
13. Sie erreichen das Ziel, oder erreicht das Ziel Sie?

Der pragmatische Weg zur ersten Million

1. Sorgen Sie für Ihren Lebensunterhalt!
   First things first: Essen, Miete, Kleidung.

2. Erarbeiten Sie Überschüsse!
   Mehr einnehmen als ausgeben und weniger ausgeben als einnehmen.

3. Benutzen Sie die Hälfte des Überschusses für Schuldenabbau, sparen Sie die andere Hälfte zum Startgeld an.

4. Entscheidung: Was machen mit dem erarbeiteten Startgeld?
   Ein Business starten oder durch Anlage und Spekulation vermehren oder beides?

5. Welche Art Business wollen Sie starten? Produkt? Kenntnisse? Fähigkeiten?

6. Wo wollen Sie anlegen oder spekulieren?
   Fonds? Aktien? Futures? Optionen?

7. Business: Wer sind die Käufer? Wie erreichen Sie diese?
   Werbung! Marketing!

8. Erstellen Sie sowohl bei Business als auch bei Kapitalanlage einen exakten Plan.
   Wie lautet das Großziel?
   In welchen Zwischenschritten erreichen Sie es?

9. Verstärken Sie das, was funktioniert, und verbessern Sie das, was schlecht läuft!

Verzeichnis der im Buch enthaltenen Übungen

Danksagung

Ich danke Ihnen, dass ich Teil Ihres Weges zur ersten Million sein durfte.

Ich danke Ihnen, dass Sie Teil meines Weges geworden sind.

Möge die Erde ein Platz des Reichtums, der Erleuchtung und der Liebe für alle Lebewesen sein!